法人税制

1980年代から現在までの変遷

阿部 泰久 （日本経団連参与）

LOGICA
ロギカ書房

はじめに

　経団連事務局で私が初めて税制と関わったのは1985（昭和60）年であり、爾来、三十数年にわたり税制改正を仕事としてきた。経済界の立場からであるから、企業課税が中心であるが、毎年度の税制改正では特定の税目だけを見ているのでは対応できず、結果としてこの間、あらゆる税制の変遷を見てきた。
　とはいえ、やはり書き残すことがあるとすれば法人税であり、税目でいえば国税の法人税と地方税の法人事業税、法人住民税である。これから先、特に断りがない限り「法人税」という言葉は、これらの国税・地方税を合わせて用いている。

　昭和の終わり1988年当時、国税の法人税率は42.0％、地方税の法人事業税、法人住民税を組み合わせた実効税率は52.92％と50％台であったが、現在、法人税率は23.4％（平成30年度以降23.2％）、実効税率では29.97％（平成30年度以降29.74％）と30％を下回る水準となった。この間、法人税率の引下げがなされた税制改正は、平成元年度、平成10・11年度、平成23年度、そして平成27・28年度の4回であり、それぞれの経緯が本書の中心となる。

　本書を通じて、最も伝えておきたいことは、税率引下げがそのまま法人税の減税ではないということである。その意味で、財源となる課税ベースの拡大等と税率の引下げをめぐっての財務当局との駆け引き、さらに言えば、課税ベースの拡大等をめぐっての経済界内部の調整こそが、経団連における税制改正の仕事の本質である。ただ、それだけにとどまらず、企業組織再編成税制や連結納税制度、信託税制等の新たな制度作りや、さらに近年では、BEPSを中心とする国際課税にも、それなりに意味のある関わり方ができたものと考える。

　本書は、法人税をめぐる経団連の思考経緯をたどることで、今の法人税の姿

を確認し、今後の変貌を予測するために、書き残すものであり、法人税に携わる人に何らかの参考になれば幸いである。

2017年9月

著者

目次

はじめに

序章
法人税負担とは何か

1 実効税率と実質税負担率——法人税負担論争から 002
2 法人税の「所得」とは何か 005
3 国際比較——「負担」を何で量るのか 007
4 なぜ、やはり実効税率なのか 009

第1章
税制抜本改革と法人税

1 中曽根税制改革 016
  （1）税制抜本改革の始まり 016
  （2）昭和62（1987）年度税制改革——売上税の挫折 017
2 消費税導入と法人税減税の実現 018
3 その後の税制抜本改革 020

第2章
税率引下げと課税ベース拡大

1 政府税制調査会「法人課税小委員会報告」 024
2 課税ベース拡大容認への転換 036

3　平成 10（1998）年度税制改正　037
4　引当金の見直し　041
　（1）企業会計上の引当金　041
　（2）税務上の引当金　042
　（3）賞与引当金の廃止　045
　（4）退職給与引当金の縮減　047
　（5）貸倒引当金の縮減　049
　（6）製品保証等引当金の廃止　052
　（7）特別修繕引当金の廃止　053
5　平成 11（1999）年度税制改正　053

第3章
政策減税か税率引下げか
——平成 15（2003）年度税制改正の選択

1　政策税制とは何か　056
2　平成 15（2003）年度税制改正
　——どのような「減税」が経済に効くのか　057
　（1）法人税率引下げか投資減税か　057
　（2）平成 15（2003）年度改正による政策税制の拡充　060
　　　研究開発減税
　　　IT 投資促進税制の創設
　　　中小企業・ベンチャー企業支援
3　租税特別措置は優遇税制か　064
4　政策税制見直し論と租特透明化法　065
　（1）租特透明化法　066
　（2）租税特別措置の見直し方針　067

5　研究開発税制かパテント・ボックスか　068
　　（1）研究開発税制の意義　068
　　（2）研究開発税制の変遷　070
　　（3）パテント・ボックス税制　075

第4章
組織再編成税制
──平成13（2001）年度税制改正とその後

1　なぜ、「適格組織再編成」が必要なのか　080
2　平成13（2001）年度税制改正──企業組織再編成税制の再構築　082
　　（1）企業組織再編成税制抜本見直しの背景　082
　　（2）企業組織再編成税制の基本的考え方　084
　　　　　　原則は時価課税、一定の要件を満たせば簿価移転
　　　　　　帳簿価額の引継ぎの前提──金銭等の交付がないこと
　　（3）企業グループ内の組織再編成　085
　　　　　　企業グループの定義
　　　　　　50％超100％未満のグループ内の場合の適格組織再編成の要件
　　（4）共同事業を行うための組織再編成　087
　　　　　　「共同事業」の定義
　　　　　　共同事業を行う場合の適格組織再編成の要件
　　（5）繰越青色欠損金の引継ぎの制限　089
　　　　　　繰越青色欠損金引継ぎの原則
　　　　　　みなし共同事業要件
　　（6）含み損の取扱い　091
　　（7）租税回避行為の防止措置　091
　　（8）株式の譲渡益の取扱い　092

　　　　（9）みなし配当の取扱い　092
　3　その後の企業組織再編成税制の見直し　093
　　　　（1）平成15（2003）年度改正
　　　　　　──連続する企業組織再編成に係る適格要件の緩和　093
　　　　（2）平成16（2004）年度改正──自己創設営業権の償却　094
　　　　（3）平成18（2008）年度改正
　　　　　　──会社法の制定等に伴う規定の整備　094
　　　　　　適格株式交換・適格株式移転
　　　　　　「のれん」の扱い
　　　　（4）平成19（2007）年度改正
　　　　　　──会社法における合併等対価の柔軟化に伴う税制措置　096
　　　　（5）平成20（2008）年度改正
　　　　　　──三角合併等対価として交付される株式等の端数処理　098
　　　　（6）平成25（2013）年度改正
　　　　　　──特定資産に係る譲渡等損失額の見直し　099
　　　　（7）平成28（2016）年度改正
　　　　　　──現物出資、株式交換の見直し　100
　　　　　　PEへの現物出資
　　　　　　株式交換・株式移転の見直し
　　　　　　その他
　4　平成29年（2017）年度税制改正による組織再編成税制の変質　102
　　　　（1）単独新設分割型分割によるスピンオフの適格分割への追加　102
　　　　（2）現物分配法人の株主が外国法人である場合の取扱い　103
　　　　（3）吸収型組織再編成における対価要件の緩和、スクイーズアウト税制
　　　　　　の整備　104
　　　　　　組織再編成税制における対価要件の緩和
　　　　　　非適格の場合の時価評価
　　　　　　連結納税における対応

　　　　時価評価制度の見直し

　　　　みなし配当に係る改正

　（4）支配関係継続要件の見直し　106

　（5）共同事業を行うための適格合併等に係る株式継続保有要件の

　　　見直し　107

　（6）課税の適正化　107

　　　　営業権等の償却方法の変更

　　　　適格合併等が行われた場合の欠損金の制限等

　　　　特定株主等によって支配された欠損等法人の資産の譲渡等損失の

　　　　損金不算入

　　　　特定株主等によって支配された欠損等法人の欠損金の制限措置

第5章
連結納税制度の創設
―――平成14年（2002）年度税制改正

1　連結納税制度創設に至る経緯　112
2　連結納税の適用対象　113
　（1）親会社　113
　（2）対象子会社　114
　（3）全子会社強制か任意か　115
3　連結納税の適用方法　115
4　納税主体・子会社の連帯納付責任　116
　（1）納税主体　116
　（2）子会社の連帯納付責任　116
5　税率　117
6　申告納付期限　117

7 連結納税グループへの加入・連結グループからの離脱等 117
　（１）加入時及び連結納税制度適用開始時の時価評価・課税 118
　（２）繰越欠損金の扱い 120
8 連結所得金額・連結税額の計算、利益・損失の二重計上の防止 121
　（１）内部取引の利益・損失の繰延べ 122
　（２）寄附金 123
　（３）利益・損失の二重計上の防止 123
9 個別制度 124
　（１）受取配当 124
　（２）減価償却 125
　（３）圧縮記帳 125
　（４）貸倒引当金 125
　（５）外国税額控除 126
　（６）特別税額控除 126
10 租税回避防止・地方税 127
　（１）租税回避行為の防止 127
　（２）地方税の扱い 127
11 税収減への対応 127
　（１）法人税課税ベースの拡大 129
　（２）連結付加税 129
　（３）創設当初の加入子会社等の適用時期の特例
　　　　　（新規子会社等の加入制限） 130

第6章
減価償却制度
——平成19（2007）年度、20（2008）年度税制改正

1 減価償却制度の重要性 132
 （1）税法上の減価償却制度 132
 （2）実効税率と限界実効税率 133

2 平成19（2007）年度税制改正——減価償却制度の抜本的見直し 135
 （1）経団連の対応 135
 （2）平成19（2007）年度税制改正 136
  残存価額の廃止
  償却可能限度額の廃止
  250％定率法の導入
  法定耐用年数の見直し
 （3）逆基準性の問題 139

3 平成20（2008）年度税制改正——法定耐用年数の見直し 141
 （1）資産区分の簡素化・法定耐用年数の見直し 141
 （2）耐用年数の短縮特例の見直し 142

4 減価償却制度に係るその後の改正 142
 （1）平成23（2011）年度税制改正 142
 （2）平成28（2016）年度税制改正 143

第7章
グループ法人税制
——平成22年（2010）年度税制改正

1 経緯 146

2 グループ内取引に関する税制 148

（1）100％グループ内法人間取引の損益の調整 148

譲渡損益の繰延べ

譲渡損益の実現

完全支配関係

譲渡損益調整資産

適格事後設立の廃止

（2）非適格株式交換に係る株式交換完全子法人等の有する資産の時価評価 150

（3）100％グループ内の法人間の寄附 150

受増益の益金不算入・寄附金の損金不算入

連結法人間の寄附金

（4）100％グループ内の法人間の資本取引 151

適格現物分配の創設

受取配当金不算入の改正

みなし配当の際の譲渡損益の改正

無対価組織再編成

（5）中小法人向け特例措置の大法人の100％子法人に対する摘要 154

（6）連結納税制度の改善 155

連結納税の開始の際の欠損金

加入法人の加入時期の特例

連結納税の開始又は連結グループ加入に伴う資産の時価評価

3 資本に関係する取引等に係る税制 159

（1）みなし配当の見直し等 159

自己株式取得に係るみなし配当の益金不算入の制限

抱合株式

（2）清算所得課税の廃止 161

（3）その他の改正 162

　　　　適格合併等の場合における欠損金の制限措置の見直し
　　　　分割型分割のみなし事業年度の廃止
　　　　売買目的有価証券、未決済デリバティブ取引に係る契約等
　　　　合併類似適格分割型分割制度の廃止
4　平成23（2011）年度税制改正　164

第8章
地方法人課税

1　地方法人課税の問題　168
2　外形標準課税とは何か　169
3　平成15（2003）年度税制改正前の動き　170
　（1）政府税制調査会「地方法人課税小委員会報告」　170
　（2）平成13（2001）年度税制改正をめぐる動向　171
　　　具体案の提示
　　　経済界の反対
　（3）平成14（2002）年度税制改正をめぐる動向　173
　　　総務省の再提案
　　　経済界の対応
4　平成15（2003）年度税制改正──外形標準課税の導入　174
5　法人地方税の偏在性対策　177
　（1）平成17（2005）年度税制改正
　　　──法人事業税の分割基準の見直し　178
　（2）平成20（2008）年度税制改正
　　　──地方法人特別税・地方法人特別譲与税の創設　179
　　　法人事業税の税率の改正
　　　地方法人特別税の創設
　　　地方法人特別譲与税の創設

（3）平成26（2014）年度税制改正　181
　　（4）平成28（2016）年度税制改正
　　　　——地方法人税の拡大等　183
　　（5）平成29（2017）年度税制改正
　　　　——法人事業税分割基準の見直し　184

第9章
民主党政権下の税制改正
——平成22（2010）～24（2012）年度税制改正

1　平成22（2010）年度税制改正　188
　　（1）税制改革への基本的考え方　188
　　（2）新しい税制改正の仕組み　189
　　（3）租税特別措置の見直し　189
　　（4）法人課税　190
2　平成23（2011）年度税制改正
　　——東日本大震災による中断と復興特別法人税　191
　　（1）東日本大震災の被災者等に係る国税関係法律の臨時特例に
　　　　関する法律　192
　　（2）東日本大震災の被災者等に係る国税関係法律の臨時特例に
　　　　関する法律の一部を改正する法律　193
　　（3）復興特別法人税　195
3　再び、法人税率引下げと課税ベースの拡大　196
4　平成24（2012）年度税制改正　199
5　社会保障・税の一体改革　199
　　（1）消費税率引上げと前提条件　200
　　（2）消費税率引上げに伴う措置　201

（3）消費税以外の消費課税等　201
　　（4）その他の税目の改革　202

第10章
アベノミクスの税制改正（Ⅰ）
——平成25（2013）～26（2014）年度税制改正

1　平成25（2013）年度税制改正　204
　　（1）税制改正の決定のメカニズム　204
　　（2）緊急経済対策　205
　　　　生産等設備投資促進税制の創設
　　　　研究開発税制の拡充
　　　　所得拡大促進税制の創設
　　　　中小企業・農林水産業対策
　　（3）一体改革の残された課題　207
2　平成26（2014）年度税制改正　208
　　（1）法人税の特例措置　208
　　　　生産性向上設備投資促進税制の創設
　　　　研究開発税制の拡充
　　　　所得拡大促進税制の拡充
　　　　その他
　　（2）復興特別法人税の1年前倒しでの廃止　211
　　（3）地方法人課税の偏在是正　211
　　（4）国際課税原則の見直し（総合主義から帰属主義への変更）　211

第11章
アベノミクスの税制改正（Ⅱ）
——平成27（2015）〜29（2017）年度税制改正

1 法人税率の引下げ 214
 （1）経緯 214
 （2）平成27（2015）年度税制改正
   ——法人税率の引下げと先行減税 215
 （3）平成28（2016）年度税制改正
   ——税率引下げの深堀り 217
2 外形標準課税の拡大 219
 （1）平成27（2015）年度改正 219
   賃金引上げ部分への対応
   資本割の見直し
   負担軽減措置
 （2）平成28（2016）年度改正 221
3 課税ベースの拡大 222
 （1）平成27（2015）年度改正 222
 （2）平成28（2016）年度改正 222
4 その他の改正 224
 （1）平成27（2015）年度税制改正 224
   地方創生のための税制
   国際課税
 （2）平成28（2016）年度税制改正 226
   役員報酬
   中小企業に対する償却資産税の軽減
   地方創生応援税制（企業版ふるさと納税制度）の創設
   その他

5 平成29（2017）年度税制改正　228
　（1）所得拡大促進税制の見直し　229
　（2）その他　230
　　　コーポレートガバナンス改革・事業再編の環境整備
　　　中堅・中小企業の支援、等
　　　国際課税

第12章
中小法人税制とLLP・LLC

1　中小法人税制　232
　（1）中小法人税制の実態　232
　　　中小法人の定義
　　　中小法人税制
　（2）「中小法人」とは何か　234
　（3）平成29（2017）年度税制改正──「中小法人」の見直し　235
　（4）法人成りの問題　236
2　LLP・LLC　237
　（1）税制からの出発　237
　（2）経済界のニーズ　238
　　　共同事業
　　　既存事業の共同再編
　　　ベンチャー起業
　（3）日本型LLPの具体的提言　242
　（4）有限責任事業組合（日本型LLP）の創設へ　244
　（5）LLPの限界　245
　（6）合同会社への構成員課税の適用可能性　246

第13章
国際課税

1　BEPS プロジェクトの概要　250
　（1）BEPS 行動計画　251
　（2）BEPS 最終報告書　253
　（3）BEPS 最終報告書で勧告された内容の実施　255
2　BEPS と国内法の整備　255
　（1）電子経済への対応（行動1）　256
　　　議論の経緯
　　　国内法の整備
　（2）ハイブリッド・ミスマッチ・アレンジメントの無効化
　　　（行動2）　258
　　　議論の経緯
　　　国内法の整備
　（3）移転価格関連の文書化（行動13）　260
　　　議論の経緯
　　　国内法の整備
　　　今後の課題
　（4）効率的な外国子会社合算税制の設計（行動3）　266
　　　議論の経緯
　　　国内法の整備
3　今後の国内法整備の展望　271
　（1）利子等の損金算入を通じた税源浸食の制限（行動4）　271
　　　議論の経緯
　　　国内法整備の課題
　（2）移転価格と価値創造の一致（行動8～10）　274
　　　議論の経緯

　　　　経済界の考え方
　　　　国内法整備の課題
　（3）タックス・プランニングの義務的開示（行動12）　280
　　　　BEPS プロジェクトにおける議論
　　　　国内法整備の課題

第14章
これからの法人税
——所得課税以外の法人税の可能性

1　さらなる税率引下げはあるか　286
　（1）法人実効税率25％の壁　286
　（2）米国トランプ税制の行方　287
2　法人所得課税の限界　289
　（1）ミード報告　289
　（2）マーリーズ・レビューと ACE 課税　290
　（3）法人所得課税から転換の条件　293
　　　　個別財務諸表による資産（ミクロ・ベース）
　　　　法人企業統計による資産（マクロ・ベース）

終わりに　誰が法人税を決めていくのか　297

序章　法人税負担とは何か

何によって法人企業の税負担を量るのかについては、意外にも定まった考え方がない。その結果、税率しかも税法で定められた実効税率（表面税率）をもって法人税負担の指標とする安易な議論に流れているのが現実である。

そこで、これから法人税を語っていく前提として、まず、「法人税負担」とは何かを明らかにしておきたい。

1　実効税率と実質税負担率
　　——法人税負担論争から

経団連が本格的に「法人税負担」の実態の究明を始めたのは、1984年に大蔵省との間で繰り広げた「法人税負担論争」が契機であった。当時、大蔵省は、所得税減税の財源として法人税率の引上げを企図し[1]、その論拠として、わが国法人税の実効税率が先進主要国と比べて高くないことを挙げていた。

例えば、1983年11月の政府税制調査会「今後の税制のあり方についての答申」では、「我が国の法人課税の負担水準を主要諸外国と比較すると、アメリカ、フランスよりはやや高く西ドイツよりは低くなっている。法人課税の負担水準については、既に相応の水準にあるが、総体としてみた我が国企業の国際競争力や主要諸外国における法人課税の負担水準からみて、厳しい財政事情の下で課税ベースの拡大や税率構造の適正化を含め法人課税に若干の負担の増加を求める余地も残されているのではないかと考えられる。」とされていた。

ここで、アメリカ、フランスよりはやや高く西ドイツよりは低いとされた法人課税の負担水準とは、「実効税率」のことである。実効税率とは、法人の所得に対する法律・条例等で定める課税の全体を組み合わせた税率を示すものであり「表面税率」とも言う。わが国の場合、地方税の法人住民税は法人税に対する付加税であり、法人事業税は法人税の課税ベースから除かれるため、実効

---

[1] 昭和60年度（1985年度）税制改正で法人税率（国税）を42.0％から43.3％へ引上げ（当初2年間の時限措置とされたが3年間続いた）。

税率は、次のような計算式になる[2]。

$$実効税率 = \frac{課税所得100 \times 法人税率 \times (1+法人住民税率) + 100 \times 法人事業税率}{課税所得100 + 100 \times 法人事業税率}$$

【法人実効税率の推移】

(%)

	昭和63 (1987)	平成2 (1990)	平成10 (1998)	平成11 (1999)	平成16 (2004)	平成24 (2013)	平成27 (2015)	平成28 (2016)	平成30 (2018)
実効税率	52.92	49.98	46.37	40.69	39.54	34.62	32.11	29.97	29.74
法人税率	42.0	37.5	34.5	30.0	30.0	25.5	23.9	23.4	23.2
法人事業税率	12.0	12.0	11.0	9.6	7.2	7.2	6.0	3.6	3.6

※いずれも大法人の標準税率
　平成16（2004）年度以降の法人事業税率は、外形標準課税適用法人。復興特別法人税分は含まず。

　実効税率は、法人税法等で定められた負担率であり、いわば「定価」である。しかし、わが国では、法人税法のほかに租税特別措置法や地方税の特例措置等があり、特別償却や所得控除等の課税所得計算の特例、さらに税額控除制度等により税負担を軽減したり、逆に大法人の同族会社の留保金課税や交際費の損金不算入等の規定により税負担を加重している。

　どこの国々でも、様々な税制上の特例措置（政策税制）を講じて企業の税負担を加減しており、実際に企業が支払う法人税の負担率は実効税率よりもはるかに低い場合が多い。

　1980年代の前半では、米国ではレーガン大統領によるサプライサイド重視の税制（レーガン第1次税制改革）、英国ではサッチャー首相による大規模な政

---

[2] 地方税である法人住民税と法人事業税では、標準税率のほかに大都市部をはじめ多くの自治体では独自に上乗せ課税をしている（その限度が制限税率）が、本書での税率は断りのない限り標準税率によっている。

策減税などにより、実効税率は高いままでありながら、実際の企業の税負担は大きく軽減されていた。ドイツ、フランス等でも政策税制は多面的に活用されており、これらの国々の企業の実際の税負担を実効税率で比較しても、まったく無意味な状態にあった。

　そこで、経団連では、これらの政策税制等による軽減措置を解析して、これを加味した税負担率について、それぞれの国の政策税制による減収額と実際の税収額から算出したマクロ・レベルによる数値と、主要な企業の財務諸表の分析から得たミクロ・レベルによる数値をそれぞれ「実質税負担率」として示し、わが国の法人税負担が主要国の中でも最も高いことを明らかにした[3]。

【実効税率と実質税負担率のイメージ】

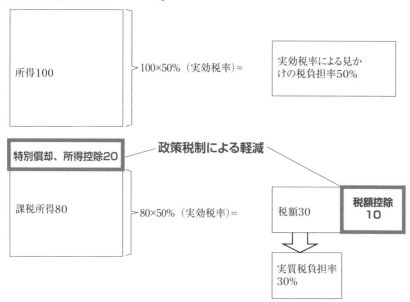

　例えば、当時の米国の実効税率は51.55％であり、日本の実効税率52.92％

---

[3] 経団連資料 No.350「先進各国の企業税制と税負担」1984年6月

と、さほどの開きはなかったが、マクロ・レベルでの実質税負担税率では、日本は51.57％であり実効税率と1％ポイント強の違いでしかないが、米国は32.28％と実効税率と19％ポイント以上の違いがあった。イギリスに至っては、マクロ・レベルでの実質税負担税率は18.06％でしかなかった。

さらに、時の米国主要企業のミクロ・レベルでの実質税負担率をみるならば、マクロ・レベルよりさらに低く、1ケタ台の企業さえ見られていた[4]。

【1980年代前半の主要国の実効税率と実質税負担率】
(％)

	日本 (1984)	米国 (1985)	西独 (1980)	英国 (1982)	フランス (1980)
実効税率	52.92	51.55	56.52	52.00	50.00
実質税負担率	51.57	32.28	50.32	18.06	45.70

2　法人税の「所得」とは何か

法人税に限らず、税負担を国際的に比較する際の指標（モノサシ）には、税率が使われている。しかし、ここで見過ごされていることは、いったい何にモノサシを当てているのか、ということである。もちろん法人税であれば税率を掛ける元となる課税標準（課税ベース）となるのは法人の「所得」である。しかし、企業会計上の「利益」では国際的な収斂が図られているのとは異なり、「法人税における所得＝課税所得」の算出方法は国ごとに大きく異なっている。

例えば、過去に生じた欠損金で当期の所得をどこまで相殺できるかという繰越欠損金制度や、支払配当金や受取配当金の扱い、税法上の減価償却制度のあり方などによって課税所得は大きく変わってくるが、このような基本的な仕組

---

[4] 例えば、GE26.2％（1982年）、ダウ・ケミカル8.9％（1982年）、USスチール9.9％

みでさえ各国バラバラであって、国際的な統一を図ろうとする動きもない。

　企業会計の世界では、IASB（International Accounting Standards Board、国際会計基準審議会）の定めるIFRS（International Financial Reporting Standards、国際財務報告基準）が国際的な基準となっており、欧州諸国をはじめ多くの国々でそのまま会計基準として使われている。米国と日本はIFRSによる財務諸表の作成・開示を容認しつつ、IFRSとは異なる独自の精緻な基準を擁しているが、IFRSとは長年にわたりコンバージェンス（統合化）が図られており、結果として、企業の「利益」に対して決定的な違いはわずかになっており[5]、残されている差異も少なくとも解消されていく方向にはある。

　法人税でも、出発点が企業会計上の利益であることはどこの国でも同じである。わが国においても、いわゆる確定決算主義のもと、法人税の課税所得の計算のスタート[6]は会社法で定められた手続き（確定決算）により決定された税引前の「当期利益又は当期損失の額」である。現在の会社法の計算規定や、その詳細を定める会社計算規則は、企業会計基準をほぼ引き写したものであることから、会社法の利益は、企業会計上の税引前「当期純利益・純損失」と同じであると考えてよい。

　しかし、どこの国でも企業会計上の「利益」をそのまま、法人税の課税所得とはしていない。企業会計上の利益と法人税法上の所得に差異が生じることの理由は、その目的の違いにあるとされる。すなわち、企業会計上の利益は、投資家のために主として企業の財務状況や経営成績を正しく認識し、分配可能利益（配当）の財源を表示することが目的であり、ある意味で万国共通であることが必要であるのに対して、法人税法の課税所得は、その国々において、公平、適正と考えられる税負担を目的とし、さらに時々の政策的な考慮を加えて算出される、国ごとのオーダーメイドのものである。

　わが国であれば、企業会計上の利益の額に対して、法人税法上の「別段の定

---

[5] IFRSと日本基準の間で大きく異なるものとしては、のれんの取扱い、その他の包括利益（OCI）の会計処理がある。
[6] 法人税確定申告書の別表4（所得の計算に関する明細書）の第1行目の記載内容

め」による税務調整（決算調整、申告調整）を加えたものが、法人税法上の課税所得の金額となる。すなわち、企業会計上は収益であっても法人税法上は益金とはしないもの、費用であっても損金とはしないものがあり、企業会計上は収益としないものであっても法人税法上は益金とするもの、費用としないものであっても損金とするものがある。

　これらの企業会計上の利益から課税所得を導く過程が国によって相違があることから、そもそもの課税所得＝法人税の課税ベースに違いが生じるのである。この段階で、国によって違いが大きいのは、減価償却制度、繰延資産、引当金・準備金、受取配当金、資産の評価損益等である。

【企業会計上の利益と法人税法上の課税所得の違いのイメージ】

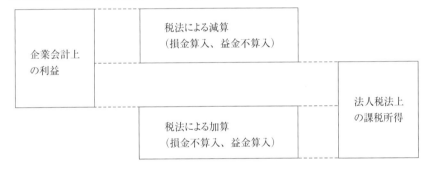

3　国際比較
　　　──「負担」を何で量るのか

　それでは、法人税負担を国際比較していく上で、最も適切な指標は何であろうか。理論的には、国際的に共通度の高い企業会計上の利益の金額に対して、同一の期間に、企業がその国で実際に支払った法人税額の比率である。

　しかし、実はこれを求めるのはきわめて困難である。というのは、法人税負担の比較のためには、個別企業すなわち連結ではない単体企業のデータが必要であるが、IFRSは連結開示を前提としているため、そもそも単体企業の財務

諸表の開示がなされない国や、連結は IFRS で作成していても、単体はその国の独自基準で作成している国が多く、単体企業の会計上の利益や実際の支払い税額について比較可能なデータが得られない。

連結財務諸表では、複数国で事業を展開している多国籍企業グループでは、国ごとに明確な区分（セグメント）がなされておらず、あくまでも全世界で得た利益の合計額と、全世界で支払った税金の合計額が分かるだけになりかねない。国際的な大企業について、企業会計上の利益の金額に対して、実際に支払った法人税額の比率を比較した資料もあるが、これでは、企業グループごとの法人税負担の比較はできても（これは企業経営にとっては重要な指標ではあるが）、制度として各国の法人税負担を比較する指標にはなり得ない。

結局、できることは、いくつかの仮定を置いた上での試算でしかない。例えば、やや古い資料であるが、財務省の委託により KPMG 税理士法人が行い、政府税制調査会でも公表された調査[7]がある。これは、各業種におけるわが国の売上げ上位 4～5 社の 2005 年度財務諸表をベースとして、業種毎のモデル企業の財務諸表を作成し、これに各国の税制（国税、地方税）、社会保険料制度を一定の前提の下で適用し、各国における企業の負担額を計算したものである。また、課税ベースの計算上、恒久的な影響を与える永久差異項目（試験研究費等の税額控除、受取配当益金不算入、交際費・寄付金等の損金算入、外国税額控除、地方税額控除等）のみを試算に反映し、税負担の前払いまたは先送りとみなせる一時差異項目（貸倒引当金及び減価償却等）の影響は反映していない等の限界がある。

---

[7] 法人所得課税及び社会保険料の法人負担の国際比較に関する調査（2006 年 3 月）

【モデルによる各国の法人税負担】

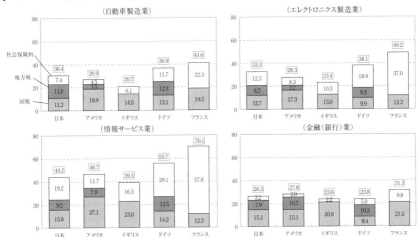

(調査手法について)
　○法人所得課税負担及び社会保障負担の［税引前当期利益＋社会保障負担］（総売上げから社会保障負担以外の費用を引いた額に等しい値）に対する比率を国際比較したもの。法人所得課税負担は、法人所得を課税標準とする諸税を対象としており、また、外国当局による課税は対象としていない。
　○モデル企業の立地場所は、日本は東京、アメリカはカリフォルニア州及びテネシー州（自動車製造業）、カリフォルニア州及びニュージャージー州（エレクトロニクス製造業）、カリフォルニア州（情報サービス業）、カリフォルニア州及びニューヨーク市（金融業）、イギリスはロンドン、ドイツはデュッセルドルフ、フランスはパリと仮定した。
　○四捨五入の関係上、各項目の計数の和が合計値と一致しないことがある。

4　なぜ、やはり実効税率なのか

　法人税負担を何を指標として量るのかは、実に難しい問題であり、実効税率の比較では限界があるにもかかわらず、今、一般的に用いられているのは、やはり実効税率による比較でしかない。なぜ、実効税率が法人税負担を比較する指標として広く用いられているかについては、2つの大きな理由があると考える。

その第1は、主要先進国における法人税の改革が、過度な政策税制を廃止・縮小するとともに、それを財源としての税率の引下げに向かったために、実効税率と政策税制等による軽減を考慮した実質税負担率の差が、急速に縮まってきたことにある。

　その代表例が、米国のレーガン政権下で実施された税制改革の推移である。レーガン税制改革は、その内容の大きな転換によって2期に分けられる。

　第1期は、当選直後の「1981年経済再建税法」による、景気回復を目的とした大規模な減税である。個人所得税では最高税率が70％から50％に引き下げられ、法人税では、サプライサイド・エコノミクスのもとに、加速度償却制度や投資税額控除等の大胆な政策税制が講じられた。しかし、この税制改革は明確な経済効果に結びつかないまま財政赤字の拡大をもたらし、早くも翌1982年には軌道修正がなされ、「1982年公平税制・財政責任法」では、導入されたばかりの政策減税の縮減が図られるなどにより増税に転じた。

　第2期は、公平、簡素、中立及び経済効率の向上を標語に、中長期的に安定的な税制の構築を目指した「1986年税制改正法」である。ここで示された方向が、課税ベースの拡大を財源とする税率の引下げであり、個人所得では最高税率を50％から28％へ、連邦法人税率は46％から34％に引き下げられた。この課税ベースの拡大による「税収中立」のもとでの税率の引下げは、その後、わが国を含めた主要各国の税制改革の旗印となり続けて、現在に至っている。

【レーガン政権による法人税改革】

1981年経済再建税法	1986年税制改正法
法人税率──15、18、30、40、46％ （46％：所得10万ドル超の部分）	法人税率──15、25、34％ （34％：所得7.5万ドル超の部分）
加速度償却制度（ACRS）の導入 機械・装置：資産4分類 　償却期間3～15年 　150％定率法 建物等：資産2分類	修正加速度償却制度──加速性の縮減 機械・装置：資産6分類 　償却期間3～20年 　150％定率法又は200％定率法 建物等：資産2分類

償却期間 15、18 or 19 年 150％定率法	償却期間 27.5〜31.5 年 定額法
投資税額控除 　耐用年数 3 年資産：6％ 　5・10 年資産：10％	86 年 1 月以降廃止
研究開発投資に対する税額控除 　研究開発費の増加額（過去 3 年間の平均を超える額）に対して 25％税額控除	20％に縮減
セーフ・ハーバー・リース 　課税所得のない企業が、税額控除と投資関連控除を課税所得のある企業へ譲渡。課税所得のないか少ない企業も他の企業と同様に投資刺激措置が利用可能に	(82 年法により 84 年以降廃止)
貸倒引当金 一般：「合理的な範囲内」 銀行に対する特例：貸出残高の 0.6％までを選択可能	一般：廃止 銀行に対する特例：総資産 5 億ドル以上の銀行について廃止
交際費——全額を所得控除	交際費——80％控除に縮減
ミニマム税 15％	代替ミニマム税 20％

　第 2 の理由は、特に今世紀に入って以降、顕著となってきた傾向であるが、イギリス、ドイツ、フランス等の欧州主要国をはじめとして世界中で競争といってもよい法人税率（実効税率）の引下げが始まったことである。それまでは、わが国と韓国、台湾、中国などのアジア諸国との間では法人実効税率に大きな格差があることが当然であったが、欧米主要国との間では、少なくとも実効税率では大きな違いは見られなかった。しかし、この 10 年足らずの間に、OECD 加盟国の平均でみても法人実効税率は 25％を下回る水準にまで下がっている。

【主要国の法人実効税率の推移】

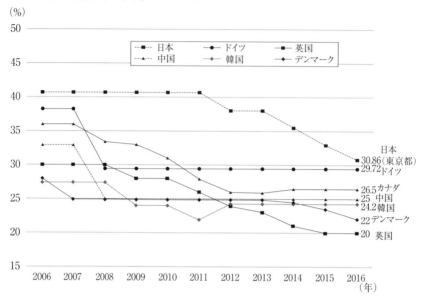

　法人実効税率引下げの財源は、ドイツなど付加価値税の増税による例もあったが、多くの場合には、法人税の中での課税ベースの拡大による「税収中立」のもとでの税率の引下げであった。

　税収中立では、法人税全体の負担は減ることはなく、決して減税ではないが、それでも、法人実効税率の引下げが各国で競って進められた理由は、企業の事業内容や産業構造全体をより付加価値の高い、すなわち稼ぐ力のあるものに変えていくことが、自国の競争力の維持、拡充のために必要な手段として考えられたことにある。

　例えば製造業、特に鉄鋼、化学等の装置産業に対しては投資税額控除や減価償却制度が税制優遇措置として効果的であったが、金融・サービス産業や、IT産業にはこれらの措置は効果が少ない。そこで、ある意味で従来型の産業を保護してきた政策税制を廃止縮減して、事業活動の結果としての利益に対する課税を軽減した方が国際競争のためには望ましい、すなわち税率を下げるこ

との方が重要との判断になる。一方で、どの国でも、将来の成長につなげる研究開発に対する優遇税制は維持しているのみならず、拡充も進めている。

【法人実効税率の国際比較（2017年1月現在）】

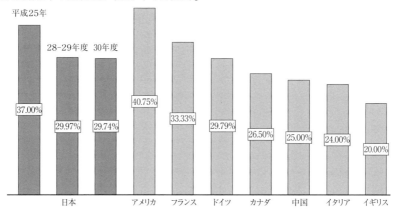

（注）法人所得に対する税率（国税・地方税）
　　　地方税は、日本は標準税率、アメリカはカリフォルニア州、ドイツは全国平均、韓国はソウル市。なお、法人所得に対する税負担の一部が損金算入される場合は、その調整後の税率を表示。
（出典：OECD、各国政府資料等）

また、もう1つには、法人実効税率の引下げが、外国からの直接投資を呼び込むためのわかり易いメッセージとなることである。投資先国の選定にあたり、税制は重要な判断要素であるが、複雑である上に多くの場合は時限措置であり持続性が乏しい政策税制の内容を吟味するよりも、直截に税率を比べることの方が重要と考えられるようになってきたことがある。

従来、国際的な法人税の比較データは国連やOECD等の国際機関が示すものが中心であったが、近年は、世界的な大手会計事務所系のコンサルタント会社等が豊富な資料を提供しており、これらの中でも実効税率が重視されている。

なお、経団連では数年おきに、会員企業に対して税負担アンケートを行い、

わが国の主要企業の実際の税負担や、税務調整（決算調整、申告調整）の各項目ごとの加減算の内訳の数値を把握し、毎年の税制改正に役立てている。これによれば、業種による違いはあるものの、総じて大企業の税負担は実効税率を大きく下回っておらず、むしろ実効税率より高くなる場合も少なくない。

　これは、交際費の損金不算入や繰越欠損金の制限等により、税負担を増加させている結果である。

第1章　税制抜本改革と法人税

大蔵省との法人税負担論争によって、わが国の法人税負担は先進諸外国と比較して高いことは明かにできた。また、1980年代末からの東西冷戦構造の終焉から東欧諸国の民主化、さらには1991年のソ連崩壊によって加速化した経済面での国際競争の激化の中で、わが国でも法人税負担軽減の必要性が認識されるようになった。しかし、一方で、高齢化の進展による社会保障給付の急増やバブル崩壊による財政状況の急激な悪化の中で、高度成長期に行われたような税の自然増収による減税は期待できないどころか、抜本的な税収増を図るために大型間接税の導入を含む税制抜本改革が不可避とされた。

1　中曽根税制改革

（1）税制抜本改革の始まり

　現在、わが国の租税体系の根幹をなす税目は、個人所得税（所得税、個人住民税）、法人税（法人税、法人住民税、法人事業税）、消費税（消費税、地方消費税）である。

　消費税が創設されたのは、平成に入ってからであるが、消費税創設に至るまでには十年以上の歳月を要している。その嚆矢となる大型間接税の構想は、1979年の大平内閣の「一般消費税」であった。その挫折後、「増税なき財政再建」を掲げる第二次臨時行政調査会（土光臨調、1981年3月〜1983年3月、）の陰で、大型間接税構想は消え去ったかのように見えたが、1982年11月に発足した中曽根内閣は、戦後政治の総決算を標榜し、第2次内閣に入ると税制改革を内閣最大の課題として掲げ、1985年1月25日、施政方針演説の中で、税制抜本改革の断行を明言した。

　しかし、当初、中曽根首相の念頭には、後の消費税につながるような、EU型付加価値税の構想はなかったようである。1985年2月6日の衆議院予算委員会において、中曽根首相は「多段階、包括的、網羅的、普遍的で大規模な消費税を投網をかけるようなやり方はとらない」と明言しており、後に売上税が

公約違反と糾弾され廃案になっていくことにつながった。

1985年7月には、「公平、簡素、民間活力の促進」をスローガンに、税制改革の具体的課題として所得税、法人税、相続税の減税、貯蓄優遇税制の見直し、日本型間接税の創設が明確にされ、9月20日、政府税制調査会に対して、「まず、税負担の軽減、合理化のための方策について明らかにし、次いでその財源確保のための方策などを含めた税制全体の改革方向について明らかにすることとされたい」との諮問が下された。

政府税制調査会は、翌1986年10月28日「税制の抜本的見直しについての答申」を取りまとめ、以下のような方向性を示した。

①個人所得税—大半のサラリーマンが包摂される収入階層に対し基本税率10％または15％の2段階の税率で済むようにする。
②法人税—法人課税の税率水準について財政事等を考慮しつつ、「中期的にみて実効税率が5割を下回る水準まで引き下げることが適当」としながら、一方で、「課税ベースを思い切って拡大する観点から、引当金、租税特別措置について厳しい見直しを行う」とされていた。
③日本型間接税—専門小委員会で示されたA案（製造業者売上税）、B案（事業者間免税の売上税）、C案（日本型付加価値税）のうちC案が最も望ましいとしながら、結論は示されていなかった。

（2）昭和62（1987）年度税制改正
——売上税の挫折

1986年12月23日の政府税制調査会「昭和62年度税制改正に関する答申」では、上記の「税制の抜本的見直し」の具体化として、売上税の導入（5％の単一税率、税額票による簡素な前段階税額控除方式）、所得税の減税（税率構造の緩和等）、少額貯蓄非課税制度（マル優）の見直しなどとともに、法人税については「実効税率が5割を下回る水準まで引き下げることが適当」として、配当軽課税率を廃止しつつ、法人税の基本税率を段階的に引き下げることが明記されており、1989年度以降、法人税の基本税率は37.5％となり実効税率は

49.98％となるはずであった。

　また、この答申では財源策として配当軽課税率の廃止、受取配当益金不算入制度、各種引当金、減価償却制度、租税特別措置、外国税額控除制度の見直しが示唆されていたが、直ちに実施することとして示されていたのは、配当軽課税率と賞与引当金の廃止のみであり、売上税の導入を財源に、法人税の減税を行うことが明確にされていた。

　しかし、売上税を巡る混乱の中で、昭和62（1987）年度税制改正関係法案は国会で審議に入ることなく年度末を迎え、3月27日に租税特別措置法等の日切れのみを手当てした後、4月23日、衆議院議長あっせんにより売上税法案は廃案となり終わった。その後、昭和62年度税制改正関係法案から売上税の創設とともに法人税率の引下げ等が削除され、残された所得税減税と利子の一律源泉分離課税等のみが9月19日に至りようやく成立した。

　所得税減税が先行されながら、法人税は先送りにされたのには、当然ながら代替財源の問題があった。また、経団連としても、大型間接税の導入により将来にわたる安定財源の道筋をつけることなく、法人税減税を実現することはできないことは自明の理でもあり、この段階では抵抗することなく終わっている。

2　消費税導入と法人税減税の実現

　中曽根内閣は1987年11月に退陣、竹下内閣に代わったが、日本型間接税の創設に向けた検討は政府・与党内で慎重に続けられ、1988年4月28日には消費税の創設を含む具体的課題を示した政府税調「税制改革に関する中間答申」、6月15日には政府税調「税制改革に関する答申」が取りまとめられ、6月28日の「税制改革要綱」閣議決定を経て、7月29日には税制改革法案、消費税法案等として国会に提出された。

　売上税の挫折から1年余りで大型間接税は消費税として復活したが、このこ

とは、売上税自体に何らかの欠陥、問題があったわけではなく、売上税をめぐる混乱は、一重に中曽根首相の公約違反を糾弾する政治的な論議であったことを裏付けるものである。

　また、売上税の反省から、消費税には多くの緩和剤が仕込まれていた。税率が5％と3％との違いが目立つものであるが、最も重要であったのは、この種の税の根幹の仕組みである前段階税額控除の方法について、売上税では「税額票」として簡易ながらもインボイスが用いられるはずであったが、消費税では帳簿方式に変わったことである。このほかにも、簡易課税や免税点の水準などで、中小事業者に対する優遇措置が用意され、消費税を飲みやすいものとしていた。

　しかし、1987年4月23日の売上税法案廃案から、間を置くことなく、消費税に至る税制抜本改革の議論が再開された理由は、大型間接税の導入を柱とする税制抜本改革が避けては通れないものであったことにある。

　既に当時、高度成長の終焉から経済の長期的な停滞の兆しや、高齢化の進展の中での社会保障負担の重圧が明らかになりつつある中で、所得税、法人税などの所得に課税する直接税に偏った税体系が限界に達しており、付加価値税を個人所得税、法人税と並ぶ基幹税目とするEU諸国並みの「直間比率」となる税体系を構築することが、冷静な論調の中では不可欠であると考えられていた。

　1988年4月28日の政府税制調査会「税制改革に関する中間答申」では、税制改革の必要性として、以下のように述べられていた。

　「人口の高齢化が世界に例を見ない速度で進展する状況の下で、現行制度を前提とすると、社会保障給付が急速に増加するものと見込まれ、これに伴い社会保障負担についても相当の増加が予想されている。税負担の面でも、現行税制のままでは、勤労所得に対する税負担はますます増大するものと予想される。これらの結果、国民の負担は、働き手世代の稼得する勤労所得に対する直接的な負担へ一層偏ることとなり、納税者の重圧感・不

公平感は深刻化し、勤労意欲や納税意欲が阻害されるといった事態を招きかねない。

　また、経済の国際化が一層進展する中で、現行税制を放置する場合には、企業に対する税負担水準の国際的格差から、いわゆる経済の空洞化といった現象を生じたり、間接税制度の諸外国との相違から、対外的な摩擦が深刻化したりするおそれがある。」

　1988年12月24日には、消費税の創設を含む税制抜本改革が成立し、先送りされていた法人税率の引下げも実現し、法人税の基本税率は段階的に37.5％まで引き下げられ、実効税率は49.98％となり、かろうじて50％台を下回ることとなった。

【昭和63（1988）年度改正による法人税率の引下げ】

			1989年度		1990年度以降
基本税率	42.0％	⇒	40.0％	⇒	37.5％
配当軽課税率	32.0％	⇒	35.0％	⇒	廃止

3　その後の税制抜本改革

　この昭和と平成の境目で成し遂げられた税制改革が、現在に至る税体系の基本的な姿を構築することとなった。その後、毎年繰り返される税制改正の中でも、税制「改革」あるいは「抜本改革」といわれる大規模な改正がなされたことがあった。例えば、消費税率の3％から5％への引上げを内容とする平成6（1994）年度税制改正（実際の消費税率5％への引上げは1997年）、民主党野田政権が仕掛け、政権交代の契機ともなった消費税率の8％、さらには10％への引上げを企図した、財政・社会保証・税制のいわゆる「三位一体の改革」であるが、いずれも消費税率の引上げと関わるものであった。というより、消費税

率を引き上げること自体が、政治的な意味合いの中で、税制抜本改革とされてきた。

また、これらの税制抜本改革を通じて見た場合の特徴は、消費税率引上げによる「逆進性」緩和対策としての所得税減税が、平成6年度税制改正ではセットであったものが、次第に縮小していき、「三位一体の改革」の段階では所得税減税の発想すらうかがえなくなっていた。「逆進性」緩和対策としては、より直截であるが一時的で対象が限定された給付金や、10％引上げ時では消費税自体の軽減税率の議論に変質している。本書では、この問題には立ち入ることはしないが、消費税率の引上げの際であっても、個人所得課税の一般的・恒久的な減税を行う余裕がないほど、わが国の財政事情が逼迫してきたことは確かである。

このような中では、税制抜本改革であっても法人税の本格的な減税が顧慮されないことは当然でもあった。

第 2 章　税率引下げと課税ベース拡大

1990 年度に法人実効税率が 49.98 ％に引き下げられたことを最後として、現在に至るまで、他の税目の増税から財源を得て、法人税率の引下げを含む本格的な法人税減税が行われたことは絶えてない。それ以降、平成 28（2016）年度税制改正により法人実効税率を 29.74 ％に引き下げるまでの法人税率引下げは、基本的に法人税の中での「税収中立」で示される通り、法人税の課税ベースの拡大を主な財源として行われてきた[8]。この間、単純に考えて課税ベースは総額で 6 割ほど拡大されてきたことになる。

　すなわち、平成になってからの法人税改正は、そのエネルギーの大部分を法人税の課税ベースを拡大して法人税率を下げることに費やしてきたといってよい。本章では、平成 10（1998）年度税制改正に焦点を当て、法人税率引下げの財源としての課税ベース拡大がどのように行われてきたのかを解説していく。

1　政府税制調査会「法人課税小委員会報告」

　法人税の課税ベースを拡大して法人税率を引き下げた最初のケースは平成 10（1998）年度税制改正であるが、これには前哨戦としての政府税制調査会における法人課税小委員会での議論があった。

　政府税制調査会は、平成に入って以降も累次の答申において、法人課税について、「課税ベースを拡大しつつ税率を引き下げる」との主張を繰り返してきた[9]。法人課税小委員会は、このような税制調査会で既に固められていた方向性に基づき、「法人課税のあり方について、課税ベースの問題を中心に専門的・技術的な検討を行うことを目的」として 1995 年 10 月に設置され、1 年余

---

[8]　平成 27 年度改正、28 年度改正での税率引下げは、地方税である法人事業税の外形標準課税の拡大を主な財源として行われた。

[9]　1995 年 12 月の政府税制調査会「平成 8 年度の税制改正に関する答申」では「租税理論のみならず、企業会計や税実務なども視野に入れて、専門的・技術的に検討を深める必要がある」と指摘している。

りをかけて26回にわたる審議を行ったほか、アメリカ・カナダ・イギリス・ドイツ、マレーシア、インドネシア、シンガポールへの海外視察を実施し、各国における法人課税の動向等について調査も行い、1996年11月に「法人課税小委員会報告」をとりまとめた。

「法人課税小委員会報告（以下、「報告」）では、第1章において、法人課税見直しの基本的な考え方を、「我が国産業の国際競争力が維持され、企業活力が十分発揮できるよう、産業間・企業間で中立的で経済活動に対する歪みをできる限り少なくする方向で、本格的な見直しを行う必要がある。」とした上で、「課税ベースを拡大しつつ税率を引き下げる」ことを「基本的方向」として前提に据えている。一方、税率については、国際競争力を維持するために必要な水準などといった議論は一切なされず、あくまでも税収中立を前提として、課税ベースを拡大できた範囲で、法人税の基本税率を引下げ、他の主要先進諸国並みに近づけることが望ましいとだけ言及されていた。

「報告」第1章では、課税ベースの見直しの視点」として以下の7点を挙げている。

①費用又は収益の計上時期の適正化―税制の立場から、各年の企業業績を的確に把握、確定するため、費用又は収益の計上時期の適正化が必要。

②保守的な会計処理の抑制―税法では、課税所得計算の適正化の観点から過度に保守的な会計処理（費用や損失の計上を収益の計上より優先）を抑制。

③会計処理の選択制の抑制・統一化―課税所得計算の裁量性を抑制し、制度の透明性の向上、企業間の税負担の格差の是正を図る観点から、税法では会計処理の選択制の抑制・統一化が必要。

④債務確定主義の徹底―課税の公正・明確化の観点から、税法では、不確実な費用や長期間経過後に発生する費用の見積計上を極力抑制する必要。

⑤経費概念の厳格化―税法では、経費の概念を厳格に捉える必要。

⑥租税特別措置等の一層の整理合理化等―租税特別措置等の一層の整理合理化、利用者が特定の者に偏在している措置の抑制が必要。

⑦国際課税の整備―国際課税のより一層の整備を図る必要。

これに対する経団連の反論の要点は、以下の2点にあった。

第1に、法人税率を引き下げる一方で課税ベースを拡大し、全体として税収中立にするのでは、全体としての法人税負担の実質的軽減につながらないばかりか、企業・業種によっては著しい負担の増大を招くことにもなりかねない。

第2に、経済、社会の変化に即して課税ベースを見直していくことは必要であるとしても、その基本はあくまで課税所得の合理的な算定に資するか否かであり、見直しは、あくまでも、商法（現会社法）、企業会計制度と整合性を保つものでなければならない。政府税制調査会法人課税小委員会において議論されているいわゆる課税ベースの「適正化」論は、税収増を目的に、一般に公正妥当と認められている会計原則を歪めようとするものに他ならない。

「報告」第2章では、課税ベースの各論について、その拡大を正当化するための詳細な記述がなされているが、いずれの項目も、その後の法人税改正において主要論点となっていくものとなった。そこで、「法人課税小委員会報告」の概要と、これに対する当時の経団連の反論[10]の要点を整理・対比しておく。

【法人課税小委員会報告の概要と経団連の主張】

項　目	法人課税小委員会報告の概要	経団連の主張
1　収益の計上基準 　（1）工事収益	長期工事については、工事進行基準を原則的な収益の計上基準とする方向で検討することが適当。この場合、比較的規模の大きい工事に限定する等対象工事を限定する必要あり。	収益を実現主義で認識することは企業会計の根幹である。 工事進行基準には、①海外の工事契約については、カントリーリスクの問題や為替変動の影響を受け不確定要因が多いまま、工事完成前に収益を計上することとなる、②長期工事は設計変更、工期変更が多い、③材料・人件費について物価変動が大きい、④大企業の場合、件数が膨大であり、すべてに工事進行基

---

[10]　1996年9月17日「税制改正に関する提言」

			準を適用することは事務処理上、困難である等の問題点がある。会計上、税務上の2つの異なった売上計上を避けるために税務上の規定に従わざるを得ず、工事進行基準を強制するのであれば、企業会計上の問題をまず議論すべき。
	(2) 割賦販売等に係る収益	割賦や延払いによる商品の販売等については、金利相当部分を除き、その引渡し時に収益の計上を行うこととすることが適当。	割賦基準、延払基準による収益の計上は、①契約により代金の請求ができないこと、②代金回収に費用がかかり貸倒れの危険が大きいこと、③資金回収が長期にわたることから、企業財務の健全性の観点から企業会計上認められた会計処理である。契約に基づき代金回収が長期にわたることが明らかであるにもかかわらず、代金回収がなされていない時点において、納税資金の流出を余儀なくされることとなれば、企業の財務体質の悪化を招きかねない。
	(3) 長期金融商品に係る収益	毎期収益の計上を求めることが考えられるが、対象とすべき金融商品及び具体的な収益の計上方法について検討を深める必要。割引債の償還差益については、期間の経過に応じて収益を計上することが適当。	＜ほぼ容認＞
2 費用の計上基準 (1) 短期の前払費用		少額なものやごく短期の費用の前払いを除き、現行の取扱いについては、何らかの制限が必要。	＜ほぼ容認＞
	(2) 支払利子	支払利子を資産の取得価額に算入することについては、慎重な検討が必要。	＜ほぼ容認＞

3　資産の評価 　(1)　棚卸資産の評価	後入先出法の廃止は、慎重な検討が必要。 低価法の廃止は、慎重な検討が必要。切放し低価法の廃止はやむを得ないとしても洗替え低価法は容認すべきである等の意見あり。	後入先出法は、棚卸資産の価格変動が激しい状況では、直近の仕入原価を売上原価として売上に対応させることにより、価格変動の影響を適時に期間損益計算に反映できるという点で適切な会計処理である。 切放し低価法は、企業財務の健全性を維持する観点から、企業会計上も低価法の原則的な方法とされている。 洗替え低価法が強制されることとなれば、企業経営が不安定な市場リスクに晒されることとなる。 評価方法の変更は事前に税務署長の承認を受けることとなっており、恣意的な利用はできない。
(2)　有価証券の評価	上場有価証券については、低価法を廃止することが適当。切放し低価法の廃止はやむを得ないとしても洗替え低価法は容認すべきである等の意見あり。 短期保有の上場有価証券の時価評価については、積極意見と慎重意見あり。	有価証券の低価法の適用に関して、不安定な相場の反騰に応じて、前期以前に配分された期間費用を当期収益に繰り戻す結果となる。
(3)　外貨建債権債務	今後の会計実務の実態をみた上で、所要の整備を図っていくことが適当。	＜ほぼ容認＞
4　減価償却 　(1)　償却方法	建物については、定額法に限ることが適当。構築物についても同様の観点から検討。機械及び装置、器具及び備品等については、定率法による償却を認めることが適当。営業権については、均等償却	建物の償却については、わが国の場合、耐用年数が米国の1.7倍と長いため、定率法を選択できないこととなった場合、米国と比べて極めて不利な制度となる。

		に改めることが適当。	
(2)	耐用年数	建物及び構築物については、償却方法を定額法に改める機会に、あまりに長期に過ぎるものについては、現行の耐用年数を短縮することを検討。	わが国の減価償却資産の法定耐用年数は、技術の急激な進歩、経済的陳腐化を反映していない。英米における償却制度を参考にしつつ経済的実態に即して耐用年数を縮減するとともに、分類の簡素化を行うべき。
(3)	償却可能限度額	耐用年数との関係もあり、慎重な対応が必要。	償却限度額については、英米では残存価額ゼロまで償却できるのに対し、わが国では取得価額の95％までしか償却できない点を改善すべき。
(4)	少額減価償却資産	総額制限を設ける等何らかの見直しを行う必要あり。その場合には簡便償却についても所要の見直しが必要。事務負担に配慮する観点から、現行の取扱いは維持すべきであるとの意見あり。	少額資産については、税制簡素化の観点から、損金算入限度額を引き上げることが必要。
(5)	リース資産	リース資産の減価償却のあり方については、ファイナンスリース取引の実態を踏まえ、所要の見直しを行うことが適当。併せてファイナンスリースに関する課税上の取扱いについて、法制上の整備を図る必要あり。	リース期間に関しては、昭和53年及び63年の税務通達が取引慣行として定着しており、安易なリース期間の見直しは、リースを利用した民間設備投資（1995年度において全体の9.14％）に悪影響を及ぼし、特に中小企業の設備調達の利便性を奪う。また、リース資産の減価償却の方法に関しリース資産にのみ定額法を強制すること、少額資産の即時償却に限度を設けることに合理的な理由はなく、税制の中立性・公平性、国際的整合性を欠く。
5	繰延資産	繰延資産全般を均等償却に改めるのは、慎重な検討が必要。	＜ほぼ容認＞

		任意償却とされている社債発行差金については、社債の償還期間にわたって均等に償却することが適当。	
6	引当金		
	(1) 基本的考え方	公平性、明確性という課税上の要請からは、不確実な費用・損失の見積り計上は、極力抑制する必要あり。 一方、商法上その引当てが必要とされている引当金については引き続きこれを存置すべきであり、税法上の限度の見直しは行うにしても、廃止は不適当との意見もあり。	引当金は、費用収益対応の原則に基づき、企業会計上、引当てが義務付けられているものであって、企業優遇税制ではない。 現在認められている引当金を税収目的のために廃止することは、企業の期間損益と課税所得との乖離を招き、企業活動の成果に対応しない税負担を生じさせ、企業の活動を阻害するおそれがある。
	(2) 貸倒引当金	法定率制度を廃止し、実績率のみを用いることとする方向で検討することが適当。その場合には、現行の実績率の算定方法についても所要の見直しを行うことが必要。	貸倒れが急増しており、縮減は認められない。一方、貸倒損失の認定の弾力化が求められる。
	(3) 賞与引当金	賞与は、たとえ賃金の後払い的な性格を有するとしても、課税の公平性、明確性を期する観点から、引当金による繰入れによるのではなく、実際に支払った日の属する事業年度の損金の額とする取扱いに改めることを検討。 多くの企業は賞与を賃金の後払いとして認識しているのが実態であり現行制度は維持すべきであるとの意見や、支給対象期間基準の廃止等の意見あり。	賞与は、労使協定によって確実に支払われるものであり、費用・収益を対応させる観点から、本来、未払費用として計上すべきものであるが、決算期において個人別に賞与額が確定していないために、未払費用として計上することについて課税当局と企業との間で紛争が絶えなかったことから、昭和40年に創設されたものである。単に賞与引当金を廃止すると未払費用として計上する企業が増加し、債務確定に関する認定問題が再燃することが懸念される。

(4)	退職給与引当金	現行の退職給与引当金を、退職が間近に迫っている年齢層の従業員に対する退職金に焦点を当てたものに改めることが考えられる。この考え方を引当金の累積限度額に反映させ、現行の水準を引き下げることとするのが適当。 退職給与は、労働協約等で支給すべきことを約している債務であり、現行制度は維持すべきであるとの意見あり。	退職給与は、わが国の労使関係の中で定着した日本独自の制度であり、後払い給与たる性格のものである。したがって退職給与引当金は従業員への支払いを確保するための制度であって、企業に対する優遇税制ではない。大企業の積立て額が大きいのは、それだけ大きな雇用を確保していることの現れであり、その縮減は認められない。累積限度額基準を現行の平均勤続年数、自己資本利益率から計算すれば、縮減どころか、大幅な拡充が必要となる。 また、企業によっては急速なリストラによる従業員数の減少により、引当金から会社都合退職の支給額全額の取崩しが行われているが、その結果、発生額基準の適用により、その補填すらできない状況にある企業が増加している。このような状況が続けば、退職給与の支給が困難になるおそれがあり、発生額基準の廃止が求められる。
(5)	製品保証等引当金	公平性、重要性等の点で問題があるので、廃止する方向で検討。費用収益対応の考え方に立って企業会計上必要とされているものであり廃止は不適当との意見あり。	企業会計上、引当てが義務付けられており、利用業種の偏在をもって制度の見直しを主張することは適当でない。
(6)	返品調整引当金	適用事業の実態等を踏まえ、重要性等の観点から見直しを行うことが適当。	＜特定業界の問題であり触れず＞
(7)	特別修繕引当金	特別修繕に要する費用が適用企業の期間損益に与える影響の程度や他の事業との比較においてこれを特別に取り扱うことの妥当性と	＜特定業界の問題であり触れず＞

		いった諸点について、更に検討を加え、見直しを行うことが適当。	
	(8) 準備金	引当金に類する準備金については、引当金に準じた見直しを行うことが適当。特定の産業を振興するためのものとなっている準備金や単なる期間損益の調整に過ぎないものとなっている準備金は、廃止する方向で検討することが適当。	政策税制としての効果等を検証すべき。
7 法人の経費	(1) 役員報酬等	役員賞与については、現行の取扱いを維持することが適当。企業の経営者がその親族等に過大な報酬を支払うことによる所得分散の問題等については、できる限り法制上の整備によって解決を図ることが適当。	<容認>
	(2) 福利厚生費	過度な福利厚生費支出については、損金の額に算入しないことにより適切な税負担を求める余地あり。 企業経営者の私的経費の法人経費化の問題については、課税当局が適切に対処できるような方策についても検討する必要あり。	<ほぼ容認>
	(3) 交際費	現行制度は基本的に維持することが適当。ただし、中小企業の定額控除額内の支出交際費の損金不算入割合を更に引き上げることも必要。	<ほぼ容認>
	(4) 寄附金	一般の寄附金については、損金算入の対象とする寄附金の範囲を限定するか、一定の限度内であってもその一部を損金の額に算入しないこととするといった見直しを行うことを検討。	<ほぼ容認>

		寄附金の損金算入制度については、公益の増進に貢献する団体等に対する寄附金の損金算入の取扱いを含め、そのあり方を検討する必要あり。	
	(5) 外国の罰金	外国に支払う罰金等についても損金の額に算入しないことを検討する必要あり。その場合には、損金不算入とする罰金等の範囲を慎重に検討する必要あり。	＜容認＞
8	租税特別措置等	産業間・企業間の中立性をより一層重視する観点から、徹底した見直しを行うことが適当。	目的・内容にかかわらず一律に縮減するのではなくその役割と効果の面から原点に立ち戻った検討を行うべき。
9	金融派生商品	金融機関等の行うトレーディング業務については、時価基準の採用を検討。 デリバティブ取引については、適正な課税を確保する観点から、取引の実態や企業会計審議会における会計処理の検討の動向を見極め、随時法制上の整備を図ることが適当。	＜金融機関固有の問題であり触れず＞
10	欠損金の繰越し・繰戻し	繰越期間を一般的に延長する場合には、帳簿保存義務、除斥期間延長等を併せて措置する必要があるほか、半数を超える法人が赤字申告となっていることをも考慮し、幅広い観点からの検討が必要。欠損金の繰戻し還付制度を廃止することについては慎重な検討が必要。	欠損金の繰越しはイギリス、ドイツでは無期限であり、米国でも15年間認められており、日本の5年という期間は非常に短い。特に新規産業の育成にあたっては、繰越期間の延長は非常に有効である。また繰戻還付の停止措置を直ちにとり止めるとともに、アメリカ、イギリス同様3年の繰戻し期間を認めるべき。
11	法人間配当	現行の仕組みは、基本的に維持することが適当。負債利子については、原則としてそのすべてを控除	＜ほぼ容認＞

		対象とすることが適当。投資対象のほとんどが外国株式で運用されている証券投資信託の収益の分配については、益金不算入の対象から除外する方向で検討することが適当。	
12	企業分割・合併等		
	(1) 現物出資の課税の特例	現物出資する子会社が海外子会社の場合には、適用対象から除外することが適当。現物出資資産に土地等が含まれている場合の特例措置について、課税の繰延割合の上限の引上げや事業継続要件の緩和を検討すべきである等の意見あり。	＜ほぼ容認＞
	(2) 合併の場合の清算所得課税等	基本的には、現行制度を維持することが適当。ただし、所要の法制上の整備を図っていく必要あり。	＜ほぼ容認＞
	(3) 連結納税	連結納税制度については、前提条件となるべき考え方・実態の定着がみられていないので、導入の是非を具体的に検討するには時期尚早。企業分割を促進する等の観点から連結納税制度の導入を検討すべきであるとの意見あり。商法・企業会計、企業経営の実態の変化、国民の認識を注視。このほか、法人課税の体系の再構築、租税回避行為防止、税収減への対処の必要性等を踏まえ、引き続き研究課題。	分社化経営は、企業経営の再構築を図る上で重要な選択肢である。このような企業経営の新たなトレンドを踏まえ、先進諸外国では一般的である企業グループ間での損益の通算制度（いわゆる連結納税制度）を早期に導入すべきである。分社化経営が不利となるような現行の税制は、企業の経営形態の選択に対して中立性を欠いており、企業に不当な税負担を強いるものである。
13	同族会社に対する留保金課税	現行の法人税と個人所得税の基本的仕組みを前提とする以上、当然に必要とされる制度。非課税とされる「金額基準」の引上げは、本制度の趣旨からみて不適当。	＜主として中小法人の問題であり触れず＞

14	公益法人等の課税対象所得の範囲	収益事業については、課税対象事業の追加、さらには、原則課税化を検討。ただし、課税非課税を区分する基準を見出すのは困難との意見あり。金融資産収益についても検討。収益事業、金融資産収益等に対する課税のあり方を巡る議論は、公益法人の事業実態をどう捉えるかと密接に関係しており、行政当局の指導監督等の効果も見極めつつ、課税のあり方を検討していく必要あり。	＜公益法人固有の問題であり触れず＞
15	保険・共済事業の課税所得計算	保険・共済事業の特殊性や契約者との関係も考慮する必要。保険・共済事業の実態等を踏まえ、幅広い観点から検討を深める必要あり。	＜保険固有の問題であり触れず＞
16	国際課税		
	(1) 外国法人に対する課税	法人格を有しない外国の組織を法人税法上の法人として扱うべきかどうかといった問題について、検討を深めていく必要あり。現行税制が想定していなかった新たな取引形態については、その実態を踏まえ、法制上の整備も含め、取扱いの明確化を検討していく必要あり。	＜外国法人の問題であり触れず＞
	(2) 外国税額控除	租税回避目的等、税額控除を認めることが不適切な外国法人税について、法制面での整備も含め、明確化を図ることが適当。現行の一括限度額方式は維持しつつ、引き続き限度額管理の適正化に努めていくことが適当。みなし税額控除については、税の公平や有害な租税競争の牽制と	現行の外国税額控除制度は、欧米諸国に比して未だ不十分である。現地統括会社の設立の増加等の実態を踏まえ、控除対象のひ孫会社までへの拡大、持株比率要件の緩和など制度の改善を行うべき。

		いった観点も踏まえた一層の見直し・縮減の努力を継続する必要あり。	
(3)	タックス・ヘイブン税制	諸外国における対応の状況や企業活動の海外展開の実情を踏まえ、課税ベースの浸食を防止する等の観点から、引き続きその整備を図っていく必要あり。	＜ほぼ容認＞
(4)	移転価格税制	諸外国における法整備の動向や、我が国における移転価格の実態等を踏まえつつ、制度の整備を進めていく必要あり。	移転価格税制については、OECDガイドラインに沿って、適正に運用すべき。
17	事業税の外形標準	(1) 今後とも、加算法による所得型付加価値を検討の中心としながら、引き続き幅広く検討していくことが必要。 (2) 業種別税負担や都道府県別税収の変動、赤字法人の税負担能力、個人や中小法人の取扱いなどについて、今後、更に検討を深めることが必要。	支払い給与に対する課税、赤字法人に対する課税となることから反対。

2　課税ベース拡大容認への転換

　法人課税小委員会報告に対して、上記のような公式な反論を行う一方で、経団連事務局内部では、いずれ課税ベース拡大が年度改正の本格的な課題になるのは避けられないと考え、各種引当金をはじめとする具体的な課税ベースの拡大の影響とそれを克服するのに見合う税率の引き下げ幅について、主要企業の税務データをもとにいくつかの試算を行い、大部分の企業、業態で増減税が均衡するような組合せを模索するなど、子細な検討を進めていた。
　しかし、当時の経団連税制委員会メンバーの主要な意見は、仮に増減税が釣

り合うとしても、企業会計上において当然認められている仕組みを放棄することなどへの抵抗は強く、法人税改正は膠着状況に陥りかけていた。

このような状況を打開し、課税ベースを拡大してでも、税率を大きく引き下げることの方が望ましいとの判断に至ったのには、当時の経団連税制委員長であった東レの前田勝之助会長と、経団連会長であった豊田章一郎トヨタ自動車会長の両トップの決断があった。

課税ベースを拡大してでも、税率を大きく引き下げるべき、との決断に至ったのには、東レ、トヨタ自動車とも高収益を続けており、税率引下げのメリットが大きいことも一因ではあったが、むしろ、両トップの個性によるところが大きく影響したものと考える。両者とも技術畑の出身であり、ある意味で財務・経理には疎く、複雑な法人税の仕組みには不信感さえ抱いていた。また、海外への直接投資を進める中での投資先選定の基準として、複雑な仕組みを通じて結果的に法人税負担が軽減されるよりも、実効税率が低いことが重要との判断を積み重ねてきており、わが国においても、税制の仕組みを簡素化（すなわち、引当金や政策税制等を廃止・縮減）してでも、直截に税率を引き下げた方が企業の国際競争力にはプラスであると確信していたのである。

3　平成10（1998）年度税制改正

法人課税小委員会報告取りまとめの直後に行われた平成9（1997）年度税制改正では、大蔵省側からは、比較的、影響の少ない賞与引当金の廃止を財源として法人税率を1％引き下げるとの提案があった。これに対して経団連はより大幅な税率引下げを求めて、この提案を拒否している。

課税ベースを拡大と税率の大幅引下げの、最大のヤマ場となったのは平成10（1998）年度税制改正であったが、これには2つの伏線があった。

その第1は、上述のような経団連の路線転換であり、1997年4月には、大蔵省主税局にも明確な路線転換が伝えられていた。

その第2は、村山内閣で内定していた消費税等の税率引上げと地方消費税の導入（3％⇒5％）と所得税・住民税の特別減税の廃止を橋本内閣が平成9年度税制改正で実施したが、折からのアジア通貨危機などの世界的な景気減退の影響もあり、日本経済はデフレ状況に陥り、その対策として所得税ともに法人税についても負担軽減が必要との機運が高まり、法人税についても完全な税収中立ではなく、実質減税の可能性が見えてきたことにある。

　1997年7月には、大蔵省主税局側から各種引当金の廃止・縮減、減価償却制度の見直し、上場有価証券の評価方法の見直し、大規模工事への工事進行基準の採用、割賦基準の廃止等、広範にわたる具体的な課税ベースの拡大と、課税ベース拡大に見合った分の法人税率引下げの実施が提案された。これらの課税ベース拡大のメニューは法人課税小委員会報告で示されていた項目の大部分を占めており、大蔵省として、課税ベースと法人税率引下げの問題に一挙に決着をつける意図を明らかにするものであった。

　これに対して、経団連では前述のような方針転換のもと、税制委員会での審議に入る前に、豊田章一郎会長、前田勝之助副会長・税制委員長をはじめとするトップの間で以下のような対応方針を決定していた。

①完全な税収中立ではなく、ネットでの負担軽減を求めること。
②課税ベース拡大の影響が広範囲に及ぶ項目や、特定業界に深刻な影響を与える項目については、激変緩和のために十分な経過措置をとること。
③税率引下げと課税ベース拡大の結果により、すべての企業・業界について、少なくとも平年度ベースでは増税とならないようにすること。

　この対応方針のもとに、経団連事務局では、税制委員会において会員企業・団体の説得を行いながら、大蔵省と交渉を進める一方で、金融機関の貸倒引当金、建設業界の長期・大規模工事に関わる工事進行基準の強制、小売・流通業界の割賦販売基準の見直しなど、固有の業界に関わるいくつかの重要な問題については税制委員会とは別に、豊田章一郎会長自らが、前田勝之助副会長・税制委員長とともに関係業界トップの説得にあたった。

　経団連事務局と大蔵省主税局との交渉では、大蔵省側から示された課税ベー

ス拡大の項目をすべて受け止めた上で、具体的な条件、とりわけ激変緩和措置の内容を詰めることが焦点となった。

　例えば、退職給与引当金等の長期にわたる積立てを行ってきた引当金・準備金の廃止では、新たな引当てを認めないだけではなく、それまでの積立額を取り崩して毎期の益金に算入することが必要である。その取崩しを何年かけて行うかによって毎年の増収額は大きく異なり、それに見合う税率引き下げ幅も違ってくる。例えば、制度廃止とともに経過措置を置かずに一挙に積立額を取り崩すならばその期（初年度）の増収額は大きくなり、それに見合う税率の引き下げ幅も大きくなるが、企業にとっても一度に多額の納税資金が必要となり現実的ではない。一方、あまりに長期間をかけるならば、毎年の負担増は少なくなるが、それに見合う税率の引き下げ幅もわずかなものにしかならない。

　さらに重要なことは、積立額の取崩しが終わってしまえば新たな負担増は生じなくなるが、税率引下げの効果は恒久的に残る。すなわち、企業側としては、財務体力に余裕さえあるならば、できるだけ短期での取崩しを行い、税率の引き下げ幅を大きくしてその効果を永続させた方がよいことになる。逆に大蔵省にとっては、少しでも長い期間をかけて税率の引下げを抑えた方がよい。したがって、この取崩しのための期間すなわち経過措置として何年をかけるかは、経団連にとっても、大蔵省にとっても極めて重大な問題であった。

　経団連では、主要企業の財務データを基に試算を行った結果、経過措置として無理のない範囲で最も短い期間は4年であった。また、その場合に、課税ベースの拡大に見合って主要企業の全てが増税とはならないための税率引き下げ幅としては5％が必要との試算結果を得て交渉に臨んだ。当然、大蔵省主税局もこのような意図は見透かしており、逆に、より長期の経過期間を主張し、結論としては、各種引当金についての積立金額の取崩しに要する期間（＝経過措置）は6年間、税率引き下げ幅は2.5％とされた。

　しかし、これでは多くの主要企業で増税超過となるため、さらに交渉を続け、初年度において大部分の企業が増税とはならないために、税率のさらなる引下げと、ネットでの減税を求め与党税調メンバーはじめ与党幹部への働きか

けを強めた。

　最終的に平成10（1998）年度税制改正では、法人税基本税率は3％の引下げにより34.5％、法人事業税も12％から11％へと引き下げられ、実効税率では46.37％、さらに課税ベース拡大との差額として初年度で3,260億円のネット減税額とった。

【平成10（1998）年度税制改正における法人税関係の概要】

1　法人税率の引下げ（初年度△8,190億円）

　　　　　　　　　　　　　　　　　　　平成10年4月1日以後
　　普通法人の税率　　　37.5％　　⇒　　34.5％
　　中小法人の軽減税率　28.0％　　⇒　　25.0％

2　法人税の課税ベースの見直し（初年度4,930億円増）
　(1) 引当金
　　①貸倒引当金の縮減―中小法人を除き法定繰入率を廃止
　　②賞与引当金の廃止
　　③退職給与引当金の縮減―累積限度額 40％ ⇒ 20％
　　④製品保証等引当金の廃止
　　⑤特別修繕引当金の縮減―積立割合を縮減して租税特別措置に改組
　(2) 減価償却
　　①新規取得の建物は定額法のみ
　　②建物の耐用年数の短縮
　　③少額減価償却資産（20万円 ⇒ 10万円）
　　④営業権（任意償却 ⇒ 5年均等償却）
　　⑤ファイナンス・リース（非居住者等の国外業務用資産は、リース期間定額法）
　(3) 上場有価証券の評価―切放し低価法の廃止
　(4) 工事進行基準の採用―工期2年以上、請負金額50億円以上の工事のみ
　(5) 割賦基準―賦払期間が2年以上の割賦販売を除き廃止
　(6) 交際費―資本金5000万円以下の中小法人に係る損金不算入割合 10％ ⇒ 20％

(7) 役員報酬等—役員の親族である使用人に対する過大給与の損金不算入
(8) 現物出資—土地等を含む特例（課税繰延べ割合80％に制限）の廃止、一定の海外子会社の除外等
(9) 受取配当等の益金不算入—75％超を外国株式等で運用できる投信を益金不算入の対象から除外
(10) 租税特別措置の整理合理化
(11) 利子・配当等に係る所得税額の控除等の特例制度の廃止
(12) その他—外国の罰金、繰延資産等

4　引当金の見直し

　平成10年度税制改正の顛末は以上の通りであるが、賞与引当金、特別修繕引当金及び製品保証等引当金は制度自体が廃止され、退職給与引当金は繰入率が期末要支給額の40％から20％へと段階的に縮減された。また、貸倒引当金についても法定繰入率が原則廃止されるなどの、大幅な縮減が行われた。
　そこで、課税ベース拡大の中で最大の課題となった引当金について、改めて整理しておきたい。

（1）企業会計上の引当金

　例えば、貸金や売掛債権の回収不能（貸倒れ）、賞与・退職金など後払い給与の費用は、その発生原因である貸付や売上の発生、労務の提供等の時点と実際の金額確定（貸倒れ）や支払い（賞与・退職金の支給）の時点にズレが生じる。そこで、引当金を設定して収益と費用の計上時点を対応させて、適正な期間損益計算を行う必要がある。企業会計原則注解18では、引当金計上の要件が以下のように定められている。

　「将来の特定の費用又は損失であって、その発生が当期以前の事象に起因し、発生の可能性が高く、かつ、その金額を合理的に見積ることができる

場合には、当期の負担に属する金額を当期の費用又は損失として引当金に繰入れ、当該引当金の残高を貸借対照表の負債の部又は資産の部に記載するものとする。」

引当金には、将来予想される支出の原因が当期以前に発生しており、その支出に備えるものである負債性引当金と、将来の損失に備えるために予め資産から控除される評価性引当金があり、企業会計原則注解18では、以下のような引当金に該当する項目が例示、列挙されているが[11]、定義と範囲について明確には定められていない。

負債性引当金—製品保証引当金、売上割戻引当金、返品調整引当金、賞与引当金、
　　　　　　工事補償引当金、退職給与引当金、修繕引当金、特別修繕引当金、
　　　　　　債務保証損失引当金、損害補償損失引当金、
評価性引当金—貸倒引当金

(2) 税務上の引当金

　法人の課税所得の計算上、損金の額に算入される費用は、償却費を除いて、その事業年度終了の日までに債務の確定したものに限られており、将来その発生が予測される費用や損失を見積って、損金の額に算入することは認められないのが原則である。しかし、将来その発生が確実に起きると予測され、しかもその起因となる事実が、その事業年度以前にあると認められる特定の費用又は損失については、法人税法上の別段の定めによって、引当金として一定限度内の繰入額を損金の額に算入することを認めている。

　現在、法人税法上の別段の定めとして認められている引当金は、貸倒引当金、返品調整引当金のみである。かつては、退職給与引当金、賞与引当金、特別修繕引当金及び製品保証等引当金があり、それぞれ一定限度内の繰入額を損

---

[11] 実務的には、これらのほか、役員退職慰労引当金、リストラクチャリング引当金（構造改善引当金等）、ポイント引当金などがある。

金の額に算入することが認められてきたが、平成10年度税制改正の結果、賞与引当金、特別修繕引当金及び製品保証等引当金については、経過措置を付して制度が廃止され、退職給与引当金については繰入率が期末要支給額の40％から20％へと段階的に縮減され、貸倒引当金についても法定繰入率が原則廃止されるなどの、大幅な縮減が行われた。

しかし、法人税法により認められていない引当金であっても、企業会計上は期間損益計算を適正に行うという財務会計の目的を満たすために企業会計原則注解18の要件を満たすものは計上が強制される。すなわち、引当金は、企業会計上の利益と法人税の課税所得を乖離させる大きな要因となっている。

なお、税制では租税特別措置法において、引当金に類似する制度として各事業年度において一定限度内の繰入額を損金の額に算入する準備金がある。ただし、準備金は引当金とは異なり、その事業年度の収益と明確な因果関係をもっているものは少なく、むしろ偶発的な損失の引当てや政策的な性格をもつものとされ、引当金とは以下のような違いがある。

①引当金の繰入れは白色申告法人でも認められるが、準備金の積立ては青色申告法人に限られる。
②引当金の繰入れは損金経理が必要であるが、準備金の積立ては損金経理による他、剰余金の処分によって積み立てることもできる。この場合は、その積み立てた金額は申告書別表四で所得金額から減算することとなる。
③いずれも繰入額、積立額の損金算入に関する明細の記載を要するが、この記載がない場合でも、引当金についてはいわゆる宥恕規定があるのに対し、準備金については宥恕規定はない。

引当金については、法人課税小委員会の中でも、主要な論点とされており、「報告」では、制度自体を政策税制と考えることは適当でないとしても、「課税ベースを拡大しつつ税率を引き下げる」との観点から、廃止を含め抜本的な見直しを行うことが適当として以下のような方向が示されていた。

①引当金は、具体的に債務が確定していない費用又は損失の見積りであることから、常にその見積りが適正なものであるかどうかが問題となる。公平

性、明確性という課税上の要請からは、そうした不確実な費用又は損失の見積り計上は極力抑制すべきである。

特に、貸倒引当金及び製品保証等引当金は、法定率によって繰入限度額を計算することができ、適正な費用又は損失の見積りを超えた引当金となっているおそれがある。

② 賞与引当金や退職給与引当金は、課税上、翌期の賞与や将来の退職金の一部を当期の労働の対価として支払われる賃金と同様に取り扱うものである。すなわち、従業員に対する賞与や退職金は、実際に支払いがなされた時に経費として損金の額に算入される。これらの引当金によって、賞与も退職金も、従業員が勤務を提供した期間に応じて損金の額に算入することができる。このように、未だ支払いがなされていない賞与や退職金を、その支給原因が発生した事業年度において引当金繰入額という形で実際の支払いに先行して費用計上を認めている。このことから、税制が企業の給与の支給形態に対し、結果として何らかの影響を及ぼしていることも考えられる。

また、これらの引当金は巨額に上っており、企業ごとの利用状況にも開差がある。企業がこれらの引当金に相当する金額を一定期間自己資本のごとく自由に利用できることを考慮すると、引当金制度が企業・産業間の実質的な税負担の格差を生み出し、非中立的な影響を与えているおそれがあることにも留意する必要がある。このような人的経費に関する引当金については、社会経済的な意義、影響等も視野に入れて、見直しを行う必要がある。

③ 製品保証等引当金、返品調整引当金及び特別修繕引当金は、特定の業種に限られた引当金であり、適用業種にとって重要性の高いものであることから認められている。しかしながら、引き当てる費用又は損失の額が適用業種においてなお重要なものであるかどうかについては、これらが特定業種にのみ認められているものであるだけに、十分吟味する必要がある。この場合、引当金は個々にみるとそれ自体に相応の合理性があるとしても、適

用企業の損益計算を全体的にみた場合には、その必要性が乏しい場合があることに留意する必要がある。

（3）賞与引当金の廃止

　賞与引当金は、決算期末において具体的に債務としては確定していないが、当期中の勤務に対応する賞与について、当期の収益に対応させるために設けられていたものである。繰入限度額の算定は「暦年基準」であるが、支給対象期間が定められている場合には、「支給対象期間基準」によることができた。通常、賞与は、6月と12月に支払われるが、3月決算法人では、暦年基準では、1月から3月までの期間分（3か月分）に対応する賞与が引当金として計上でき、支給対象期間基準では、支給対象期間が4月から9月までの期間分が12月支給、10月から3月までの期間分が6月支給と定められている場合には、10月から3月までの期間分（6か月分）に対応する賞与が引当金として計上できた。

　「報告」では、賞与引当金制度について、以下のような問題が指摘されていた。

- ✓賞与の支給規程がなく、その時々の状況に応じて、一定額の賞与を支給しているような場合には、支給する賞与の額とそれを負担すべき期間との関係が極めて曖昧であるにもかかわらず暦年基準による引当てが可能である。
- ✓支給対象期間が定められている場合であっても、賞与は、通常、支給対象期間に在職していたというだけでは支払われず、賞与支給日等に在職していてはじめて支払われる。また、実際に支給される賞与の額は、過去の支給実績を基に、支給対象期間の業績だけでなく、法人の財務状態や将来の業績見通し、さらには他社の支給状況等を総合的に勘案し、多くは年1回の労使交渉等を経て決定されている。つまり、費用（賞与）の期間配分という観点からみて、実際に支給する賞与の額と支給対象者の選定基準である支給対象期間とは、不可分の関係にあるとは言い難い。特に、支給対象

期間と実際の賞与支給日とが大きく離れている場合には、支給する賞与とそれを負担すべき期間との関係が更に曖昧となる。

✓ 支給対象期間基準については、同じ決算期で同じ時期に賞与を支給することとしている場合であっても、賞与の支給対象期間をどう定めるかによって引当金の計上額に差が生じるという問題がある。一方、決算期が異なっていても支給対象期間を事業年度の上期と下期に合わせると、各法人とも、6か月分に相当する引当金を計上できることになる。現に2月決算法人であっても、夏季の賞与として、6か月分を計上している例が見受けられる。

✓ 以上の諸点から判断すると、賞与は、一般的にあらかじめ支給する金額が定まっておらず、またそれを費用として負担すべき期間も必ずしも明確でないことから、このような費用は、たとえ賃金の後払い的な性格を有するとしても、課税の公平性、明確性を期する観点から、引当金の繰入れによるのではなく、実際に支払った日の属する事業年度の損金の額とする取扱いに改めることが考えられる。その旨を法令で明確にすれば、未払費用としての計上が可能か否かといった実務上の混乱も避けられると考えられる。

平成10年度税制改正により、賞与引当金は廃止され、賞与はその支払いをする日の属する事業年度の損金の額に算入されることとなった。賞与引当金は平成9年度改正でも廃止の提案がなされていたこともあり、経団連としても廃止はほとんど所与のものと考えていた。経団連と大蔵省主税局との交渉は、引当金廃止後に賞与を未払費用として計上できるか否かであったが、事業年度末までに支給する賞与の額が受給者に通知され、その後1カ月以内に支払われるものであること等の要件に該当するものについては、未払費用として損金の額に算入することが認められることとなった。

なお、経過措置として、損金算入限度額を毎年度6分の1ずつ縮小し、平成15（2003）年に廃止することとされた。

(4) 退職給与引当金の縮減

　退職給与（退職一時金）は、明らかに賃金の後払いではあるが、多くの企業では勤続期間が長いほど支給倍率が高くなるなど、長期勤続に対する功績報償としての性格や退職後の生活保障としての性格も有している。退職給与は、法人が使用人に対し労働協約等で定められた金額の支払いを約束した債務であることから、企業会計では、その債務が発生した事業年度の費用として計上することとされている。

　法人税における退職給与引当金は、労働協約、就業規則等において使用人に対し退職給与を支払うこととしている法人が、その支払いに要する費用を一定の限度内で繰り入れることができる制度であった。繰入限度額の算定方法として、当期発生額基準と累積限度額基準（労働協約等がない場合には給与総額基準）とがあり、いずれか少ない金額までとされていた。

　退職給与引当金は、昭和27（1952）年度税制改正において法人税率の引上げ（35％⇒42％）が行われた際に、その代替措置として導入されたものであり、当初は、企業会計と同様に、期末に全従業員が自己都合で退職した場合に必要となる支給額の総額（期末要支給額）の100％相当額まで積み立てられるものであった。それが、昭和31（1956）年度税制改正において、「将来支出することが多い金額をあたかも今日支給するように評価して積み立てることは、適当でない。」との考え方から、累積限度額が期末要支給額の50％相当額まで引き下げられ、さらに昭和55（1980）年度改正で40％に引き下げられた。この40％とは、従業員の平均在職期間を12年間として将来支給すべき退職金債務を現在価値に評価し直したものとされていたが、割引率を年8％と見込むなど非現実的な水準であった。

　「報告」では退職引当金制度について、以下のような問題が指摘されていた。
- ✓現行の退職給与引当金には、既に現価方式がとり入れられているものの、企業が相当長期間にわたって自己資本のごとく自由に利用できる将来債務を課税上あたかも外部に支払った費用であるかのように取り扱うものである。退職金支給の相対的なウエイトが高い企業と低い企業との間、あるい

は退職給与引当金を利用している企業と利用していない企業との間で、税負担のアンバランスが生じている。退職給与引当金の残高は、既に巨額に上っており、このアンバランスは是正する必要があるのではないか。
- ✓退職給与引当金が、企業の給与の支給形態に影響を与えているのではないか。すなわち、企業にとっては、内部留保の拡充及びその裁量権の向上の観点から、当座の資金が必要となる賃金の支払いよりも将来の退職金支給で対応しようとする誘因が働き得る。課税上退職金という長期の条件付債務を実際の支払いに先行して損金の額に算入し得る退職給与引当金は、その誘因を強める方向に作用する。その結果、従業員は給与支給を先送りされることになり、他企業への転職が不利になるといった形で、労働の流動性を抑制している可能性があるのではないか。
- ✓労働者の受給権を保全する観点からは、退職給与引当金より外部拠出の年金制度の方が望ましいのではないか。
- ✓以上の諸点を考慮すると、退職給与引当金については、更に抑制することが適当である。この場合、勤続年数が一定年数を超えると退職金の支給額が大きく増え、企業の債務が次第に大きくなってくる点を勘案し、現行の退職給与引当金を、長期勤続者、すなわち退職が真近に迫っている年齢層の従業員に対する退職金に焦点を当てたものに改めることが考えられる。ただ、引当金の繰入対象者を長期勤続者に限ることとした場合には、従業員の年齢構成上若年層が多い企業に対する影響が大きくなるという問題がある。したがって、この考え方を、引当金の累積限度額に反映させ、現行の水準を引き下げることとするのが適当である。

平成10年度改正では、退職給与引当金制度は廃止は免れたものの、累積限度額が期末要支給額の40％から6年間をかけて20％に引き下げらることとされた。

退職給与引当金は、業種・業態を問わず多くの企業に利用されており、毎年度の繰入額、積立額も巨額であることから、引当金の中でも最も重要なものとされ、昭和55年度税制改正で累積限度額が期末要支給額の40％相当額まで引

き下げられた際には、経団連も激しく抵抗していた。しかし、平成10年度税制改正では、廃止ではなく半減であったとはいえ、見直しに反対していない。それには、税率引下げのためにも退職給与引当金の見直しは不可避であるという表向きの理由とは別にもう1つの大きな事情があった。

　当時、大企業の間では厚生年金基金、適格退職年金制度をはじめとする企業年金制度が普及しつつあり、退職給付の中での退職一時金のウエイトは既に減少を始めていた。税法上の累積限度額の総額（積立残額）もピークを迎え、将来的にも減少していくことが予想できた。そこで、積立残額が多額のうちに廃止してでも、税率引下げと引き換えておこうとの発想であった。

　なお、退職給与引当金は、平成14（2002）年度税制改正において、連結納税制度創設の代替財源として制度自体の廃止が決定され、4年間の経過措置を経て廃止された。

（5）貸倒引当金の縮減

　金銭の貸付けや、商品等の販売によって法人が取得する売掛金や受取手形等の債権は、そのすべてが確実に回収されるわけではなく、得意先の破産その他の原因で若干の部分は貸倒れとなる危険がある。貸倒れとは、売掛金等の債権が回収不能となった状態であり、事業遂行に伴って発生する損失である。現実に回収不能となった債権については、貸倒損失として、課税所得の計算上損金の額に算入される。しかし、これとは別に、今は貸倒れとなっていない売掛金等の債権であっても、将来貸倒れが発生するおそれがあり、そのための損失を見込んであらかじめ準備をしておく必要がある。そこで、企業会計では、将来発生が予測される貸倒れの額として、決算期末において法人が有する売掛金等の債権に対し、過去の経験則による一定の率を乗じた金額を貸倒引当金勘定に繰り入れることとしている。

　法人税法は、法人が有する金銭債権の貸倒れその他これに類する事由による損失の見込額として、損金経理により貸倒引当金勘定に繰り入れた金額については、一定の繰入限度額の範囲内でその損金算入を認めることとしている。

「報告」では、賞与引当金制度について、以下のような問題が指摘されていた。

- ✓ 貸倒引当金については、引当金の中でも最も不確実性の高い損失を見込むものである。特に、法定率については、実務上簡便である反面、実績率と法定率のいずれか高い率により引当金の繰入れができることから、企業によっては、適正な見込額を超え、過大な引当金の繰入れが行われるおそれがある。
- ✓ 貸付金・売掛金といった貸金の残高が大きい業種の場合には、その繰入率の水準次第で課税所得が大きく変動するほか、法定率の適用によって貸倒れがほとんど発生しない企業であっても引当金の繰入れが認められるといった問題がある。
- ✓ 貸倒れが恒常的に発生する事業があることも事実であるが、そのような事業を営む法人にとっては、元本である貸金の恒常的な貸倒損失に備える必要があるので、少なくとも実績率に基づく貸倒引当金の計上は必要ではないかと考える。
- ✓ 以上の諸点を考慮すれば、貸倒引当金については、不確実な損失の見積りを極力排除し恒常的に発生する損失を見込むためのものとする考え方に立って、法定率制度を廃止し、実績率のみとする方向で検討することが適当である。その場合には、現行の実績率の算定方法についても、同様の考え方に立って所要の見直しを行う必要があると考える。

平成10年度改正では、この「報告」にほぼ沿った形での以下のような見直しが行われた。

① 法定繰入率の廃止。ただし、平成10年度から平成14年度までの間は、実績繰入率と次の繰入率との選択を認める。

[千分比]

	現行	10年度	11年度	12年度	13年度	14年度
卸・小売業	10.0	8.0	6.5	5.0	3.0	1.5
製造業	6.5	5.0	4.0	2.5	1.0	

金融保険業	3.0	2.5	2.0	1.5	1.0	0.5
割賦小売業	13.0	10.5	8.5	6.5	4.0	2.0
その他	6.0	5.0	4.0	3.0	2.0	1.0

②中小企業の貸倒引当金の特例制度の対象法人については、租税特別措置として、法定繰入率を存置（適用期限を3年延長）

③債権償却特別勘定を貸倒引当金制度に含めることとし、貸倒引当金の繰入限度額は、期末貸金を個別に評価する貸金（その一部につき回収が不能となった債権に限る）と一括して評価するその他の貸金とに区分し、個別に評価する貸金については現行の債権償却特別勘定の繰入基準に相当する基準で回収不能見込額を計算し、一括して評価する貸金については過去3年間の貸倒実績率を乗じて貸倒見込額を計算し、両者を合計した金額による。

貸倒引当金の見直しで最も影響を受けるのは金融機関とりわけ銀行である。経団連では、豊田会長自らが全国銀行協会トップの説得にあたるとともに、法定繰入率廃止の代替措置としての債権償却特別勘定の認容弾力化を求めて、上記のような結論を得た。

貸倒引当金は、さらに、平成24（2012）年度税制改正において、繰入額の損金算入ができる法人が、次の中小法人、銀行、保険会社等及び一定の金銭債権を有する法人に限定された。

①期末資本金（出資金）の額が1億円以下である普通法人（法52①一イ）

　　ただし、資本金が5億円以上である法人等との間に完全支配関係のある普通法人等を除く。

②資本若しくは出資を有しない法人（法52①一イ）

③公益法人等又は協同組合等（法52①一ロ）

④人格のない社団等（法52①ハ）

⑤銀行・保険会社等（法52①二）

⑥金融に関する取引に係る金銭債権を有する法人（法52①三）

(6) 製品保証等引当金の廃止

　製品保証等引当金は、建設業、自動車製造業、特定の電気製品等の製造業を営む法人が、その請負又は製造に係る目的物に欠陥が発見された場合の無償による補修の費用に充てるために繰り入れるものであり、その繰入限度額は、実績率と法定率のいずれかを用いて算定されることとされていた。

　「報告」では、製品保証等引当金は、以下のような理由から廃止すべきとされていた。

✓ 対象製品等の範囲が実態と大きくかけ離れてきており、業種間の不公平も生じている。

✓ 法定率を採用する法人が多いが、その理由は、法定率が実績率を上回っているというよりはむしろ、無償補修に要する費用の見積りに実務上の困難を伴うためであると考えられる。このように費用の見積りに困難を伴う引当金は、引当金としての妥当性それ自体に問題がある。

✓ 製品等の販売に付随して生じる費用の見積りに過ぎず、重要性の点においても疑問がある。

✓ 繰入額が大きい業種においては、支出の効果が支出年度に止まらないとみられる試験研究費や広告宣伝費の額が、無償の補修費用の額と比較して格段に大きく、かつ、支出年度の費用として損金の額に算入されている。このように、適用業種の損益計算を全体的にみると、この引当金は、適正な期間損益計算という観点からみて、その意義は乏しい。

✓ 以上の諸点にかんがみると、この引当金は、それ自体費用収益対応の考え方に則したものであるとしても、公平性、重要性等の点で問題があるので、基本的にはこれを廃止する方向で検討すべきと考える。

　製品保証等引当金は、個別業界にのみ関わり、また、自動車、電機などの主要企業では、税率引下げのメリットが大きいと判断されていたため、平成10年度税制改正において、経過措置を設けつつ廃止することに大きな異論はなかった。

（7）特別修繕引当金の廃止

　特別修繕引当金は、船舶、溶鉱炉のように、定期的に大規模な修繕が必要とされる資産の修繕に要する費用に充てるために、過去の支出修繕費を基礎として繰り入れられるものであった。この引当金は、定期的に行う大規模な修繕の費用は、その修繕が必要となる原因が発生した期間の収益に負担させるべきであるとの考え方によるものである。「報告」では特別修繕引当金について、以下のような問題が指摘されていた。

- ✓ 通常の修繕費は支出した事業年度の費用として損金の額に算入されているので、定期的で大規模の修繕であるとはいえ特定の修繕についてのみ引当金の計上を認めると公平を損なうという問題がある。
- ✓ 特別修繕に要する費用が適用企業の期間損益にどの程度の影響があるのか、また他の事業との比較においてこれを特別に取り扱うことが妥当かといった諸点について、更に検討を加え、見直しを行うことが適当である。

　特別修繕引当金も特定の業界に関わるものであったが、とりわけ高炉を擁する鉄鋼業界の抵抗は強く、平成10年度税制改正では、その繰入限度額を現行の4分の3とする等の見直しを行った上、特別修繕準備金に改めるとの小幅な改正に終わった。

　なお特別修繕準備金は、平成23（2011）年度税制改正により、対象が特定船舶の定期修繕に限定された。

5　平成11（1999）年度税制改正

　1998年7月に発足した小渕恵三内閣は、当初は自民党単独内閣（参議院は過半数割れ）での発足であったが、公明党、自由党との連立政権を構築し安定多数のもとで大胆な経済対策を進めた。

　その一環として、平成11（1999）年度税制改正では「現下の厳しい経済情勢等を踏まえ、景気に最大限配慮して、所得税及び法人税について恒久的な減税

を実施する」こととされ、所得税とともに、法人税についても代替財源としての課税ベース拡大を行うことなく、基本税率が34.5％から一挙に30.00％へと引き下げられた上、法人事業税率も9.6％に引き下げられ実効税率は40.86％となり、初年度で1兆610億円、平年度で1兆6,940億円もの減税となった[12]。

　平成11年度税制改正は、日本経済が戦後初めてデフレに陥ろうとしている極めて特殊な状況下で行われたものであるが、所得税、法人税を合わせて4兆円を大きく上回る減税により経済はひとまず浮揚して、ITバブルといわれた一時的な活況にもつながっていった。

---

[12] 所得税については、最高税率の引下げ（3,000万円超の金額50％⇒1,800万円超の金額37％）、定率減税の実施（所得税額の20％相当額、25万円を限度）、扶養控除の特例（年齢16歳未満の扶養控除に10万円を追加、等）により、合計で初年度3兆6,010億円、平年度3兆1,950億円の減税とされた。

第3章 政策減税か税率引下げか
―― 平成15（2003）年度税制改正の選択

1　政策税制とは何か

　政策税制とは、経済政策、社会政策など特定の政策目標を達成するため、税制上の特例として租税を減免あるいは増徴する措置であり、法人税に限らず所得税、相続税、贈与税、登録免許税、消費税など、地方税の個人住民税、法人住民税、法人事業税、固定資産税なども含めほとんどの税目で行われている[13]。また、わが国に限らず、規模の大小はともかく諸外国でも見られるものである。

　政策税制は、国税では租税特別措置法に規定されているが、地方税では地方税法の中で固定資産税の特例だけは別記されているが、その他の税目の特例はそれぞれの規定の中に置かれている。

　現在、租税特別措置法で規定されている法人税の特例措置は、中小法人等の軽減税率、特別税額控除、減価償却の特例、準備金、沖縄の認定法人の課税の特例、国家戦略特別区域における指定法人の課税の特例など税負担を減免するものだけでなく、交際費等の課税の特例、使途秘匿金の支出がある場合の課税の特例、土地の譲渡等がある場合の特別税率など税を増徴するものもある。欠損金について、法人税法ではすべての法人・連結法人について1年間の繰り戻し還付が認められているが、租税特別措置法により、中小企業者等以外の法人については平成30（2018）年3月31日までの間、停止されている。

　なお、後述するように、租税特別措置法の規定のすべてが政策税制であるとは言いがたい。

---

[13] 租税特別措置法には、所得税法、法人税法、地方法人税法、相続税法、地価税法、登録免許税法、消費税法、酒税法、たばこ税法、揮発油税法、地方揮発油税法、石油石炭税法、航空機燃料税法、自動車重量税法、印紙税法、国税通則法及び国税徴収法についての特例が置かれている。

2　平成15（2003）年度税制改正
——どのような「減税」が経済に効くのか

（1）法人税率引下げか投資減税か

　法人税率の引下げや減価償却制度などの抜本的な見直しが行われない場合には、法人税負担の軽減は政策税制の創設、拡充という形態でしか実現できない。その意味で、多くの場合、毎年度の税制改正における法人税関係の課題は、租税特別措置に関わるものとなる。

　しかし、今までの税制改正の中で、経団連として、法人税減税の実施が提示されている中で、法人税率の引下げではなく、政策税制の創設、拡充を選択したことが一度だけある。それが、平成15年度税制改正であった。

　当時、小泉内閣の下で郵政の民営化をはじめとする構造改革が進められていく傍ら、経済財政政策の司令塔と位置づけられた経済財政諮問会議の議論では、当面の景気対策として、サプライサイド重視に立った減税の必要性が叫ばれていた。2002年8月6日の経済財政諮問会議で、小泉首相は、「一層の歳出改革を進めるとともに、減税の実施を先行させることとする。すなわち、単年度ではなく多年度で税収中立を図ることにより、財政規律を堅持しつつ、1兆円を超える規模の先行減税を含む税制改革の具体化を進めたい」と明言し、さらに、9月9日の会議では、有識者議員から減税規模をGDP比で0.5％を超えるものとすべきとの提案がなされている。1兆円、あるいはGDP比0.5％を超える規模の減税の内訳は示されていなかったが、法人税も当然にその中に含まれていた。

　また、このような諮問会議の動きに先行して、自由民主党が2002年7月に取りまとめた「デフレ対策について」（第3次デフレ対策）の中でも、住宅投資促進や土地流動化・都市再生促進のための税制措置、地方の経済特別区への税制措置、個人消費活性化のための贈与税の基礎控除枠の引上げなどの減税が示されており、大規模な減税は必至の状況であった。さらに、政府・与党内の議論では、減税による経済活性化により将来の税収増を図ることができると

いう先行減税・多年度税収中立との考え方が力を得て、平成15年度税制改正では法人税を中心に1兆円を大きく上回る規模の減税を行う方針が固められていった。

　その上での課題は、1兆円を上回る規模を前提として、どのような仕組みでの法人税減税であれば、景気刺激として効果があり、将来の税収増につなげられるかであった。仮に、1兆円超のすべてを税率引下げに当てるならば、引き下げ幅は3％に満たず、全業種・企業に薄く広い減税となって、新たな設備投資や雇用拡大にはつながりにくく、景気刺激策としては力不足である。また、税率引下げを時限措置として仕組むならば、期限後の負担増を見越して当面の景気刺激策としての効果もさらに限定されてしまう。そこで、税率引下げを行うのであれば、やはり恒久的な措置とせざるを得ないが、それでは、成長率が多少上昇したとしても、近い将来に税収が回復できるとの見通しも立たない。

　一方で、設備投資や研究開発投資の需要や意欲が現にある業種、企業に対象を絞った投資減税など、1兆円超の政策税制を時限措置として仕組むのであれば、その期間内に確実な投資の増加を見込むことができ、景気刺激策としての効果は高い。しかも、期限を経て政策税制が終了した後も設備の新鋭化等による経済効果は残り、税収の回復も容易であると考えられる。また、法人税負担により競争力が阻害されているとされるのは、主として国際競争に直面している製造業であり、国内だけで活動しているサービス業や、流通業については諸外国より法人税負担が高いことが直に問題となるわけではない。

　上記のように、1兆円規模の法人税減税を、税率の引下げではなく、期限付きの投資減税などの政策税制として仕組むべきであるとの論調は主として経済産業省がリードしていた。一方、政府税制調査会の中では学者委員を中心に法人減税を行うのであれば、法人税率を引き下げるべきとする意見が主流であったが、財務省主税局も恒久措置となる税率引下げよりも、時限措置で終わる政策税制の拡充で済ませれば、その方が望ましいとの判断に傾いていった。

　経団連では、企業・業界の要望・意見をくみ取りながら減税の具体策を検討していたが、具体的な試算を行ったところ、仮に同じ規模であれば、法人税率

の引下げより投資減税の方が経済効果ははるかに高く、また、法人税率の引下げでは将来的な税収回復が見通せないのに対して、投資減税であれば短期間で税収回復が果せるとの結論を得た。また、投資減税の内容としては、将来的な競争力の向上につながる研究開発税制の拡充と、企業からの現実の需要が多いIT投資が効果が高いことが予測できた。加えて、設備投資促進策としては、減価償却制度の改善の効果が高いとしてその実現を求めた。

【経団連平成15年度税制改正提言[14]における投資減税関係の要望の概要】

(1) 基本的制度としての研究開発促進税制の創設
　①企業の試験研究費総額に対する一定割合の税額控除制度の創設
　　・企業が支出する試験研究費相当額に対する10％の税額控除
　　・控除限度額：当期法人税額の25％相当額とする
　　・対象経費：現行増加試験研究税制の対象経費
　　・控除額の繰越し：当期未使用控除額については繰越し可能とする
　②新規取得研究開発用資産について即時償却の容認
　③共同研究開発のための支出や大学等への寄附金の優遇
　　・民間企業等が大学、公的研究機関等と連携して行う研究（共同研究・委託研究）に要した試験研究費の15％相当額を税額控除
　　・対象経費：共同試験研究等に係る契約又は協定において、民間企業等が負担することとされている費用
　　・控除額の繰越し：当期未使用控除額については繰越し可能とする
(2) IT投資促進税制の創設
　①ハードウエア・ソフトウエア両面にわたるIT投資に対する税額控除制度の導入
　②ソフトウエアについては、税額控除制度との選択により、自社開発・外部購入を問わず即時償却の容認
(3) 減価償却制度の抜本的見直し
　①減価償却費計上の損金経理要件の撤廃（会計上の償却と分離）
　②残存価額：機械・設備について、取得価額の10％ ⇒ 2～3％程度に
　③償却可能限度額：5％ ⇒ 備忘価額
　④法定耐用年数の簡素化・短縮又は加速度償却制度の導入

---

[14]「平成15年度税制改正に関する提言−経済社会の活力回復に向けて」2002年9月17日

（2）平成15（2003）年度改正による政策税制の拡充

　平成15年度税制改正では、法人税減税として、経団連が求めていた試験研究費総額に対する税額控除の創設等の研究開発税制の拡充（中小企業分を除き5,470億円）、IT投資減税の創設等の設備投資減税（中小企業分を除き5,270億円）に加え、中小企業支援（2,300億円）、総額で1兆3,040億円（いずれも初年度）の大規模な政策減税が実現した。政策減税の拡充による減収額としては、過去最大規模のものであり、法人税率換算でも3％強に達した。以下、その主な内容を記しておく。

研究開発減税
①試験研究費の総額に係る特別税額控除制度の創設
　　経団連が持続的・安定的な研究開発を行うために強く求めていた、試験研究費総額に係る特別税額控除制度が増加試験研究費の特別税額控除制度との選択制で創設された。
　　具体的には、当期を含む過去4年間の平均売上金額に対する試験研究費の割合に応じて、以下の特別税額控除が認められた。控除限度額は、当期の法人税額の20％相当額とされた。
・試験研究費割合10％以上―10％（3年間の時限措置として12％）
・試験研究費割合10％未満―8％＋試験研究費割合×0.2（3年間の時限措置として　10％＋試験研究費割合×0.2）
②産学官連携の共同研究・委託研究に係る特別税額控除制度の創設
　　大学、公的研究機関等との共同試験研究及びこれらに対する委託試験研究について、上記特別税額控と合わせて試験研究費の額の12％（3年間の時限措置として15％）相当額の特別税額控除とされた。控除限度額は①と合計して、当期の法人税額の20％相当額とされた。
③中小企業技術基盤強化税制の拡充
　　中小企業技術基盤強化税制について、増加試験研究費の特別税額控除制度ならびに上記①及び②の特別税額控除制度の適用に代えて、試験研究費

の総額の12％（3年間の時限措置として15％）相当額の特別税額控除が認められた。控除限度額は当期の法人税額の20％相当額とされた。
④税額控除限度超過額の繰越控除

　経団連が強く要望していた、税額控除限度超過額の繰越控除も認められた。具体的には、前1年以内に開始した事業年度において、上記①から③までの特別税額控除制度による控除をしても控除しきれない金額（税額控除限度超過額）がある場合に、その事業年度の試験研究費の総額が前事業年度の試験研究費の総額を超えるときは、税額控除限度超過額の繰越控除が認められた。ただし、控除限度額は当期における上記①から③までの特別税額控除額と合計して、当期の法人税額の20％相当額とされた。
⑤開発研究用設備の特別償却制度の創設

　上記の措置に加えて、平成15年1月1日から平成18年3月31日までの期間内に、一定の開発研究用設備の取得等をして、これを国内にある開発研究の用に供した場合には、その取得価額の50％相当額の特別償却が認められた。
⑥試験研究費等の範囲の見直し

　試験研究費の範囲から、特定産業集積の活性化に関する臨時措置法の商工組合等が賦課する負担金等を、特別試験研究費の範囲から、エネルギー等の使用の合理化及び再生資源の利用に関する事業活動の促進に関する臨時措置法の承認事業者等が行う試験研究を除外することとされた。

IT投資促進税制の創設

　経団連が重点要望の1つとしていたハードウエア・ソフトウエア両面にわたるIT投資に対する税額控除制度が創設された。

　具体的には、平成15年1月1日から平成18年3月31日までの期間内に、一定のIT関連設備等の取得等をして、これを国内にある事業の用に供した場合には、取得価額の50％相当額の特別償却と取得価額の10％相当額の特別税額控除との選択適用が認められることになった。

また、自社での設備投資能力が十分にない中小・中堅企業向けの特例として、資本金が3億円以下の法人が、一定のリース資産の賃借をして、これを国内にある事業の用に供した場合には、リース費用の総額の60％相当額について10％相当額の特別税額控除が認められた。
　いずれも控除限度額は、当期の法人税額の20％相当額を限度とし、控除限度超過額については1年間の繰越しが認められた。

中小企業・ベンチャー企業支援

　平成15年度税制改正では、中小企業支援としても多くの政策税制が創設された。それまでの、中小企業向けの政策税制は、中小法人という弱者保護的な意味合いが強かったが、自己資本の充実や前向きの投資を行う中小企業やベンチャー企業を支援する政策税制に変わる転機ともなった。

①同族会社の留保金課税制度の適用停止
　　自己資本比率（総資産に占める自己資本（同族関係者からの借入金を含む。）の割合）が50％以下の中小法人（資本金1億円以下）の、平成15年4月1日から平成18年3月31日までの間に開始する事業年度については、留保金課税を適用しない措置を講ずるとともに、現行の課税留保金額に対する税額の5％軽減措置を廃止する。

②交際費等の損金不算入制度
　　400万円の定額控除を認める対象法人の範囲を資本金5,000万円以下から1億円以下に拡大するとともに、定額控除額までの金額の損金不算入割合を20％から10％に引き下げた上、その適用期限を3年延長する。

③中小企業の少額減価償却資産の取得価額の損金算入の特例制度
　　中小企業者等が、平成15年4月1日から平成18年3月31日までの間に、取得価額30万円未満の減価償却資産を取得した場合には、取得価額の全額の損金算入を認める。

④特定中小会社が発行した株式に係る課税の特例（エンジェル税制）の拡充
　　特定中小会社の特定株式の取得時における投資促進税制の創設：中小企

業の創造的事業活動の促進に関する臨時措置法の特定中小会社の特定株式を払込みにより取得した場合に、一定の要件の下で、その取得をした年分の株式等に係る譲渡所得等の金額からその特定株式の取得に要した費用の金額（当該株式等に係る譲渡所得等の金額を限度とする。）を控除する特例を創設する。この場合において、その取得をした特定株式の取得価額は、当該控除をした金額をその取得に要した費用の金額から控除した金額とする。

適用要件の緩和：特定中小会社の特定株式を上場等の日以後に譲渡した場合の譲渡所得等の課税の特例の要件とされている譲渡期間を、当該上場等の日以後1年以内から3年以内に延長する。

⑤中小企業等基盤強化税制

事業化設備等を取得した場合等の特別償却又は特別税額控除制度を統合するとともに、適用対象者から飲食店業を営む大規模法人、中小企業における労働力の確保及び良好な雇用の機会の創出のための雇用管理の改善の促進に関する法律の認定計画に従って改善事業を実施する認定組合等及びその構成員並びに産業活力再生特別措置法の認定事業再構築計画に従って事業再構築を行う中小企業者を除外するほか、特定旅館業者の対象設備を見直した上、その適用期限を2年延長する。

⑥商業施設等の特別償却制度

中小企業流通業務効率化促進法の認定計画に係る共同利用施設の範囲を拡充するとともに、中小小売商業振興法の連鎖化事業計画に係る措置及び商店街整備等支援計画に係る措置を除外した上、その適用期限を2年延長する。

3　租税特別措置は優遇税制か

　租税特別措置の中には、特定の政策を推進するためとは言い難いものがいくつかある。法人税関係ではないが、石油化学原料用ナフサに対して揮発油税や石油石炭税を課すならば、日本では石油化学工業は存立できないことになる。また、原料への課税として税制の基本的な考え方に反することにもなり、そのような課税を行っている国はない。本来であれば、本法に規定されてしかるべきであるが、これも長年にわたり期限付きの租税特別措置とされている。

　国際租税の基本的な仕組みは、外国税額控除制度が本法で規定されているほかは、租税特別措置法で定められているが、移転価格税制や特定外国子会社合算税制（タックス・ヘイブン対策税制）などを租税特別措置法に規定されているからといって、政策税制と考えることはできないであろう。

　また、その産業においては国際標準であるような仕組みであって、産業の存立のために不可欠な措置であっても、特定の業界向けの仕組みとして租税特別措置に規定されているものもある。

　例えば、外航海運業については、所得ではなく、船舶の運航トン数を標準にして課税を行うことは、世界の主要海運国においては普遍的な仕組みである。わが国においても2008年より適用対象を日本船舶に限定したトン数標準課税が導入され、2013年4月からは一部の外国船舶（準日本船舶）にも対象が拡大されたが、その割合は全運航船の2割足らずであり、自国船舶・外国船舶を問わず全運航船が対象である諸外国と比べ、依然として適用割合が著しく低い状況となっている。海洋立国・貿易立国であるわが国が、海洋におけるプレゼンスを確保しつつ持続的に成長していくため、また世界の成長をわが国に取り込むためには、日本商船隊の競争力の維持・強化が必要であり、このため、徹底した国際競争条件均衡化の観点からの改善が不可欠である。

　鉱業における探鉱準備金等の措置も同様である。日本経済が持続的な成長を実現するためには資源・エネルギーの安定供給の確保が重要であるが、近年は

探鉱開発費の高騰、資源獲得競争の激化、国際資源メジャーの寡占化、資源国のナショナリズムの高揚などにより、資源の安定供給確保は以前に比べ格段に困難さを増している（資源開発コストは2000年代当初の約2.5倍程度に増加）。このような切迫した状況の中、わが国の資源開発企業と資源メジャー等との財務力の格差は依然として大きい。わが国は「資源を持たざる国」であることを忘れてはならず、資源関連税制はわが国において必要不可欠である。

【資源確保のための税制措置】

国名	資源関連税制措置の内容
米　国	掘削作業や生産準備に係る資産を即時損金算入【石油・天然ガス】 生産所得の一定額を事業利益から控除【石油・天然ガス、鉱物資源】
フランス	生産所得の一定額を準備金として積み立て、探鉱投資額を所得控除【鉱物資源】
豪　州	探鉱作業に係る資産を即時損金算入【石油・天然ガス、鉱物資源】
英　国	探鉱、開発、生産活動に係る資産を即時損金算入【石油・天然ガス、鉱物資源】
日　本	生産所得の一定額を準備金として積み立て、探鉱投資額を所得控除【石油・天然ガス、鉱物資源】 資源投資の一定額を準備金として積み立て、事業失敗時に取崩し【石油・天然ガス、鉱物資源】

4　政策税制見直し論と租特透明化法

　税負担を減免する租税特別措置の多くは適用期限が設定されており、期限の到来とともに、政策効果を検証しつつ、その改廃が行われるべきものであるが、数十年にわたり存続しているものや、期限ごとに適用対象や軽減内容を微調整しながら存続されているものが多いことも実態である。

(1) 租特透明化法

　民主党政権時代の平成22（2010）年度税制改正において、租税特別措置の適用状況の透明化等に関する法律（租特透明化法）が制定され、租税特別措置に関し「適用の実態を把握するための調査及びその結果の国会への報告等の措置を定めることにより、適用の状況の透明化を図るとともに、適宜、適切な見直しを推進」することとされ、以下のような措置がとられることとなった。

①適用額明細書の提出義務—法人税関係特別措置の適用を受けようとするものは、当該法人税関係特別措置につき記載した適用額明細書を当該法人税申告書に添付しなければならない。

②適用実態調査の実施—財務大臣は、法人税関係特別措置について、適用額明細書に記載された事項を集計することにより、法人税関係特別措置ごとの適用法人数、適用額の総額その他の適用の実態を調査するものとする。

③適用実態調査の結果に関する報告書の作成及び提出—財務大臣は、毎会計年度、租税特別措置ごとの適用者数及び適用総額、法人税関係特別措置ごとの高額適用額（上位10社それぞれの適用額、社名は非公表）についての報告書を作成し、通常国会に提出しなければならない。

　なお、租特透明化法の構想段階では、租税特別措置ごとに適用企業上位10社を実名で公表することとされていた。これに対し経団連では、租税特別措置の適正化、透明化の趣旨には反対ではないが、どの企業がどのような租税特別措置を利用しているのかは、企業の経営戦略にもかかわる問題であり、財務情報の開示でも非公表とされている数値を公表させることには反対であるとして、直接、財務省の政務三役をはじめとする民主党幹部と交渉し、社名は非公表とすることで決着した経緯がある。

　ちなみに、平成29（2017）年2月に国会に提出された「税特別措置の適用実態調査の結果関する報告書（平成27年度分）」では、平成27（2015）年度中に終了した事業年度・連結事業年度において、適用明細書を提出した法人は113万1,118法人であり、適用件数は法人税関係租税特別措置83項目につき174万2,796件の適用がなされていた。その中で、適用金額が1,000億円を越える

ものは以下の通りである。

措置名	適用件数	適用額(億円)	主な適用業種
中小企業者等の法人税率の特例	843,278	31,838	サービス業 24.8 %
生産性向上設備の特別償却	27,433	12,926	サービス業 20.3 %
試験研究費税額控除	12,287	6,158	輸送用機械器具製造業 29.3 %
エネルギー環境負荷低減設備の特別償却	9,564	5,556	不動産業 19.2 %
特定目的会社に係る課税の特例	490	5,288	金融保険業 92.3 %
中小企業等の貸倒引当金の特例	8,857	4,577	金融保険業 95.2 %
特定の資産の買換えの場合等の課税の特例	1,131	4,120	不動産業 33.1 %
投資法人に係る課税の特例	134	3,796	金融保険業 99.6 %
中小企業者が取得する機械等の特別控除	30,688	3,647	運輸通信公益事業 17.4 %
所得拡大税制	90,594	2,774	サービス業 18.1 %
中小企業者等の少額減価償却の取得価額の損金算入の特例	489,992	2,768	サービス業 30.6 %
特定の基金に対する負担金等の損金算入の特例	138,831	1,877	金融保険業 19.3 %
保険会社などの異常危険準備金	62	1,691	金融保険業 68.2 %
換地処分に伴い資産を取得した場合の課税の特例	139	1,471	運輸通信公益事業 71.5 %
使用済核燃料再処理準備金	10	1,156	電力業 100 %
収用等に伴い代替資産を取得した場合の課税の特例	320	1,005	運輸通信公益事業 60.5 %

（2）租税特別措置の見直し方針

　政府税制調査会が2014年6月に公表した「法人税の改革について」では、「課税ベースを拡大しつつ税率を引き下げる」、「税率を引き下げるのであれば例外措置は思い切って見直すべき」との考えの下に、政策税制についても、今

まで以上に厳しい見直し方針が示されている。

具体的には、租特透明化法に基づく適用実態調査の結果などを踏まえて、以下の3つの基準に沿って、ゼロベースでの見直しを行うこととされている。

基準1：期限の定めのある政策税制は、原則、期限到来時に廃止する。延長が繰り返されて期限が有名無実化すれば政策手段としての効用が損なわれ、さらに税負担の歪みも固定化するおそれがある。

基準2：期限の定めのない政策税制は、期限を設定するとともに、対象の重点化などの見直しを行う。政策手段としての効果を最大限に発揮させるとともに、定期的に検証を行う。

基準3：利用実態が特定の企業に集中している政策税制や、適用者数が極端に少ない政策税制は、廃止を含めた抜本的な見直しを行う。例えば、不特定多数の適用を想定しながら、上位10社の適用が8割超の場合や適用が10件未満の場合は、必要性や効果の検証を徹底する。

5　研究開発税制かパテント・ボックスか

（1）研究開発税制の意義

最大の政策税制であり、かつ重要度の高い研究開発税制については、経団連の毎年度の税制改正要望の中でも、税率の引下げとともに、常に最上位の項目として拡充を求めてきた[15]。

また、研究開発税制については、諸外国でも法人税率引下げと同時に研究開

---

[15] 経団連「平成29年度税制改正に関する提言」2016年9月20日では、「わが国が今後も持続的に成長していくためには、産業のコアとなる研究開発拠点を日本に残し、研究開発に携わる資金・人材を確保して、付加価値を生み出していくことが不可欠である。そのため、研究開発税制は制度の維持・拡充が求められる。また、企業が積極的に活用できる簡素な制度とすることが重要である。」としている。

発税制の拡充を進めている。控除上限については英国やフランスは無制限であり、繰越期限についても英国は無期限、米国は20年となっているが、日本の税制措置はこれらの面で劣後している。また、日本のように租税特別措置としてではなく、本法で恒久化されている例が多い。

　日本は科学技術立国であり、成長戦略を実行する上で企業の研究開発は生命線である。政府も、さらなる成長に向け、2020年までに官民合わせた研究開発投資を対GDP比4％以上とすることを目標としており、「日本再興戦略2016」でも、イノベーションを通じて第四次産業革命を強力に推し進めることを掲げていた。この目標の達成には、民間企業の研究開発投資を年平均約5％増としていくことが必要である。また、GDP計算の改定により、研究開発投資がGDPに加えられており、研究開発投資を促進させ、企業の持続的な発展・中長期的な利益の増大につなげていくことは、GDP600兆円の実現のためにもの重要なポイントとなるが、こうした研究開発投資を通じた成長戦略を実現するためには、研究開発税制の存在が不可欠である。

【主要国の研究開発税制】

国	制度概要	控除方式	控除上限	繰越期限
米国	時限措置 内国歳入法	税額控除：ハイブリッド型 原則法：（当年度－前4期平均×50％以上）×20％ 簡便法：（当年度－前3期平均×50％）×14％	法人税額の75％相当	20年
英国	恒久措置 法人税法	損金算入／税額控除 大企業：30％追加損金算入又は10％税額控除 中小企業：125％追加損金算入	無制限	無期限
フランス	恒久措置 フランス税法	税額控除 ①30％（1億ユーロ以下）、5％（1億ユーロ超） ②中小企業については、上記に加え、イノベーション費用（上限40万ユー	無制限	3年 （経過後は還付有）

			ロ）の 20 ％		
韓国	恒久措置（重点分野に対する上乗せ措置については時限措置） 租税特例制限法		税額控除：総額型 1. 重点分野：20 ％（中小企業 30 ％） 2. 非重点分野： 　①総額型 3〜15 ％（中小企業 25 ％） 　　又は 　②増加型 40 ％（中小企業は 50 ％）	無制限 （中堅・大企業は、租税特別措置適用後の法人税額が最低限度比率（8〜16 ％）を下回ることができない）	5 年

（2）研究開発税制の変遷

　平成 15（2003）年度税制改正で基本的な形を整えた研究開発税制であるが、その後も再三にわたり大きな改正が繰り返されてきた。そこで、現在に至るまでの主要な改正を整理しておく。
①平成 18（2006）年度税制改正
　　　──増加型の上乗せ
　　試験研究費総額に係る特別税額控除制度と増加試験研究費の特別税額控除制度との選択制から、試験研究費総額に係る特別税額控除制度を基本的な仕組み（恒久措置）とした上で、これに加えて増加試験研究費部分（試験研究費のうち過去 3 年間の試験研究費の平均比較試験研究費を上回る部分）5 ％相当額の税額控除を加える特例が 2 年間の時限措置として講じられ、控除限度額は合計で当期法人税額の 20 ％とされた。中小企業技術基盤強化税制についても同様の措置が講じられた。
②平成 20（2008）年度税制改正
　　　──上乗せ措置として増加型と高水準型の選択性
　　上乗せ措置として、試験研究費の増加分に対する特別税額控除と試験研究費が高水準である場合の特例のいずれかを選択適用できる制度が創設され、控除限度額は、試験研究費の総額に係る特別税額控除制度又は中小企業技術基盤強化税制（20 ％）とは別に、上乗せ部分について当期法人税額

10 % 相当額とされた。
- 増加型——試験研究費の額が比較試験研究費の額を超え、かつ、基準試験研究費の額を超える場合に、試験研究費の額が比較試験研究費の額を超える部分の金額の 5 % 相当額の特別税額控除
- 高水準型——試験研究費の額が平均売上金額の 10 % 相当額を超える場合に、その超える部分の金額に試験研究費割合から 10 % を控除した割合に 0.2 を乗じた割合の金額の特別税額控除

③平成 25（2013）年度税制改正
　　——控除限度額の引上げ、共同研究に係る試験研究費等の追加

　試験研究費の総額に係る税額控除制度、特別試験研究費の額に係る税額控除制度、繰越税額控除限度超過額に係る税額控除制度、中小企業技術基盤強化税制及び繰越中小企業者等税額控除限度超過額に係る税額控除制度について、2 年間の時限措置として、控除限度額が当期の法人税額の 20 % から 30 % に引き上げられた。

　特別試験研究費の額に係る税額控除制度について、特別試験研究費の範囲に一定の契約に基づき企業間で実施される共同研究に係る試験研究費等が追加された。

④平成 26（2014）年度税制改正
　　——上乗せ措置の拡充

　上乗せ措置の増加型について、増加試験研究費の額が比較試験研究費の額の 5 % を超え、かつ、試験研究費の額が基準試験研究費の額を超える場合には、増加試験研究費の額に 30 %（増加割合が 30 % 未満の場合には増加割合）を乗じて計算した金額の税額控除ができることとされた。

⑤平成 27（2015）年度改正

　控除限度額を当期の法人税額の 30 %（原則 20 %）に引き上げる措置を適用期限の到来をもって廃止するとともに、新たにオープン・イノベーションを促進する以下の措置（特別試験研究費の額に係る税額控除制度の拡充）により控除限度額の総枠が当期の法人税額の 30 % とされた。

・税額控除率（12 %）を、特別試験研究機関等又は大学等との共同研究及びこれらに対する委託研究を 30 %、それ以外のものを 20 %に引き上げる。
・控除限度額を試験研究費の総額に係る税額控除制度及び中小企業技術基盤強化税制とは別枠で当期の法人税額の 5 %とする。
・特別試験研究費の範囲から、特別試験研究機関等のうち試験研究独立行政法人の範囲から国立研究開発法人以外の法人を除外する等、対象を限定する。

試験研究費の総額に係る税額控除制度及び中小企業技術基盤強化税制の控除限度額が当期の法人税額の 25 %とされた。

⑥平成 29（2017）年度改正
　　——抜本見直し

経団連としての平成 29 年度税制改正の焦点は、研究開発税制の見直しであり、その具体的要望は、以下の 3 点であった[16]。

1) 総額型については、わが国の研究開発を支えるまさに根幹であり、維持が不可欠である。総額型の縮減は、わが国における研究開発の規模の縮小をもたらし、イノベーションの創出においても他国に劣後する状況を招きかねず、今後の持続的な経済成長にも大きな影を落とすおそれが強い。

2) 増加型・高水準型についてもわが国での研究開発投資を促進する観点から有用な制度であり、存続が前提である。とりわけ、研究開発に重点を置く企業の活動を中長期的に支援するため、高水準型の果たす役割は大きい。

3) IoT やビッグデータ、人工知能（AI）、ロボットなどの様々な技術の進展を踏まえ、幅広い産業で第四次産業革命（Society 5.0）を推進するために、これらの技術を活用したサービスの改善を研究開発税制の対象

---

[16] 経団連「平成 29 年度税制改正に関する提言」（2016 年 9 月 20 日）

に含めるなどして、対象範囲の拡充を目指すことが適当である。

　財務省では、研究開発税制の大幅な縮小、特に総額型の全面的な増加型への転換、上乗せ型のうち高水準型の廃止を主張し、交渉は難航を極めたが、互いに決め手となるものがないまま結果的には、両者の主張の中間で折り合うこととなった。

　詳細は下記の通りである。

研究開発税制の見直し

(i) 試験研究費の総額に係る税額控除制度について、税額控除率（現行：試験研究費割合に応じ8～10％）を次の試験研究費の増減割合に応じた税額控除率（10％を上限とする）とする制度に改組する。

　イ　増減割合が5％超　　　　9％＋（増減割合－5％）×0.3
　ロ　増減割合が5％以下　　　9％－（5％－増減割合）×0.1
　ハ　増減割合が－25％未満　 6％

(ii) 上乗せ部分のうち試験研究費の増加額に係る税額控除を廃止し、平均売上金額の10％を超える試験研究費に係る税額控除の適用期限を2年延長する。

(iii) 2年間の時限措置として、次の措置を講ずる。

　イ　試験研究費の総額に係る税額控除制度の税額控除率の上限を14％（原則：10％）とする。
　ロ　中小企業技術基盤強化税制について、試験研究費の増加割合が5％を超える場合には、次の通りとする。
　　（イ）税額控除率（12％）に、増加割合から5％を控除した割合に0.3を乗じて計算した率を加算する。ただし、税額控除率の上限は17％とする。
　　（ロ）控除税額の上限（当期の法人税額の25％）に当期の法人税額の10％を上乗せする。なお、平均売上金額の10％を超える試験研究費に係る税額控除制度との選択適用とする。
　ハ　試験研究費の額が平均売上金額の10％を超える場合には、平均売

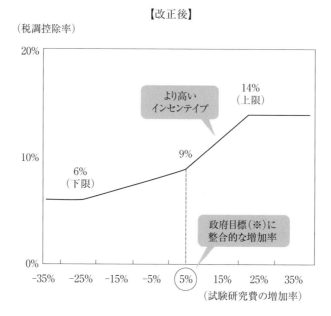

上金額の10％を超える試験研究費に係る税額控除制度の適用に代えて、次の措置を適用できる。

(イ) 試験研究費の総額に係る税額控除制度について、控除税額の上限（当期の法人税額の25％）に、当期の法人税額に試験研究費割合から10％を控除した割合を2倍した割合（10％を上限とする。）を乗じて計算した金額を上乗せする。

(ロ) 中小企業技術基盤強化税制について、控除税額の上限（当期の法人税額の25％）に、当期の法人税額に試験研究費割合から10％を控除した割合を2倍した割合（10％を上限とする。）を乗じて計算した金額を上乗せする。なお、上記ロ（ロ）との選択適用とする。

(iv) 試験研究費の範囲について、ビッグ・データの収集・解析及びその利用に係るサービスの開発等に係る経費・委託費を加える。

(v) 特別試験研究費の額に係る税額控除制度について、次の見直しを行う。

イ 特別試験研究費の対象となる共同研究及び委託研究に係る相手方が支出する費用で自己が負担するものについて、その費用の限定（現行：原材料費、人件費、旅費、経費及び外注費）を廃止し、これらの研究に要した費用とする。

ロ 契約変更前に支出した費用について、その契約に係るものであることが明らかであり、かつ、その支出日と契約変更日が同一の事業年度内にある場合には、特別試験研究費の対象となることを明確化する。

ハ その事業年度における特別試験研究費の額であることの相手方による確認について、費用の明細書と領収証等との突合を要しないこととする。

（3）パテント・ボックス税制

　パテント・ボックス（patent box）とは、特許権などの知的財産から生じた所得に対して法人税を軽減する政策税制である。イノベーション活動の増進、高価値の雇用の創出及び維持、特許技術での国際競争力の育成を目的としてEU諸国を中心に採用が進んでおり、ベルギー、フランス、ハンガリー、ルクセンブルグ、オランダ、スペイン等で採用されていたが、イギリスが2013年から導入したことで、注目が高まった。

　一般的な研究開発税制は、研究開発費用が発生した年に認められるもので、研究開発活動自体を促進するものであるのに対して、パテント・ボックスは、研究開発による知的財産の形成後、その利用により得た所得（パテント・ボックス適用対象所得）に対する軽減税率の適用あるいは所得の控除を認めることにより、法人税負担を引き下げ、開発後に行われる知的財産を活用した事業活動を促進するための仕組みである。

　パテント・ボックス制度には、イノベーション推進・研究開発の誘致とともに、グローバル企業の知財移転による節税を防ぐという2つの目的があるとされている。知的財産は移動性が高く、開発された国から低税率の国へと容易に

移動させることができる。実際にも節税のために、多くの知的財産(及びそれにより生じる所得)が海外に移転されており、パテント・ボックスは、このような知的財産の国外流失を阻止し、逆に海外から知的財産の流入を促進することにより、競争力を高めようとするものである。

　経団連では、研究開発税制の拡充とともに、パテント・ボックス税制の導入をも求めており[17]、製薬や電機などの業界からも声が上がりつつある。

---

[17] 経団連「平成27年度税制改正に関する提言」(2014年9月10日)では「欧州諸国においては近年、知的財産権に起因する所得について低税率又は所得控除を適用する、いわゆるパテント・ボックスを相次いで導入している。わが国の研究開発拠点としての立地競争力を維持・強化するためにも、当該制度の創設に向け検討すべきである」としている。

【各国のパテント・ボックス税制】

	イギリス	オランダ	フランス
実施年	2013年	2007年	2001年
法人税率	23％（導入当時）	25％	33.33％
優遇措置	実効税率が10％となるよう控除額を算出	IP所得の80％を控除（税率5％）	軽減税率15％
既存IPへの適用	認める	2006.12.31後に開発・取得の特許IP	認める
適格IP	特許権追加保護証明（特許期間の延長）規制的データ保護 植物品種保護権	特許IP R＆D IP	特許権 延長特許証明 産業上製造工程、等
取得IPは認められるか	認める（さらに開発、積極管理される場合）	認める（IPがさらに自己開発される場合）	認める（特定条件あり）
R＆D実施は海外でも可か	可	特許IPは可 R＆D IPは厳格適用	可
適格所得	使用料 組込使用料 売却益 その他	使用料 組込使用料 売却益	使用料 売却益

（出所：税理士法人プライスウォーターハウスクーパース）

第4章　組織再編成税制
——平成13（2001）年度税制改正とその後

平成10年度税制改正で課税ベースについて一応の決着がつき、翌11年度税制改正で実効税率40％台が実現された後の法人税の課題は、持株会社の解禁や金融ビッグバンを通じての金融機関の大規模な統合再編から始まった資本関係を越えた企業の統合、再編に対する税制上の障害を取り除くことであった。本章では、平成13（2001）年度税制改正における企業組織再編成税制の抜本的見直しと、その後の経緯を辿る。

1　なぜ、「適格組織再編成」が必要なのか

　1996年10月から始まった金融ビッグバンは都市銀行の大規模な合併・再編成をもたらし、それをきっかけとして、事業会社においても従来の企業系列や資本関係を超えた大規模な再編成、統合、グループ再構築の動きが急速に拡がった。

　また、このような動きに対応して、1997年の独占禁止法改正による純粋持株会社の解禁、1999年10月商法改正による株式交換・移転制度の創設、2000年商法改正による会社分割制度の創設など、相次ぐ法改正により企業組織再編成の手法も改善、多様化された。

　これらはいずれも、企業がその組織・形態を柔軟に改めていくための重要なツールを提供するものであるが、このような制度改正が短期間のうちに相次いで行われた背景には、わが国企業が、今までの組織・形態を維持したままでは、世界的な競争と変化の時代に生き残ることが困難になってきたことがある。新しい時代に対応していくための企業組織・形態の改革の方向は、大きく分けて2つあった。

　第1は、1つひとつの企業規模を適正な程度に収めながら、資本関係で結ばれた企業グループとして再構築していく方向である。

　第2は、より大きな競争単位を求めて複数の企業が従来の資本関係を超えて統合し、あるいは共同で事業を進めていく方向である。この「企業グループ」

と「共同事業」、あるいはその重層的な組み合わせ[18]が、その後の企業組織再編成を考えていく上でのキーワードとなった。

しかし、法制による選択肢が広がったとしても、企業組織再編成に多額の税負担が課せられるならば、その活用の道は極めて狭いものとなる。企業組織再編成を現実に活用できるものとするためには、法制の改正に合わせて、一定の要件のもとで非課税での組織再編成が可能となるような税制上の手当てが不可欠である。一方で、この一定の要件のあり方によって、企業組織再編成自体が重要なタックス・プランニングの手段ともなり得る。

経団連では、商法改正による会社分割制度の創設にあわせて平成13年度税制改正において、柔軟で迅速な企業組織・グループ再編が可能となるよう、以下のように、企業組織再編成税制の抜本的な見直しを行うことを求めていた[19]。

① 会社分割について、先進諸外国においては、一定の要件の下に、税務上の簿価引継ぎによる資産譲渡益課税の繰延措置などが整備されており、わが国でも企業経営活性化の観点を踏まえた制度創設が必要である。

② 合併については、現行税制では、消滅会社の繰越欠損金や税務否認金の引継ぎができない、清算所得課税やみなし配当課税がなされる等の問題が存在する一方、合併に係る現行の時価以下での資産移転が恣意的に利用される可能性があるとの指摘もある。このようなことから、会社分割税制の創設と併せて現行の合併税制の見直しを行う必要がある。

具体的には、分割や合併などの企業組織の再編成に伴う資産の移転については、実質的に資産売買に該当するような事例を除き、基本的には税務上の簿価移転により資産譲渡損益を繰り延べることとすべきである。損益を繰り延べるための要件を策定するにあたっては、グループ経営の実態に

---

[18] 例えば、「みずほグループ」の形成は、第1ステップとしての3銀行の持株会社による統合と、第2ステップとしての3銀行の垣根を越えた再編であった。

[19] 経団連「平成13年度税制改正提言」(2000年9月12日)

即したものとすべきであり、加えて、グループを越えた企業間のアライアンスを阻害することのないよう留意する必要がある。また、従来の合併税制では認められていなかった繰越欠損金や税務否認金の引継ぎについても、租税回避行為の防止策を講じつつ、認めるべきである。
③加えて、株主に組織再編成に係る新株が交付される合併や分割型分割において、みなし配当課税を非課税とする必要がある。

2 平成13（2001）年度税制改正
——企業組織再編成税制の再構築

　平成10（1998）年度税制改正における銀行持株会社の創設等に係る税制上の特例措置では、銀行持株会社設立の場面に限定されてはいたが、合併における簿価引継ぎや繰越欠損金の引継ぎが容認された。なお、この制度は、実際に活用されることはなかった。また、平成11（1999）年度税制改正においては、商法改正による株式交換・株式移転制度の創設に伴い、租税特別措置法の改正により簿価引継ぎを容認する仕組みが整えられた。

　本格的な企業組織再編成税制の確立は、会社分割制度の創設を契機とした平成13（2001）年度税制改正によって行われたが、この大改正は、制度設計の当初から経団連が財務省主税局との間で、綿密なすり合わせとも言える交渉を続けて具体案を確定した。そこで、平成13年度税制改正による企業組織再編成税制の抜本的見直しの概要とともに、そのような制度となった経緯を整理しておきたい。

（1）企業組織再編成税制抜本的見直しの背景

　平成13年度税制改正において企業組織再編成税制の大改正が行われた直接の契機は、商法改正による会社分割制度に対応した税制を作ることにあった。しかし、それに限ることなく、分割税制の創設と併せて、合併・現物出資・事後設立からみなし配当にわたる税制の抜本的見直しとなったのには、以下のよ

うな理由があった。

　会社分割は、会社を複数の会社に分割するための手続きであるが、分割が会社の資産・負債（権利・義務）の一部あるいは全部を新設される会社又は既存の他の会社に包括的に承継させる仕組みであることに着目すれば、合併に極めて類似している。例えば、分割型吸収分割において、営業のすべてを吸収会社に承継させ、株式を株主に分配した上で分割会社は消滅するならば、合併と同じ結果となる。また、分社型の新設分割は実質的には現物出資や事後設立による子会社設立と同じであり、分社型の吸収分割は吸収会社からみれば現物出資による増資と同じであるなど、分割によって得られる企業組織再編成の実質的な効果は、既存の合併、営業譲渡、現物出資などと同じである。同じ経済的効果を持つものであれば、税制の扱いも同じでなければならない。これが、会社分割に対応した税制の創設と併せて、既存の合併や現物出資の税制を包括的に見直し、新たな企業組織再編成税制として再構築することが必要とされた主な理由である。

　加えて、分割税制の創設と併せて合併・現物出資・事後設立・みなし配当の税制が見直されたのには、かねてより指摘されてきた企業組織再編成に係る税制上の問題について、この際、一機に解決を図ろうとする意図もあった。例えば、当時の商法では資本充実の原則から承継した資産を時価以下の任意の価額で評価換えができたこと、また未だ企業結合会計が整備途上にあったことから、従来の税制では、帳簿価額と時価との差すなわち含み損益を活用して税負担を軽減することが可能であった。そのこと自体は、法人税法が商法や企業会計原則から離れたものではないことから当然であったとしても、その行き過ぎが、もっぱら税負担の軽減を図るために組織再編成を行うなどの租税回避行為につながっているとの認識が課税当局にあった。

　また、旧税法では、法人に留保されている利益積立金に相当する資産が、合併のみならず減資、株式の消却、退社・脱退、解散によって、その法人の株主に帰属した場合、その部分をみなし配当として課税することとしていた。このうち、株式の利益消却を行った場合の残存株主、利益の資本組入れ、清算法人

の継続・合併の場合には、その法人の株主には金銭や株式の交付は行われないにもかかわらず、みなし配当課税が行われるという不合理を解決するため、平成13年度税制改正において、合併や会社分割とは直接関係のない「資産の交付がない場合のみなし配当」についても大きな改正がなされた。

（2）企業組織再編成税制の基本的考え方

平成13年度税制改正で整備された企業組織再編成税制は、①再編成当事法人にかかる法人税の取扱い、②再編成当事法人の株主にかかる所得税の取扱い、③再編成当事法人にかかるその他の税（登録免許税、消費税等）の取扱い、の3つの側面をもつ。この中で、もっとも重要であるのは第1の再編成当事法人に係る課税、特に再編成により移転する資産の譲渡損益の取扱いである。

原則は時価課税、一定の要件を満たせば簿価移転

法人税法の原則では、資産の移転があれば、移転資産の時価取引として譲渡損益に課税がなされる。分割、合併、現物出資又は事後設立によって、法人がその有する資産を他の法人に移転する場合にあっても、資産の譲渡として時価で課税することがまずは原則である。しかし、すべての企業組織再編成に対して時価で課税するならば、事実上、企業組織の転換を税制が阻むことになる。また、税制が企業活動に対して中立的であるためには、組織再編成により資産を移転する前後においても、その経済実態に実質的な変更がないと考えられる場合には課税関係を継続させるべきである。

そこで、原則は時価課税とした上で、移転される「資産に対する支配の継続」と株主の投資の継続に着目し、「企業グループ内の組織再編成」あるいは「共同事業を行う組織再編成」に該当する場合には、一定の要件を満たすならば、「適格組織再編成」として、商法あるいは会計上の処理にかかわらず、税制上は必ず、資産・負債の移転先の法人において、当該資産・負債について移転元の法人における帳簿価額を付さなければならないこととされた。

加えて、適格組織再編成においては、その移転資産に関して適用される諸制

度や引当金の引継ぎについても、従前の課税関係を継続させることが基本とされたため、それまでは合併において一切認められなかった繰越青色欠損金の引継ぎについても、一定の要件を満たすならば引継ぎが可能となった。

帳簿価額引継ぎの前提
——金銭等の交付のないこと

適格合併、適格分割、適格現物出資となるには、移転資産の対価として金銭等の株式以外の資産が交付されないことが前提とされた。

ただし、一切の金銭等の交付が認められないのではなく、合併及び分割においては、①被合併法人の配当見合いとして株主に交付する金銭、②合併比率・分割比率に端数があるために生じた1株未満の株式の買取り、③合併や分割に総会で反対した株主の請求による株式の買取り、については例外とされた。この3ケース以外には例外はなく、例えば、合併交付金のような形で金銭を交えることはできないとされた。

交付が認められる「株式」については、商法上の「株式」がすべて該当するものとされ、普通株のみならず、無議決権株などの交付があっても適格組織再編成となった。

（3）企業グループ内の組織再編成
企業グループの定義

組織再編成の当事法人が100％の持分関係であり、かつ組織再編成に際して持分割合が100％未満となることが見込まれていない場合には、資産が移転しても支配関係に実質的な変化がないと考えられるため、当然に適格組織再編成となる。

しかし、企業グループの実態を見れば資本関係は多様であり、100％に満たない場合にどこで線を引くのかが、財務省との交渉の第1の課題となった。経団連では、当時、緒につき始めた連結会計を参考に、親会社の持分が25％以上かつ筆頭株主であること等を主張したが、財務省の容れるところとならず、

どこからも異論の出ない水準として、商法上の親子会社関係にある法人を基準に、いずれか一方の法人が他方の法人の発行済株式又は出資のすべてあるいは50％超を「直接又は間接に保有する関係」にある場合が「企業グループ内」とされた。

これに加えて、経団連からは主張していなかったが、「政令で定める関係」として、1人のオーナー株主及び当該者と同族会社の規定による「同族」関係にある個人が50％超を直接・間接に保有しており、かつ、当該株式を継続して保有することが見込まれている関係にある会社の間での再編成も、「企業グループ内の組織再編成」に該当することとされ、この結果、同族会社の税務に組織再編成は大きな意味合いを持つことになった。

50％超100％未満のグループ内の場合の適格組織再編成の要件

50％超100％未満の関係にある法人間で行う組織再編成についても「企業グループの組織再編成」とすることができたが、100％グループ内の組織再編成がほぼ無条件で「適格」とされたのとは異なり、組織再編成と単なる資産移転の峻別として、以下の要件を満たすことが必要とされた。

①独立事業単位要件
- 分割法人・現物出資法人の分割事業の主要な資産及び負債が分割承継法人・被現物出資法人に引き継がれていること（合併については、被合併法人のすべての資産・負債が合併法人に包括承継されることから、税法上は特に要求されない）
- 被合併法人・分割法人の分割事業・現物出資法人の現物出資事業の従業者の概ね80％以上が合併法人、分割承継法人、被現物出資法人に引き継がれることが見込まれること。あくまで「引き続き業務に従事することが見込まれていること」が要求されているのであって、転籍である必要はなく、単なる出向でもよいとされた。

なお、会社分割に関する商法改正と併せて、「会社分割に伴う労働契約の承継等に関する法律（労働契約承継法）」が制定されたが、同法で

は、承継される「営業」に主として携わっている従業者については、原則、すべてを引き継ぐことが求められた。

②事業継続要件
 — 合併法人の主要な事業、分割法人の分割事業、現物出資法人の現物出資事業が、被合併法人、分割承継法人、被現物出資法人において引き続き営まれることが見込まれていること。

 事業継続要件は、あくまでも「継続の見込み」であり、組織再編成後の経済環境の変化などによって事業の撤退を余儀なくされるような場合を否定するものではない。

（4）共同事業を行うための組織再編成
「共同事業」の定義

　実際の合併などは企業グループを超えて行われており、組織再編成の実態を踏まえ、企業グループ内の組織再編成に該当しない場合でもなお「適格」とされるべきものがある。そこで、資本関係のない複数の事業者が共同で事業を営む場合にも、資産の移転の対価として得た株式を継続して保有する限り、移転資産に対する支配が継続していると考えることができることから、「共同事業」として、一定の要件を満たす場合には、資産の譲渡損益を繰り延べることとされた。

　財務省との交渉の第2の課題は、この「共同事業」の判定要件をどうするかであった。ここでは、双方とも理論的に有効な手法は見当たらないため、現実の企業組織再編成の事例あるいは公表されていた計画を多数集めた上で、それぞれが、両当事法人が新たに事業を営む法人を作ることになるのか、単に一方が他方を吸収したのに過ぎないのかを見分けるメルクマールを見い出していくという方法で議論を進めた。

　その結果、「共同事業」であるかどうかの判定基準として、合併法人等の事業と被合併法人等の事業とが相互に関連するものであること（関連性要件）、それぞれの事業の売上金額、従業者数、資本金もしくはこれらに準ずるものの比

率が概ね1対5を超えないこと（規模要件）とすることで合意に達した。

　しかし、規模要件を満たすことができなくとも、例えば、新興企業が大企業の製造設備・販路等を活用して事業展開を図るために合併する場合などを「適格」の中に入れることも必要であると考え、そのために見い出されたのが、両当事法人の経営者が組織再編成後もその法人に引き継がれているということであった。

　具体的には、合併の場合には、合併前の合併法人・被合併法人の双方の「特定役員（社長、副社長、代表取締役、専務取締役、常務取締役又はこれらに準ずる者で法人の経営に従事している者）」のいずれかが合併後に合併法人の「特定役員」となることが見込まれていること。分割・現物出資の場合には、分割・現物出資前の分割法人・現物出資法人の役員のいずれかと、分割・現物出資前の分割承継法人・被現物出資法人の「特定役員」のいずれかが分割・現物出資後に分割承継法人・被現物出資法人の「特定役員」となることが見込まれていることとされた。

　「共同事業」の判定要件は、関連性要件かつ規模要件、あるいは関連性要件かつ特定役員の引継ぎ要件のいずれかを満たすこととなり、その範囲は非常に広いものとなった。

共同事業を行う場合の適格組織再編成の要件

　「共同事業」と判定された組織再編成について、移転資産に対する支配が継続していると考えることができ、資産移転に関し譲渡損益の繰り延べが認められるには、企業グループ内の組織再編成と同様に、独立事業単位要件、事業継続要件を充たした上に、資産の移転の対価として得た株式を継続して保有すること、すなわち、交付された合併法人、分割承継法人、被現物出資法人の議決権株式を継続して保有することが見込まれていることが必要であると考えられた。

　しかし、上場会社同士の合併のように、株主が多数存在し市場で自由に売買ができる場合には、合併新株の継続保有をチェックすることは事実上不可能で

あることから、分割法人や被合併法人の株主数が 50 人以上（公募基準）で、かつ当該株主に交付される株式については継続保有要件は適用されない、すなわち、分社型分割・現物出資や分割法人・被合併法人の株主数が 50 人未満の場合にのみ、継続保有要件が適用されることとされた。

　これは、持分比率の維持ではなく、当初交付を受けた株式を継続して保有することが必要とされ、事業拡張のための増資等を否定するものではない。また、この継続保有要件については、被合併法人、分割法人の議決権株式の 80％以上を保有する株主が、交付を受けた合併法人、分割承継法人の株式を継続保有する見込みがあればよいとされた。逆に言えば、交付株式の 1 株でも手放した株主の被合併法人・分割法人における持分割合の合計が 20％以下であればよい。また、分社型分割や現物出資の場合は、分割法人・現物出資法人が、組織再編成によって得た分割承継法人株式・被現物出資法人の株式を継続保有する見込みがあればよいこととされた。

（5）繰越青色欠損金の引継ぎの制限

　それまでの合併税制では、繰越青色欠損金の引継ぎはまったく認められていなかったが、適格組織再編成では、原則として引継ぎが可能とされた。しかし、繰越青色欠損金や欠損金になる前段階の含み損などを利用した租税回避の可能性が高まるとされ、厳しい要件が付けられることとなった。この、繰越青色欠損金の引継ぎの要件が、組織再編成税制の構築をめぐる財務省との交渉の中で最大の攻防となった。

繰越青色欠損金引継ぎの原則

　繰越青色欠損金について、税制適格となる合併については、原則的に、その引継ぎが認められる。会社分割においても、事業の全部が移転し、かつ分割後遅滞なく解散することが確実な「合併類似適格分割型分割」の場合には、実質的に合併と同じであることから、税制適格であれば分割法人の繰越青色欠損金の引継ぎが認められる。この他の会社分割の類型や現物出資・事後設立におい

ては繰越青色欠損金の引継ぎは認められず、分割法人あるいは現物出資法人において、それまでに繰り越されてきた青色欠損金を全額維持されることとされた。ここまでは異存がないところであった。

みなし共同事業要件

　例えば、多額の繰越青色欠損金を有するグループ外の企業を買収して傘下に納めた上で、グループ内の好調な企業と合併させ、税負担を減らすような行為が予想されたため、グループ内再編成の場合には、租税回避防止の観点からグループ関係が生じた後に発生した繰越青色欠損金については引継ぎを認めるが、グループ関係に入る前のものについては引き継げないとすることが考えられた。

　一方で、共同事業を行うための組織再編成の場合には、そのような租税回避行為のおそれがないため、共同事業の要件を満たす適格合併・合併類似適格分割型分割では、すべての繰越青色欠損金を引き継ぐことが可能とされた。

　すなわち、資本関係のない企業が合併するならば、それ以前の繰越青色欠損金を引き継げるが、資本関係のない企業がまず共同で持株会社を設立してから、その下で合併するのでは、それ以前の繰越青色欠損金を引き継げない。ここで問題となったのは、当時、進行していた大規模な銀行再編の中で、再編成の手順の違いにより、それまでの繰越青色欠損金の引継ぎが可能となる事例とそうでない場合が生じることであった。

　そこで、この問題を解決するために財務省側から提案されたのが「みなし共同事業要件」であった。みなし共同事業要件とは、共同事業を行うための組織再編成に該当するか否かの判定項目（事業関連性、事業比率・経営参画）とともに、資本関係形成後その組織再編成までに、双方の事業が継続して営まれており、かつ、そのそれぞれの事業の比較規模、すなわち、売上金額、従業者数、資本金額又はこれらに準ずるものが概ね2倍を超えるものでないことを満たしている場合とされ、企業グループ内の合併等の場合であっても、「みなし共同事業要件」を満たすならば、グループ関係以前の繰越青色欠損金についても引

継ぎ・利用を認めることとされた。

（6）含み損の扱い

適格組織再編成後に実現した含み損の取扱いについても、繰越青色欠損金の場合と同様、企業グループ内（特定資本関係）の組織再編成に関してのみ、租税回避防止の観点からの制限が課された。

グループ関係構築以前の繰越青色欠損金の引継ぎ・利用の要件と同様、「みなし共同事業要件」を満たす場合には、組織再編成後に実現したすべての含み損の損金計上が可能となる。一方、これを満たさない場合には、合併法人・分割承継法人等がグループ関係構築以前から有していた資産あるいは被合併法人・分割法人等がグループ関係構築以前から有していた資産のうち、①土地を除く棚卸資産、②売買目的有価証券、③組織再編成時の引継価額（帳簿価額）等が1,000万円に満たないもの等、政令で定めるものを除いたものを譲渡したことにより生じたネットの譲渡損（いくつかの資産を譲渡し、ある資産には譲渡益が発生し、別の資産には譲渡損が発生した場合、その差額）は、損金計上が認められないこととされた。

ただし、適格組織再編成後3年を経過するか、あるいは、適格組織再編成後3年を経過していなくてもグループ関係構築後5年を経過した後に実現した含み損については損金計上の制限はない。

（7）租税回避行為の防止措置

以上のように、繰越青色欠損金や含み益を利用した租税回避行為の防止規定が講じられたが、企業組織再編成の形態や方法は、複雑かつ多様であり、資産の売買取引を組織再編成による資産の移転とするなど、租税回避の手段として濫用されるおそれがあるとされ、個別の租税回避防止措置のほか、包括的な租税回避防止規定が必要であるとされた。

経団連としては、既存の法人税法第132条の規定が、包括的な租税回避防止規定としては無意味であると考えていたところから、このような考えには反対

であったが、国税庁からの強硬な主張として押し切られ、まさに法人税法第132条の2「組織再編成に係る行為又は計算の否認」として、過度のタックス・プランニングにより「法人税の負担を不当に減少させる結果となると認められる」組織再編成については、これを否認して、通常の資産の譲渡等として課税することができるとの規定が置かれた。

(8) 株式の譲渡益の取扱い

合併や分割型分割を行った場合、100％親子関係の法人間の再編成で抱合株式に対して新株を割り当てないような場合を除き、被合併法人や分割法人の株主は新設・吸収法人や合併法人の新株等の交付を受けることになる。この場合、株主は、原則として旧株の譲渡損益を計上することとなるが、株主が金銭等の株式以外の資産の交付を受けず、株式のみを取得する場合には、譲渡損益の計上が繰り延べられることとされた。

(9) みなし配当の取扱い

合併や分割型分割が行われる場合、移転資産の譲渡損益の計上の繰延べが認められず、資産の移転が時価により処理され、被合併法人・分割法人の株主が交付を受けた新株等のうち分割法人や被合併法人の利益を原資とするものと認められる部分をみなし配当として課税するのが原則である。

しかし、適格合併や適格分割型分割が行われる場合には、移転資産の譲渡損益の計上の繰延べが認められ、資産の移転が帳簿価額により処理され、利益積立金額が合併法人や分割承継法人に引き継がれることから、配当とみなされる部分は生じない。

組織再編成に関するみなし配当の取扱いは以上の通りであるが、平成13年度改正において、これとあわせて、資産の交付が無い場合のみなし配当課税が廃止され、株式の利益消却の際の残存株主に関するみなし配当課税や利益の資本組入れに際するみなし配当課税は行われないこととされた。

3　その後の企業組織再編成税制の見直し

　平成13年度税制改正による適格企業組織再編成の創設以来、商法・会社法の改正や現実のニーズに合わせた見直しが続けられた。

（1）平成15（2003）年度改正
──連続する企業組織再編成に係る適格要件の緩和

　平成13年度税制改正による企業組織再編成税制では、連続した企業組織再編成により、当初の再編における「適格要件」が満たせなくなる場合が生じていた。

　例えば、企業組織再編成後の合併法人等（合併法人・分割承継法人・被現物出資法人）が、その後さらに当該合併法人等を被合併法人とする適格合併を行うことが見込まれている場合には、その当該合併法人等は合併により消滅することとなるため、再編成に係る「（80％以上の従業者が）合併法人等の業務に従事する」、「（主要な事業が）合併法人等において営まれる」、「（主要な資産及び負債が）分割承継法人等に移転している」等の要件に抵触し、当初の再編成が非適格となる。

　また、再編成後にさらに合併法人の株主等を被合併法人とする適格合併を行うことが見込まれている場合は、「（合併法人の株式等の）100％を継続保有する見込み」、「（合併法人の株式等の）50％超を継続保有する見込み」、「再編によって取得した合併法人の株式等の全部を継続保有する見込み」が満たせなくなる。

　しかしながら、後の企業組織再編成が適格要件を満たす合併であるならば、当初の再編により交付を受ける株式、移転する事業等の全部がそのまま合併法人に引き継がれることとなるため、このような連続した再編成を阻む理由もないことから、連続した企業組織再編成によっても、当初の適格要件が維持されるよう規定が整備された。

（2）平成 16（2004）年度改正
──自己創設営業権の償却

　平成 16（2004）年度税制改正における法人税法施行令改正によって、従来、損金経理要件を満たさないために税務上の償却ができないとされていた自己創設営業権が、確定決算による損金経理を経ずして償却できるようになった。

　企業組織再編成が「非適格」で行われ、移転した資産・負債が時価で譲渡される場合には、自己創設営業権が止むを得ず生じる場合がある。しかし、法人税法では、営業権を無形減価償却資産とする一方で、償却費として所得の計算上損金の額に算入できる額は、各事業年度の確定した決算により「償却費として損金経理をした金額（損金経理額）」のうち、選定した償却方法によって計算した「償却限度額」に達するまでの金額としているために、従来は、非適格企業組織再編成で生じた営業権は、確定決算による損金経理要件を満たせず償却が不能であった。

　そこで、法人税法施行令改正により、非適格の企業組織再編成によって生じた自己創設営業権については、商法上の確定決算によることなく、以下の金額を「損金経理額」とみなすことで、5 年間均等償却ができることとなった。

損金経理額＝①－②
　①：当該資産の移転を受けた内国法人により当該資産の価額として帳簿に記載された金額
　②：当該資産の取得価額

（3）平成 18（2006）年度改正
──会社法の制定等に伴う規定の整備

適格株式交換・適格株式移転

　平成 18（2006）年度税制改正では、会社法制定に伴い法人税法でも大きな規定が改正されたが、企業組織再編成税制では、それまで租税特別措置法に規定されていた株式交換・株式移転が法人税法における組織再編成として位置付け

られ、適格株式交換、適格株式移転の要件が定められた。

　適格株式交換・適格株式移転に係る完全子法人の株主は、その完全親法人の株式以外の資産の交付を受けていない場合には、その完全子法人の株式の譲渡損益の計上を繰り延べる。旧租税特別措置では株式交換・株式移転の対価として完全親法人の株式に加えて5％までの金銭等の交付が可能であったが、他の適格組織再編成と同様、反対株主の買取請求に基づく対価としての支払い等を除き、金銭の交付はできないこととされた。

　適格株式交換における株式交換完全子法人は、連結納税の開始時に係る時価評価の対象とならず、また、当該株式交換完全子法人が繰越欠損金を有する場合には、連結欠損金として連結グループに持ち込むことができる。

　適格株式交換の要件は、他の適格組織再編成と同様、グループ内及び共同事業を営む場合であるが、株式交換・株式移転の特性を踏まえ、若干の修正がなされた。

　非適格株式交換・移転が行われた場合には、その完全子法人が有する固定資産、土地等、有価証券、金銭債権及び繰延資産（これらの資産のうちその含み損益が資本等の金額の2分の1又は1,000万円のいずれか少ない金額に満たないものを除く）について時価評価により評価損益を計上することとされた。

「のれん」の扱い

　合併等の企業結合会計は、それまで明確な基準がなく、旧商法の時価以下主義の考え方の下で資産・負債の引継ぎが行われてきた。しかし、「企業結合に係る会計基準」、「事業分離等に関する会計基準」及びその「適用指針」により、「取得」と「持分の結合」が峻別され、取得については、組織再編成により取得される資産・負債を時価評価し、取得原価と識別可能資産及び負債への配分額との差額として、のれん又は負ののれんが資産又は負債に計上し、20年以内の効果の及ぶ期間で償却することとされた。

　税務上も、非適格組織再編成では、組織再編成により移転する資産・負債の時価評価が必要となるが、従来は負債の引継ぎが不明確であった。そこで、非

適格合併等により資産等の移転を受けた場合には、その非適格合併等に伴って引き継いだ従業者の退職給与額につき、非適格合併前における在職期間等を勘案して算定する旨を約し、かつ、これに伴う負担の引受けをした金額である「退職給与債務引受額」、及び組織再編成から3年以内に履行が見込まれる将来債務の履行に係る負担の引受けをした金額である「短期重要債務見込額」を負債調整勘定として負債計上することが明確にされた。

当該負債調整勘定のうち、退職給与債務引受額に該当する部分は、退職給与の支給等に応じて取り崩して益金に算入し、短期重要債務見込額に相当する部分は、当該債務が履行されるか、3年が経過する場合に取り崩して益金に算入する。

また、移転資産・負債の対価の額が移転資産・負債（退職給与引受額、短期重要債務見込額を含む）の時価純資産額を超える場合には、その超過額を「資産調整勘定として資産に計上し、移転資産・負債の対価の額が移転資産・負債の時価純資産額に満たないときは、その不足額を「負債調整勘定」として負債に計上する。計上された資産調整勘定は、当初の計上額を60で除した金額に当該事業年度の月数を乗じて計算した金額を取り崩し損金に算入し、負債調整勘定（退職給与引受額、短期重要債務見込額を除く）は同様に取り崩し益金に算入する。

（4）平成19（2007）年度改正
——会社法における合併等対価の柔軟化に伴う税制措置

会社法の制定により、吸収合併、吸収分割、株式交換の場合において、消滅会社の株主等に対して、存続会社等となる会社の株式を交付せず、金銭その他の財産を交付することができることとなった。これにより、金銭のみを対価とするキャッシュ・アウト・マージャーや、対価として親会社株式を割り当てる三角合併が可能となった。しかし、対価の柔軟化によって、外国親会社の株式を利用した三角合併など、外資による敵対的企業買収が増えるとの懸念を受け、この部分の施行は会社法全体の施行からさらに1年後に延期され、2007

年5月1日より施行されたため、これに関わる税制措置も平成19年度税制改正で講じられた。

　適格企業組織再編成では、合併法人等株式以外の資産が交付されないことが大前提であったが、合併法人等の親法人（合併等の直前に合併法人等の発行済株式の全部を直接に保有し、かつ、当該合併等後にその発行済株式の全部を直接に継続して保有することが見込まれる法人をいう）の株式のみが交付される場合についても、他の要件を満たすならば「適格」とされた。

　ここでの問題は、外国親会社の株式を利用した三角合併について、事業実態のないSPC（特定目的会社）やペーパーカンパニーを合併法人にしたいとの要請が外資系団体等から出されたが、それでは企業組織再編成ではなく、被合併法人の株主が外国会社の株式を対価として被合併法人の株式を譲渡するだけに等しいことから、経団連では財務省と組んで、各当事会社に事業の実態があることを必要として、実態のない会社を利用した三角合併を排除することとした。

　具体的には、共同事業を営むための三角合併では、親会社ではなく合併法人と被合併法人との間での事業関連性をみることとし、その前提としての合併法人の事業実態の有無について、事業活動の拠点、役員及び従業員、事業の実施の各要件を確認することが施行令に明記された。

　また被合併法人株主が非居住者又は外国法人株主（非居住者等株主）である場合に、三角合併の対価として外国親法人の株式が交付されるならば、将来にわたりわが国での課税ができないこととなる。そこで、合併等により株主に外国親会社の株式が交付された場合に、非居住者等株主については、その合併等の時に旧株の譲渡益（わが国で課税の対象となる国内源泉所得に該当するものに限る。）に対して原則課税することとし、非居住者等株主が、国内において行う事業に係る資産として、国内に有する恒久的施設において旧株を管理する場合には適用せず、非居住者等株主がその交付を受けた外国親会社の株式を国内において行う事業に係る資産として国内の恒久的施設において管理しなくなったときに外国親会社の株式を譲渡したものとして課税する措置が講じられた。

また、タックス・ヘイブンに置かれたペーパーカンパニーを利用した三角合併による国際的な租税回避を防止するため、以下のような措置が講じられた。

①企業グループ内の法人間で行われる合併等のうち、軽課税国に所在する実体のない外国親会社の株式を対価とし、国内の合併法人等にも事業の実体が認められないものは、適格合併等に該当しないこととする。

②適格合併等に該当しない合併等が行われる場合、交付される対価が軽課税国に所在する実体のない親法人の株式であるときは、その合併等の時に株主の旧株の譲渡益に対して課税する。

③内国法人が保有する外国子会社（外国子会社合算税制の適用対象となるものに限る。）の株式を軽課税国に所在する実体のない外国会社（その内国法人の持分の80％以上を保有するものに限る。）又はその外国会社に係る外国子会社に現物出資する場合には、その現物出資は適格現物出資に該当しないこととする。

④内国法人の株主が、組織再編成等により、軽課税国に所在する実体のない外国法人を通じてその内国法人の持分の80％以上を保有することとなった場合には、その外国法人に留保した所得を、その持分割合に応じて、その外国法人の株主である居住者及び内国法人の所得に合算して課税する（合算対象となる所得には、その外国法人に係る外国子会社のうち、軽課税国に所在する実体のないものに留保した所得も含める。）。対象となる内国法人は、組織再編成等の前に少数の株主グループによってその持分の80％以上を保有されていたものに限る。また、内国法人の株主が、組織再編成等により、その内国法人の資産・負債のほとんどすべてを取得した他の内国法人を支配することとなった場合も同様とする。

（5）平成20（2008）年度改正
──三角合併等対価として交付される株式等の端数処理

通常の合併においては、合併比率・分割比率に端数があるために生じた1株未満の株式の買取りは、1株未満の株式を交付したものとみなして適格判定に

影響を与えないことが措置されていたが、平成19（2008）年度税制改正で導入された三角合併についてはその取扱いが不明確であった。

そこで、三角合併等に係る対価として交付される株式に1株に満たない端数が生ずる場合において当該端数に代えて金銭が交付されるとき、及び全部取得条項付種類株式が取得決議により取得される場合において価格決定の申立てに基づく金銭が交付されるときは、組織再編成等の対価に関する要件の判定に際し、これらの金銭以外の対価により判定することが明確化された。

（6）平成25（2013）年度改正
——特定資産に係る譲渡等損失額の見直し

特定資産に係る譲渡等損失額の損金不算入制度等の制限対象について、以下のような見直しが行われた。

①特定資産に係る譲渡等損失額の損金不算入制度について、対象となる特定資産の範囲に、特定適格組織再編成等を行った法人がその特定適格組織再編成等の日以前に行われた他の特定適格組織再編成等によりその法人と支配関係がある他の法人から移転を受けた一定の資産を加える。

②青色申告書を提出した事業年度の欠損金の繰越控除制度について、支配関係がある法人間でみなし共同事業要件を満たさない適格合併等が行われた場合において引継ぎが制限される被合併法人等の欠損金及びないものとされる合併法人等の欠損金の範囲に、次の金額を加える。

・その適格合併等を行った法人の欠損金額のうち、その法人がその適格合併等の日前に行われたみなし共同事業要件を満たさない適格組織再編成等によりその法人と支配関係がある他の法人から移転を受けた一定の資産の譲渡等損失により生じた欠損金額とされる部分の金額

・その適格合併等を行った法人の欠損金額のうち、その法人がその適格合併等の日前に行われたみなし共同事業要件を満たさない適格合併等によりその法人と支配関係がある他の法人から引き継いだ一定の欠損金額で特定資産譲渡等損失額から成る部分の金額に相当する金額

（7）平成28（2016）年度改正
——現物出資、株式交換の見直し

PEへの現物出資

　国際課税原則の帰属主義への見直しにより、それまでは独立した企業とはみなされなかった外国法人の日本に置かれた恒久的施設（PE）が、外国法人の本店等とは分離された独立企業とみなされることとなり、それまでは非適格とされていたPEに対する国内資産等の現物出資について、繰り延べられた利益について現物出資後にPEが譲渡する際に課税を行うことが可能となった。

　そこで、外国法人に対する現物出資のうちその移転する国内資産のすべてを恒久的施設に直接帰属させるものが、適格現物出資の対象に加えられた。ただし、現物出資が行われる国内資産に、PEから国外本店等への内部取引が帳簿価額で行われたものとなる国内資産（国内不動産、内国法人株式、船舶等）が含まれる場合には、繰り延べられた利益について現物出資後にその本店等が譲渡する際にわが国が課税を行うことが困難であることから、現物出資後これらの国内資産について内部取引を行わないことが見込まれている場合に限ることとされた。

　上記の逆に、内国法人が行う外国法人に対する現物出資のうち、その現物出資の日以前1年以内にその内国法人の本店等からの内部取引により国外事業所資産となった資産（現金、預貯金、棚卸資産及び有価証券を除く）をその外国法人の恒久的施設以外の事業所に直接帰属させるもの、外国法人が行う現物出資のうちその移転する国外事業所資産を他の外国法人の恒久的施設に直接帰属させるものは非適格とされた。

株式交換・株式移転の見直し

　株式交換は事業の移転を伴わない組織再編成であることから、原則としてすべての特定役員が株式交換完全子法人に残留することが必要とされていた。しかし、会社法改正による企業集団における業務の適正性を確保するための体制の義務付けなど、グループ経営に対するガバナンスの高まりによって、必ずし

もすべての特定役員が残留していなければ共同事業性が阻害されるとは言えない。そこで、共同で事業を営むための株式交換（移転）の適格要件のうち特定役員継続要件について、その株式交換（移転）前の株式交換（移転）完全子法人の特定役員のすべてがその株式交換（移転）に伴って退任するものでないこと、すなわち、特定役員のうち1人が残留すればよいこととされた。

　適格株式交換により株式交換完全親法人が取得する完全子法人株式の取得価額について、それまでは、当該株式交換完全子法人の簿価純資産価額に相当する金額とされていたが、実務上はこれを算出する事務負担が大きいとの問題があった。そこで、適格株式交換の直前における株式交換完全子法人の株主が50人以上である場合には、株式交換完全親法人が取得する株式交換完全子法人株式の取得価額は、その株式交換完全子法人の前期期末時の資産の帳簿価額から負債の帳簿価額を減算した金額に相当する金額とされた。なお、株主が50人未満の場合には、株式交換完全子法人株式の取得価額は、株主が有していた株式交換完全子法人株式の適格株式交換の直前の帳簿価額に相当する金額の合計額とされており、こちらについては改正はなされていない。

その他

　医療法の改正により、医療法人の分割制度が創設されたことに対応して、共同事業を行うための分割の対象に、当事分割法人のすべてが資本、出資を持たない法人である場合を追加し、適格要件から株式継続保有を除く改正が行われた。

　農業協同組合法の改正により農業協同組合等の新設分割制度が創設されたことに伴い、分割対価が分割法人の組合員に直接交付される分割に係る規定の整備等が行われた。

4　平成29（2017）年度税制改正による企業組織再編成税制の変質

　平成29（2017）年度税制改正では、スピンオフあるいはスクイーズアウトが企業組織再編成税制に組み入れられたが、これらは、それまでの企業組織再編成税制が、「事業に対する支配の継続」を適格再編成の根拠としていたことから大きく外れるものとなった。

（1）単独新設分割型分割によるスピンオフの適格分割への追加

　それまでの制度では、単独新設分割型分割により資本関係のない法人を設立して既存事業を当該法人において独立して行ういわゆるスピンオフでは、適格要件を満たすことができなかったが、今回の改正により、以下の3つのスピンオフのうち、一定の要件に該当するものについては、企業及びその株主において譲渡損益の計上を繰り延べるとともに、配当課税を行わないこととされた。

①単独新設分割型分割によるスピンオフ：他の者による支配関係がない法人が単独新設分割型分割により資本関係のない法人を設立して既存事業を当該法人において独立して行うもの

②株式分配によるスピンオフ：他の者による支配関係がない法人が既存の100％子法人の株式の現物分配を行って当該子法人を資本関係のないグループ外の法人として独立させるもの

③単独新設分社型分割・単独新設現物出資＋株式分配によるスピンオフ：他の者による支配関係がない法人が単独新設分社型分割又は単独新設現物出資によって100％子法人を設立して既存事業を移転した上で当該子法人の株式の現物分配を行って当該子法人を資本関係のない法人として独立させるもの

　「一定の要件」とは具体的には、分割に伴って分割法人の株主の持株数に応じて分割承継法人の株式のみが交付されるものに限るものとされたほか、政令で以下のように定められている。

①分割法人が分割前に他の者による支配関係がないものであり、分割承継法人が分割後に継続して他の者による支配関係がないことが見込まれていること。分割前に分割法人の株式の50％超を保有する者がいないことが要件とされているのは、分割前に分割法人の株式の50％超を保有する者がいる場合には、現行の適格分割の枠組みで対応することが可能であるからである。
②分割法人の分割事業の主要な資産及び負債が分割承継法人に移転していること。
③分割法人の分割事業の従業者のおおむね80％以上が分割承継法人の業務に従事することが見込まれていること。
④分割法人の分割事業が分割承継法人において引き続き行われることが見込まれていること。
⑤分割法人の役員又は重要な使用人が分割承継法人の特定役員となることが見込まれていること。役員に加えて「重要な使用人」も含まれており、例えば、分割法人の事業部長が分割承継法人の社長になることなどを想定したものと考えられる。

（２）現物分配法人の株主が外国法人である場合の取扱い

　内国法人がその100％子会社である外国法人の株式のみを、内国法人の株主の持株数に応じて分配する現物分配を行うならば、子法人株式の交付を受けた株主が外国法人である場合には、交付される株式は外国法人株式であるため、その後、外国法人株主が外国法人株式を譲渡しても日本の課税権が及ばないおそれがある。そこで、現物分配法人の株主の持株数に応じて子法人株式のみが分配される現物分配であっても、外国法人株主が外国法人株式のみの交付を受け、そこで生じる譲渡益がわが国で課税の対象となる国内源泉所得に該当するものについては、外国法人株主において課税の繰延べを適用しない。この「わが国で課税の対象となる国内源泉所得」とは、事業譲渡類似株式の譲渡益をいう。
　ただし、外国法人株主が日本国内に恒久的施設（PE）を有しており、その

PEで内国法人株式を管理しており、現物分配された外国法人株式を引き続きPEで管理する場合には、その後に外国法人株式の譲渡があった場合でも日本で課税ができるため、そのような場合には課税の繰延べが認められる。もっとも、交付を受けた外国法人株式をPEで管理しない場合には、PEと外国法人の本店との間で内部取引が認識され、譲渡益が発生することになる。

（３）吸収型組織再編成における対価要件の緩和、スクイーズアウト税制の整備

　少数株主の存在する子会社をスクイーズアウトにより100％子会社とする手法としては株式交換、全部取得条項付種類株式や株式併合の活用、平成26年改正会社法（平成27年5月1日施行）により創設された株式等売渡請求などがあるが、これらの中で組織再編成税制が適用されるのは株式交換のみとされていた。すなわち、株式交換については非適格の場合、株式交換完全子法人が有する一定の資産につき時価評価が行われるが、その他の手法には適格・非適格の区分がなく、100％子会社となった子会社の資産につき時価評価が行われることは、連結納税の開始・加入時を除けばなかった。

　そこで、これらスクイーズアウト手法の課税関係の整合性を図る観点から、全部取得条項付種類株式の端数処理、株式併合の端数処理及び株式売渡請求による完全子法人化について、株式交換と同様に組織再編成税制の一環として位置付けることとされた。

組織再編成税制における対価要件の緩和

　従来の企業組織再編成では株式以外の対価の交付がないことが適格要件を満たすための大前提とされていたが、全部取得条項付種類株式の端数処理、株式併合の端数処理及び株式売渡請求による完全子法人化を企業組織再編成に組み込むこととした以上、スクイーズアウト時に金銭の交付が行われた場合、すなわち、株式以外の対価の交付があった場合でも適格となる道を開く必要がある。そうすると、同様なスクイーズアウトの手法である株式交換についても、

整合性を図る観点から、金銭の交付が行われた場合、すなわち、株式以外の対価の交付があった場合でも適格となるよう要件を見直す必要がある。また、子会社を100％子会社にするか自社に吸収するかという違いはあるものの、少数株主を排除し、親会社と子会社が経済的に一体化するという意味で、株式交換と同一視し得る吸収合併についても同様の課題が生じる。

そこで、吸収合併及び株式交換に係る適格要件のうち対価要件について、合併法人又は株式交換完全親法人が被合併法人又は株式交換完全子法人の発行済株式の3分の2以上を有する場合におけるその他の株主に対して交付する対価を除外して判定することとされた。すなわち、合併法人や株式交換完全親法人が被合併法人又は株式交換完全子法人の発行済株式を3分の2以上有している場合には、合併又は株式交換の際に少数株主に対して金銭交付を行ったとしても、適格組織再編成とされることになった。これは、他のスクイーズアウト手法についても同様に措置された。

非適格の場合の時価評価

企業グループ内の株式交換と同様の適格要件（上記「組織再編成税制における対価要件の緩和」の改正を反映した適格要件）を満たさない全部取得条項付種類株式の端数処理、株式併合の端数処理及び株式売渡請求による完全子法人化が行われた場合には、非適格企業組織再編成となり、完全子法人となった法人において、その有する一定の資産につき時価評価が行われる。

連結納税における対応

現行制度では、連結納税を開始する場合、または連結グループに加入する場合、連結子法人は原則としてその有する一定の資産につき時価評価を行うとともに、開始・加入前に生じた欠損金を切り捨てるが、適格株式交換を経て連結子法人となった場合には、資産の時価評価が免除される他、開始・加入前に生じた欠損金はその連結子法人の個別所得金額を限度として連結納税において繰越控除できることとされている。こうした取扱いとの整合性を図る観点から、

適格となる全部取得条項付種類株式の端数処理、株式併合の端数処理及び株式売渡請求を経て連結子法人となる場合にも、適格株式交換の場合と同様、時価評価が免除されるとともに、開始・加入前に生じた欠損金はその連結子法人の個別所得金額を限度として連結納税において繰越控除できることとされた。

時価評価制度の見直し

非適格株式交換等に係る完全子法人等の有する資産の時価評価制度及び連結納税の開始又は連結グループへの加入に伴う資産の時価評価制度では、時価評価の対象資産から評価損益が1,000万円未満の資産が除かれているが、事務負担軽減の観点から、これに加え、帳簿価額が1,000万円未満の資産も除かれることとされた。これにより、帳簿価額がない、いわゆる自己創設のれんの時価評価は不要となる。

みなし配当に係る改正

全部取得条項付種類株式の取得価格の決定の申立てを行った株主が交付を受ける金銭については、その申立てをしないとしたならば取得の対価として交付されることとなる株式の数が1に満たない端数となる場合は、みなし配当の対象外とされている。これと平仄を合わせるため、全部取得条項付種類株式に係る定めを設ける旨の定款変更に反対する株主からの買取請求に基づく取得についても、みなし配当の対象外とされた。ただしその買取請求は、株主がその全部取得条項付種類株式の取得決議に係る取得対価の割当てに関する事項を知った後に行った場合で、買取請求をしないとすれば端数となる株式のみの交付を受けることとなる場合に行ったものに限る。

（4）支配関係継続要件の見直し

従来の制度では、同一の者（支配法人）による完全支配関係がある法人間で分割型分割が行われる場合、分割後に分割法人と分割承継法人との間に支配法人による完全支配関係が継続することが適格要件の1つとされている。また、

支配法人による支配関係がある法人間の分割型分割についても、同様の支配関係継続要件がある。

平成29年度改正により、これら企業グループ内の適格分割型分割における完全支配関係（支配関係）継続要件が緩和された。具体的には、分割後、支配法人と分割承継法人との間の完全支配関係（支配関係）が継続すれば足りることとされた。これにより、分割型分割が行われた後、支配法人が分割法人株式を売却したとしても、適格要件に抵触することはなくなる。

（5）共同事業を行うための適格合併等に係る株式継続保有要件の見直し

共同事業を行うための合併、分割型分割、株式交換及び株式移転（以下、合併等）に係る適格要件の1つであった株式継続保有要件について、被合併法人等の株主が50人以上か未満かにかかわらず、被合併法人等の発行済株式の50％超を保有する企業グループ内の株主がその交付を受けた合併法人等の株式の全部を継続して保有することが見込まれていることとされた。

（6）課税の適正化

営業権等の償却方法の変更

従来、営業権は5年間で均等償却され、組織再編成により事業年度の中途において取得した場合など、保有期間が短くても1年分の償却額を計上できたが、営業権の償却方法については、取得年度の償却限度額の計算上、月割計算を行うこととされた。

これに対応して、資産調整勘定や負債調整勘定についても、現行、5年間で均等に減額するところ、月割計算が導入された。

適格合併等が行われた場合の欠損金の制限等

適格合併では被合併法人の欠損金を引き継ぐのが原則であるが、以下のいずれにも該当しない場合には支配関係事業年度（合併法人と被合併法人との間に最

後に支配関係があることになった日の属する事業年度）前に生じた欠損金額及び支配関係事業年度以後の欠損金額のうち特定資産譲渡等損失額からなる部分の金額は引き継ぐことができない。

・適格合併がみなし共同事業要件を満たす場合
・適格合併の日の属する事業年度開始の日の5年前の日などから継続して合併法人と被合併法人との間に支配関係がある場合

ここで、「特定資産譲渡等損失額からなる部分の金額」とは、支配関係発生日（合併法人と被合併法人との間に最後に支配関係があることになった日）において有する資産につき特定資産譲渡等損失の損金不算入を適用した場合に特定資産譲渡等損失額となる金額に達するまでの金額を基礎として計算するとされているため、支配関係事業年度の開始の日から支配関係発生日の前日までの間において特定資産譲渡等損失額が生じても制限対象とはならない。また、合併法人の欠損金についても同様の利用制限があるが、制限対象となる特定資産譲渡等損失額からなる部分の金額の計算においても、同じ問題が生じる。

そこで、平成29年度改正により、下図の通り、支配関係事業年度の開始日から支配関係発生日の前日までの間に生じた特定資産譲渡等損失額を損金不算入の対象に加えることとされた。

【被合併法人等の未処理欠損金額の引継制限】

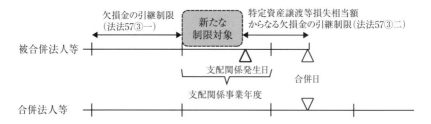

【合併法人等の欠損金の使用制限】

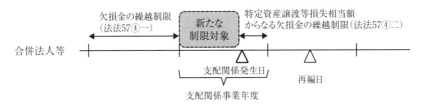

特定株主等によって支配された欠損等法人の資産の譲渡等損失の損金不算入

　欠損等法人が、特定株主による特定支配日以後5年を経過した日の前日までの間に、休業中であったものが事業を開始したことなどの一定の事由に該当する場合には、その該当する日の属する事業年度（適用事業年度）開始の日から同日以後3年を経過する日までの期間において生ずる特定資産（特定支配日において有する資産）の譲渡等による損失の額は損金算入ができないが、特定支配日の属する事業年度と適用事業年度が同一の場合、適用事業年度開始の日から特定支配日の前日までの間に発生した譲渡等による損失が制限対象とならないため、改正後は下図の通り、この部分が制限対象にされた。

【欠損等法人の欠損金の使用制限】

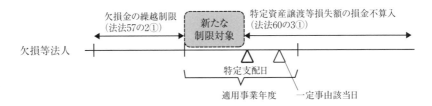

特定株主等によって支配された欠損等法人の欠損金の制限措置

　他の内国法人による完全支配関係がある欠損等法人において、特定支配日以後5年を経過した日の前日までの間に残余財産が確定した場合には、残余財産が確定した事業年度前の事業年度において発生した欠損金は、他の内国法人に

引き継ぐことができない。平成 29 年度改正により、他の者による完全支配関係がある法人が特定支配日以後に解散し、残余財産が確定した場合も制限対象に加えられた。

第5章　連結納税制度の創設
——平成14年（2002）年度税制改正

連結納税制度は、親会社とその子会社からなる企業グループの経済的一体性に着目し、企業グループ全体をあたかも1つの法人とみなして課税を行う仕組みであり、グループ経営のメリットを活かした新規事業分野への展開や既存事業の再構築を行う際して、キャッシュフロー上のマイナスを取り除き、税制を企業組織形態に対して中立的なものとして事業組織形態選択の自由度を拡げるために、不可欠なツールである。経団連では、長らく連結納税制度の導入を求めてきたが、平成14（2002）年度税制改正により実現に至った。

本章では、連結納税制度創設を巡る、財務省主税局と経団連との間での主要課題についての交渉経緯とともに、なぜ、連結納税制度がこのような形になったのかを解説していく。

1　連結納税制度創設に至る経緯

1996年の独占禁止法改正による持株会社の解禁以来、企業会計原則改正による連結ベース主体の開示制度の導入、商法改正による株式交換・株式移転、会社分割制度の創設、平成13年度税制改正による企業組織再編成税制の再構築等、一連の連結グループ経営・組織再編のための法制度の整備が進められたことにより、持株会社設立やグループ再編、企業統合の事例も増え、一連の企業組織再編法制・税制の整備の総仕上げとしての連結納税制度の創設に大きな期待が寄せられていた[20]。

経団連では、1980年代初めから連結納税制度の導入を求めてきたが、本格的な検討を進めたのは1998年頃からであり、アメリカ、フランスの連結納税

---

[20] 連結納税創設のための法人税法等の一部を改正するための法律案の提案理由は、「近年の社会経済情勢の変化や企業活動の国際化の進展等を踏まえ、我が国企業の円滑な組織再編成に対応するとともに、企業経営の実態に即した適正な課税を行い、もって我が国の経済構造改革に資する観点から、連結グループを一体として課税する連結納税制度を創設する」と述べている。

制度について現地調査を行うなどして、2001年には独自の連結納税制度の仕組みを提案していた[21]。

連結納税制度の創設方針は、2000年夏には既に明らかになっていたが、企業組織再編成税制が先決とされた経緯があり、財務省と経団連の間の実務的な検討は2001年6月に開始され、同年末までにその骨子は固められていた。しかし、法案作成の作業量の膨大さから、いったんは平成14（2002）年度税制改正での実現が見送られかけさえしたが、経団連では14年度内の実現を強く求め、通常の年次改正より3か月の遅れをもって、連結納税制度を創設するための「法人税法等の一部を改正する法律案」ならびに「地方税法の一部を改正する法律案」は、それぞれ、2002年6月26日に成立し、8月1日より施行された。

2　連結納税の適用対象

連結納税制度の具体的仕組みを検討する上で最初の課題は、いかなる法人が、いかなる範囲で連結納税制度を利用できるかであった。

（1）親会社

グループ経営は大企業だけの課題ではなく、これを税法上の大法人や株式会社に限定する必要はない。有限会社や合名・合資会社、さらには生命保険会社等の相互会社についても排除する理由はないことから、全所得について法人税の納税義務を負う内国法人（普通法人全般）を対象とすることとされた。また、会社形態の他にも、全所得について法人税の納税義務を負うべき協同組合を親会社とする連結グループも可能とされた。

問題は、他の会社の子会社である会社を親会社とする連結グループが認めら

---

[21] 経団連「連結納税制度導入に係る主要論点に対する意見」（2001年7月11日）

れるのか、すなわち、巨大企業グループの中で、ある分野だけをそこを統括する子会社を頂点として連結納税制度を適用し、他の分野は単体課税のままとする、あるいは別の連結納税グループとすることができるのかということであった。

グループを任意に切り分けることができればそのメリットは大きいが、連結納税制度が企業グループを一体として課税する仕組みであるのに、1つの企業グループをさらに任意に切り分けて連結納税制度を適用するならば、制度の趣旨に反し、また、租税回避にもつながることから、親会社は「内国法人である親会社（100％子会社に該当するものを除く）」とされた。

（2）対象子会社

次の問題は、連結対象子会社の範囲であった。アメリカの制度では持分80％以上、フランスでは95％以上とされていたことから、経団連では当初は必ずしも100％子会社に限らないことを主張していた。しかし、仮に、100％未満まで連結対象となる子会社の範囲を広げた場合には、子会社の少数株主が子会社の欠損金の繰越控除のメリットを享受できないという問題をはじめ、少数株主の権利や利益と相反する難問が生じるが、これを税制だけで有効に解決できる方策は見い出せなかった。また、わが国の企業グループの実態としても、対象子会社を仮に95％以上にまで拡大するとしても、数の上でもあまり変わらない。例えば、当時、経団連が調査した主要企業33社の100％国内子会社は2,050社であり、これを95％以上としても2,256社と1割程度増えるだけであった。

そこで次善の策として、100％を原則としつつ、連結親会社と実質的に同視できるような少数株主の持分は親会社の持分に合算すべきであること、具体的には、「ストック・オプションにより取得した株式及び従業員持株会の株式のうち、一定のものについては、上記の持分割合の判定から除外すべき」ことを求めた。これが受け入れられ、子会社は親会社に発行済株式の全部を直接又は間接に保有される内国法人とされたが、従業員持株会の株式及びストック・オ

プションにより取得された株式のうち、5％以内のものについては、上記の保有割合の判定から除外することとされた。

（3）全子会社強制か任意か

　連結納税制度の適用対象に関する最大の問題は、連結対象となる子会社は全社加入とするか、子会社を任意に選択できることとするかであった。しかし、本来、連結納税制度がグループの経済的一体性を基礎とするものであれば、100％子会社はすべて連結することが理論的な帰結である。また、対象となる子会社群から、任意に連結グループに入れるものを選べるとすれば意図的な租税回避にもつながり易い。ただし、100％子会社であっても、近い将来に上場・公開や売却等を予定している子会社や、あまりにも規模が小さく、連結に与える影響が軽微なものについては除外することを求めたが、受け入れられず、内国法人である親会社に発行済株式の全部を直接又は間接に保有されるすべての内国法人（100％子会社）が連結対象とされた。

3　連結納税の適用方法

　その企業グループが連結納税制度を採用するか否かは任意であるが、採用にあたっては、国税庁長官の承認が必要とされた。経団連では、ここでの承認は、連結納税制度を採用する意図が租税回避行為的であるか否かのような実態審査を行う必要はなく、青色申告制度の適用に関する税務署長の承認のような、形式的要件による審査＝実質的には届け出とすべきことを主張し、受け入れられた。
　一方、連結納税制度を採用しながら適用を取り止めようとすることは、その企業グループの実態に変化が生じたなどのやむを得ない事情を必要とすべきであり、ここでの税務当局の承認は実態的な審査を要するものとなる。

4 納税主体・子会社の連帯納付責任

(1) 納税主体

　連結納税制度は企業グループを一体として課税する仕組みであるから、申告・納付は親会社がグループを代表して行うことが当然である。この場合、子会社は連結所得計算・連結税額計算のために必要なデータを親会社に提出するだけでよいのか、何らかの書類を直接・間接に課税当局に提出することを要するのかは、連結所得計算・連結税額計算の基本的な仕組みによってある程度決まってくるが、日本型連結納税制度の計算の基本は後述するように、あくまでも各単体法人確定決算から出発するものであり、親会社だけでなく子会社においても、連結所得の個別帰属額等を記載した書類を税務署に提出することとされた。また、地方税においては連結納税とならず各単体法人ごとの課税であるので、地方税の申告・納付のためにも、子会社ごとの資料が必要となることは当然でもあった。

(2) 子会社の連帯納付責任

　連結納税制度において一次的な申告・納付義務は親会社が負うとしても、親会社がその義務を果たさない場合に、各子会社がいかなる範囲で責任を負うべきか。

　フランスでは、それぞれの子会社の責任は単体法人として負うべき範囲に止まり、連結納税制度を採用せずみずからが単体法人として申告・納付を行った場合の納税額のみに対して責任を果たせばよい。一方、アメリカでは、グループの納税債務全体を一種の不真正連帯債務として、各子会社がグループ全体の納税額に対して責任を負うものであった。

　日本型連結納税制度は、あくまでも企業グループを一体とした課税の仕組みであることから、連結納税制度の適用を受けた100％子会社は、連結所得に対する法人税について連帯納付責任を負うこととされた。

5　税　率

　連結納税制度は企業グループを経済的に一体のものとして課税するのであるから、資本金額を基準として適用される様々な制度については、親会社の資本金額を基にして適用の有無を判断すべきであることに異論はなかった。
　ここで問題となったのは、親会社の資本金額が1億円以下の中小法人や協同組合である連結納税グループに対して軽減税率を適用するかであったが、与党の意向もあり、親会社が中小法人等である場合には、軽減税率を適用することとされた。

6　申告納付期限

　各子会社の確定決算を待つとするならば、申告・納付期限についてある程度の延長は不可欠であることから、経団連では3か月程度の延長を求めたが、連結申告書作成の負担を考慮し、2か月の申告期限延長の特例を設けることとされた。

7　連結納税グループへの加入・連結グループからの離脱等

　連結納税制度の構築において、最も困難な問題は加入・離脱時の扱いであった。とりわけ、加入時及び連結納税制度適用開始時の時価評価・課税の問題は、企業グループにとって、連結納税制度自体が活用できるか否かの切所となる。また、連結納税以前の繰越欠損金も重大事である。時価評価・課税と連結以前の繰越欠損金は、基本的に関連する問題でもあり、ここで一括して説明しておくこととしたい。

（１）加入時及び連結納税制度適用開始時の時価評価・課税

　財務省は、連結グループへの加入や連結グループからの離脱が生じた場合には、基本的には、加入法人の単体課税の期間や離脱子会社の連結納税の期間に生じた資産の時価評価を行う等によりそれぞれの期間の課税関係を清算させた後に、連結納税や単体課税に移行すべきことを主張していた。その背景には、多大な含み損益を抱えた会社を100％子会社として、連結納税グループに取り込んだ上で、含み損を実現させることによって連結課税所得を減らしたり、連結欠損金額があるときにその範囲で含み益を実現させることで課税を回避できるとの問題が指摘されていた。

　確かに、連結グループ加入前に生じた含み損益を、加入後に実現させた上で連結所得金額と相殺したり、課税を回避することについては何らかの対策が必要である。しかし、財務省が主張するように、加入・離脱時に子会社の資産を時価評価して課税するならば、連結納税制度は極めて使いづらいものとなる。また、諸外国において加入前の含み損の利用を制限する例はあっても、未実現利益に課税する例はない。

　そこで、経団連は、連結グループ加入前から保有している資産について、加入時に税務上の時価で評価替えを行い損益を認識した上で、認識された損益について、内部取引と同様に連結対象外へ当該資産が譲渡される時点まで繰り延べることを提案した。しかし、この考えに対しては、以下のような難点があった。

①理論的には、時価評価を行った上で、課税を資産譲渡時点まで繰り延べることは可能だが、含み損益を活用した租税回避を防止するための措置＝実現損益を連結所得から排除するための規定が複雑・膨大になるほか、有価証券、金融商品等の頻繁に取引される資産についての管理や執行が困難である。

②課税を繰り延べたとしても、加入前に生じていた含み損益が加入後に実現した場合、その損益部分について、連結所得の計算には一切影響を与えず、また影響を受けずに、単体法人のみの計算に留める仕組みとするこ

と、すなわち、実質的には分離課税とすることが必要となる。

　この問題の交渉は難航したが、企業組織再編成税制では、企業組織再編成にあたって移転される資産について、あくまでも原則は時価課税としつつ、一定の要件を満たす組織再編成を「適格組織再編成」として税務上の帳簿価額での引継ぎを認めるのと同様に、原則は加入時点で時価評価・課税とした上で、何らかの要件のもとに租税回避目的でないことが明らかなもの等について、例外的に時価評価・課税を行わないとする可能性が模索された。

　その結果、時価評価を行う資産について、後述の連結グループ内の取引において譲渡損益を繰り延べる資産と同じく、固定資産、土地等、金銭債権、有価証券（売買目的有価証券を除く）及び繰延資産とし、その含み損益が資本等の金額の2分の1又は1,000万円のいずれか少ない金額に満たないものを除くこととされた。

　また、親会社が自ら設立した子会社や、適格合併により被合併法人の子会社等が加入した場合などについては、租税回避的な操作の余地がないことから、時価評価の対象外とすることを求め、次表の場合が除外されることとなった。

【参考：連結納税制度適用開始時における資産の時価評価】

親会社	時価評価せず	
子会社	時価評価せず	原則時価評価 ただし以下の場合は時価評価せず ①新設子会社（親会社又はその100％子会社の100％子会社として設立された法人） ②株式移転により完全子会社となった法人 ③適格合併・合併類似適格分割型分割の被合併法人・分割法人の100％子会社 　ⅰ）最初の連結事業年度開始の日の5年前の日から適格合併・合併類似適格分割型分割の日の前日までに被合併法人・分割法人が100％子会社として新設した法人 　ⅱ）最初の連結事業年度開始の日の5年前の日から継続して被合併法人・分割法人の100％子会社である法人 ④法令の規定に基づく株式の当該法人・親会社・その100％子会社の買取りにより100％子会社となった法人（買取り対象以外の株式の全部を最初の連結事業年度開始の日の5年前の日（あるいは設立の日）から継続保有） 　ⅰ）端株の買取りその他これに類する買取り

		ⅱ）当該法人の株主が法令の規定によりその有するその法人の株式の保有を制限されたことに伴う買取り ⑤一定の要件を満たす株式交換により完全子会社となった法人 （一定の要件）イ　完全子会社となる法人がその資産の全部（棚卸資産、法令により保有を制限されるもの等を除く）を連結開始後に譲渡、評価替え、貸倒れ、除却等をする見込みがないこと ロ　連結開始直前の事業年度の法人税の申告期限までに各資産の明細を管轄の税務署に届け出ること ハ　連結開始直前事業年度の終了の時において、親会社が継続して当該法人の株式を保有することが見込まれること ニ　明らかに法人税を免れる目的であると認められるものでないこと
孫会社	時価評価せず	原則時価評価 ただし以下の場合は時価評価せず ①株式移転により完全子会社となった法人の100％子会社 　ⅰ）最初の連結事業年度開始の日の5年前の日から株式移転の日までに完全子会社が100％子会社として新設した法人 　ⅱ）最初の連結事業年度開始の日の5年前の日から継続して完全子会社の100％子会社である法人 ②一定の要件を満たす株式交換により完全子会社となった法人の100％子会社 　ⅰ）最初の連結事業年度開始の日の5年前の日から株式移転の日までに完全子会社が100％子会社として新設した法人 　ⅱ）最初の連結事業年度開始の日の5年前の日から継続して完全子会社の100％子会社である法人
	最初の連結事業年度開始の日の5年前の日以前	最初の連結事業年度開始の日の5年前の日から

（2）繰越欠損金の扱い

　連結納税制度は、企業グループを経済的に一体とみてグループ内の損益を通算する仕組みである。しかし、企業グループが連結納税制度を適用する前に生じていた各単体法人の繰越欠損金や、連結納税グループに加入する以前に既に生じていた繰越欠損金を、連結納税適用後あるいはグループ加入後にグループ内の他の法人の所得と通算するならば、経済的に一体となる前の所得計算を連結所得計算に混同させることになることから、連結グループ加入前に生じた繰越欠損金について何らかの制限を行うことが必要であることは理解できる。
　しかし、財務省は、連結納税制度の創設に伴う税収減への対応の一環とし

て、連結納税制度の適用開始前に生じた欠損金額及び連結グループ加入前の欠損金額について繰越控除をしないことを求めた。その上で、一定の場合についてのみ、アメリカのSRLYルールのように、当該単体法人の所得とのみ相殺できるものとしていた。

これに対して、経団連では、減収対策として連結納税制度適用前の繰越欠損金をすべて否認することとなれば、連結納税制度は、本当に画餅に帰してしまうとして、少なくとも、親会社については繰越欠損金を否認すべきではないこと、連結納税後に単体法人の中での所得との相殺について十分な措置をとることを求めた。

その結果、連結子会社の連結納税制度の適用開始前に生じた欠損金額及び連結グループ加入前に生じた欠損金額について、連結納税制度の下での繰越控除の対象外とするとされた上で、次に掲げるものに限り、連結納税制度の下で繰越控除することとなった。

①親会社のその適用開始前5年以内に生じた欠損金額
②その適用開始前5年以内に行われた株式移転により設立された親会社がその株式移転に係る完全子会社であった連結子会社の株式の全部をその株式移転の日から継続して保有している場合のその連結子会社のその適用開始前5年以内に生じた欠損金額又は連結欠損金額の個別帰属額
③連結納税制度の適用を取りやめる場合、連結子会社が連結グループから離脱する場合等には、連結欠損金額の個別帰属額をその取りやめる親会社若しくは連結子会社又は離脱する連結子会社に引き継ぐ。

8 連結所得金額・連結税額の計算、利益・損失の二重計上の防止

連結納税の要諦は、グループ各会社の税務上の損益を通算して連結ベースでの法人税の課税所得を計算することにある。確定決算主義による法人税制を出発点とする限り、連結所得金額もまた、連結グループ内の各単体法人の所得金

額を基礎とし、それに一定の連結調整を加えた上で計算する仕組みとなる。

（1）内部取引の利益・損失の繰延べ

　連結納税制度の根幹は、連結グループ内の法人の損益を通算することとともに、一定の連結グループ内の資産の取引についての損益を、当該資産がグループ外に移転する時点まで繰り延べることである。

　連結グループ内での法人間の取引をどのように調整するのかについて、財務省は、連結グループ内の法人間の資産等の取引についても、時価により行うこととした上で、譲渡損益は、その資産の連結グループ外への移転、連結グループ内での費用化等の時まで資産の移転を行った法人において計上を繰り延べることを求めた。また、譲渡損益を繰り延べる対象資産については、連結グループが経済的に一体であることからすれば、すべての内部取引を調整の対象とすることが必要としていた。

　しかし、現実にすべての内部取引についての損益を繰り延べることには膨大な事務負担を要すし、特に棚卸資産については、例えばメーカーが親会社で販売会社が子会社であるような場合、実際には販社が在庫を持つことは少なく、棚卸資産がグループ内に滞留する期間は短く、期末を超えて繰延べを行う必要は限られている。

　そこで、経団連では、内部取引については、企業組織再編成税制において、資産の含み益が再編後実現した場合に損金計上が制限される特定保有資産、特定引継資産が帳簿価額1,000万円に満たないものを除くとされていることと同様の基準にすることを求めた。

　結果として、連結グループ内の法人間の資産等の取引は、原則どおり時価により行うとしつつ、連結グループ内の法人間で固定資産、土地等、金銭債権、有価証券（売買目的有価証券を除く）又は繰延資産（これらの資産のうちその帳簿価額が1,000万円未満のものを除く）の移転を行ったことにより生ずる譲渡損益は、その資産の連結グループ外への移転、連結グループ内での費用化等のときに、その移転を行った法人において計上することとともに、減価償却資産、有

価証券及び繰延資産に係る譲渡損益については、簡便法により計上を行うことができることとされた。

(2) 寄附金

もう1つの大きな問題は、グループ内の寄附金の取扱いであった。財務省は、グループ内の企業への寄附金を認めるならば、利益・損失、資産・負債を特定の法人に集めることによって租税回避を行うことができるとして、連結グループ内の法人間の寄附金については、その全額を損金不算入とすることとされた。

しかし、現実に問題となるのは現金の移転ではなく、連結グループ内部での取引を低廉譲渡、高額譲渡とされて時価との差額を寄附金に認定されたり、子会社への転籍・出向・派遣に伴う人件費の補填が寄附金とみなされるケースであり、それまでも、一般寄附金の損金算入枠の範囲で損金として認められているが、グループ内法人間の寄附金をすべて損金不算入とするならば、このような認定寄附金の扱いをめぐって課税当局とのトラブルが頻発することも懸念される。

また、経営不振子会社への必要な支援についての法人税基本通達9－4－1、2があるが、破綻回避を条件としており、前広な支援については対応が困難であることから、より柔軟なものに改めることを求めたが、これも受け入れられなかった。

(3) 利益・損失の二重計上の防止

連結納税制度のもとでは、各単体法人の損益が連結所得計算のために親会社の損益と通算される。そこで、連結所得金額として課税された子会社の所得金額や連結所得金額から控除された子会社の欠損金額に対応して、子会社への投資価値＝子会社株式の帳簿価額を修正しなければ、将来、子会社株式を売却する際に、再度、子会社株式の譲渡利益として二重に課税されたり、譲渡損失として二重に控除される結果となる。

アメリカでは、子会社株式の譲渡等により生ずる実質的な二重課税や二重控除を回避する方法として、投資価額修正として、子会社株式の帳簿価額から連結所得金額に加えた額を加算し、連結所得金額から控除された額を減算するなどの調整を行っている。しかし、当時のアメリカでは、上記の投資価額修正に加えて、子会社株式譲渡損失の否認（Loss Disallowance Rule）により、連結グループ内の法人が譲渡した連結子会社株式の譲渡損について、原則として損金算入が認められておらず、この制度は、損失の二重計上を否認しておきながら、所得の二重計上を妨げていないことが問題とされていた。

そこで、利益・損失の二重計上の防止として、連結子会社の株式を譲渡する場合、連結納税制度の適用を取り止める場合等には、その譲渡等の時において、その連結子会社の株式の帳簿価額の修正を行うこととされた。

9　個別制度

連結納税制度の具体的内容は、現行法人税法・租税特別措置法中の法人税関係部分のそれぞれについて連結納税制度に対応した規定が必要となり、法人税法を新たに書き下ろすに等しい作業となった。

その中で個々の制度をいかに規定するかについて、原則は、連結グループを一体として要件の判定や計算等を行うことが基本とされたが、実際には、連結グループをベースとして適用されるものと単体法人をベースとした適用をせざるを得ないもの、さらに理論上は連結グループをベースとすべきであるが、納税者の実務負担や執行の困難さを考慮して単体法人とするものが混在した。

（1）受取配当

受取配当については、連結グループ内部での配当と、連結グループの外からの受取配当とを分けて考える必要があるが、いずれの場合についても連結グループを一体として適用することが理論的にも実務的にも望ましい。特に、連

結グループ内部の子会社から親会社が受け取る配当については、連結グループ内で既に課税された利益から支払われた配当を、さらに益金として課税することは二重課税となるため、負債利子の控除を行うことなく、その全額が益金不算入とされた。

(2) 減価償却

　連結グループ内で減価償却資産が譲渡された場合には、グループ内取引の一般原則と同じく、時価により取引を行ったものとした上で、譲渡損益を売り手側法人において繰り延べ、譲り受けた法人の側では、時価による取得価額を基礎として減価償却費の計算を行うとすることとされた。

　理論的には、連結グループ内で減価償却資産の譲渡が行われた場合には、繰り延べられた譲渡損益について、償却費に応じた額を、さらに、減価償却資産が連結グループ外に売却された場合や除却された場合には繰り延べられた譲渡損益の残額を実現損益として計上する必要があるが、事務負担が複雑・膨大になることから、譲り受けた法人の償却方法に応じた簡便な方法によることとされた。

(3) 圧縮記帳

　圧縮記帳については、確定決算において損金経理により圧縮損の計上を行うことから、単体法人ごとに適用することが必要である。

　連結グループ内部での資産取引について圧縮記帳を行う際には、まず、その譲渡損益の繰延べを行い、その後、当該資産が連結グループ外へ譲渡された時点で利益が計上されるときに圧縮記帳を行うとするのが本来ではあるが、事務負担に配慮し、「まず圧縮記帳を適用し、その残額について譲渡益の繰延べを適用する」こととされた。

(4) 貸倒引当金

　貸倒引当金については、グループ外への金銭債権によるものについては、貸

倒引当金が単体法人において確定決算による損金経理によって計上するものであることから、各単体法人の個別計算によるものとされた。

　連結グループ内の企業間の金銭債権については、そもそも経済的に一体としてみなされる連結グループの内部での親子会社、兄弟会社の間での金銭債権について貸倒引当金を計上することは、理論上もあり得ないとされ、連結グループ内の法人間の金銭債権は、貸倒引当金の繰入限度額の計算の対象となる金銭債権から除くとともに、一括評価金銭債権に係る貸倒実績率の計算からも除かれることとなった。

（5）外国税額控除

　連結納税制度において、税額控除を連結グループをベースとして適用するか、各単体法人ごとに適用するかで、連結納税額の計算に大きな影響が生じる。理論的には、いずれの方法も考えられるが、間接税額控除における対象外国子会社等の判定においては、連結グループ全体でその持分を合算した方が有利になるなどの利点もある。

　そこで、外国税額の控除限度額は連結グループを一体として計算し、控除額は各法人ごとに控除限度超過額又は控除余裕額の調整を行った後の金額の合計額とされ、間接外国税額控除制度の対象となる外国子会社又は外国孫会社に該当するか否かについては、連結グループ全体の保有株式数等により判定することとされた。

（6）特別税額控除

　特別税額控除については、増加試験研究費の税額控除は連結グループを一体として適用し、設備投資に係る税額控除については、特定の業種など個々の法人の属性に着目して講じられていること等から、各法人ごとに計算することとし、連結税額の一定額を限度とすることとされた。

10　租税回避防止・地方税

（1）租税回避行為の防止

　連結納税制度の構築にあたって、租税回避行為を防止するために万全の措置を要することは当然であるとしても、経団連は、連結納税制度の仕組みの構築の中で、できる限り租税回避行為を防止するような手当てをすることで足りるとしていた。

　しかし、財務省は、さらに、連結納税制度に関しては、多様な租税回避行為が想定されることから、包括的な租税回避行為を防止するための規定を創設すべきであるとして、法人税法132条の3として、連結納税制度における行為・計算の否認規定が創設された。

（2）地方税の扱い

　連結納税制度を地方税にまで及ぼすか否かは、政策的な判断に係ることであり、諸外国の企業グループ課税の仕組みの中でも国税のみに留め、地方税としての法人所得課税を連結から遮断している例が多い。

　総務省は、法人地方課税については、地域における受益と負担との関係等に配慮し、単体法人を納税単位とすることを一貫して主張していたことから、法人地方税への連結納税制度の適用は、検討課題ともならずに終わった。

11　税収減への対応

　連結納税制度をめぐる最後の問題は、制度自体の設計ではなく、税収減への対応であった。

　連結納税制度は、単体法人において欠損金を将来にわたり繰り越す代わりに、同一事業年度において企業グループの他の会社の所得と相殺するものであ

り、中長期的に大幅な減収が続くものとはならないはずであり、むしろ、企業活動が活性化されることにより将来的な税収はプラスになるものと考えられるが、導入当初とそれに続く数年間において減収となることは避けられず、財務省の試算によれば、8,000億円程度に達するとされた。ただし、この減収額の試算は、主要企業3,000社あまりへのアンケート調査をもとに得られた数字を、国税庁統計をもとに全国法人に当てはめており、日本中の100％親子会社がすべて連結納税制度を採用する前提に立っている。加えて、今後の100％子会社の増加による減収の増大を相当程度見込んでおり、二重の意味で過大なものであった。

しかし、経団連独自の試算によっても、連結納税制度導入当初には5,000億円～6,000億円弱の減収が生じる可能性がある。一方、平成14年度予算編成においては国債の新規発行額を30兆円以下に抑えることとされたことから、税制改正においても総体として減収になる改正は行わないことが政府・与党のコンセンサスとなっていた。

（1）法人税課税ベースの拡大

そもそも、連結納税制度導入は、国際的整合性の観点から法人税の課税ベースを適正化する一環として検討されてきたものであり、導入時の一時的な税収減については、法人税制全体を通じた見直しの中で、対応を行うことが必要であることから、減収問題についても経団連として真摯に対応した。

具体的には、以下のような課税ベースの見直しが行われることになったが、いずれも平成10（1998）年度税制改正の積み残しといってもよいものであった。

① 受取配当の益金不算入制度について、特定利子に係る措置を廃止し、特定株式等以外の株式等に係る受取配当の益金不算入割合を80％から50％に引き下げることとされ、中小法人及び協同組合等について、平成14（2002）年度を70％、平成15（2003）年度を60％とする経過措置が講じられた。

　また、保険業法に基づく損害保険会社の積立勘定（その運用財産が株式

等でないものに限る。）から支払われる利子、及び金融機能の早期健全化のための緊急措置に関する法律に基づき公的資金を受け入れた経営健全化計画を提出する銀行持株会社の劣後特約付社債又は劣後特約付ローンに係る利子は、平成14（2002）年度及び平成15（2003）年度の措置として負債利子控除の対象から除外された。

②退職給与引当金制度を廃止し、その廃止前の退職給与引当金勘定の金額については4年間（中小法人及び協同組合等は10年間）で取り崩す。

③経過措置により存置されている旧特別修繕引当金制度を廃止し、その廃止前の旧特別修繕引当金勘定の金額については4年間（その金額の4分の1ずつ）で取り崩す。

（2）連結付加税

財務省は、さらに加えて、連結納税制度の導入による減収額は、連結納税制度を採用してそのメリットを受ける企業が負担すべきとして、連結納税採用企業に対しての付加税を求めた。

しかし経団連は、連結納税制度は、組織形態の違いにかかわらず、経営的に一体として事業活動を行っている企業グループを、税法上は1つの課税主体として捉える制度であり、税制の中立性を確保するために導入される制度であること、法人税率を再度引き上げることは、税制改革の流れに逆行し、経済構造改革にも反すること、付加税を課すならば、その税率を引き上げるほど、連結ベースでの課税所得が大きい優良企業は連結納税制度自体を採用しないことになることから、本質的な解決にはならないばかりか、全体としての企業活力の向上を妨げる結果となること、などを挙げて強く反対した[22]。

結果、連結付加税として、連結所得に対する法人税の税率に2％を上乗せすることとなったが、平成14（2002）年4月1日から平成16（2004）年3月31日までの間に開始する連結事業年度についての時限措置となった。

22　経団連「連結納税制度に係る付加税導入案について」（2001年12月6日）

(3) 創設当初の加入子会社等の適用時期の特例(新規子会社等の加入制限)

　さらに、連結納税制度の承認に関する経過措置の適用を受ける場合には、最初の連結事業年度中に連結グループに加入する法人及び連結納税制度の適用開始時の100％子会社のうち、その有する資産について時価評価による評価損益の計上を行う必要があるものについては、翌連結事業年度まで連結グループに加入できないものとされた。

第6章　減価償却制度
―― 平成19（2007）年度、20（2008）年度税制改正

平成15（2003）年度税制改正の大規模な政策税制の導入は、みかけの実効税率の引下げより、実際に投資を行う企業の税負担を軽減しようとするものであった。この考え方を推し進めれば、次は法人税の課税ベースの計算の中でも大きなウエイトを占める減価償却制度の見直しが法人税改正の目標となることは当然でもあった。本章では、平成19（2007）年度税制改正、平成20（2008）年度税制改正を中心に減価償却制度をめぐる動きを説明する。

1　減価償却制度の重要性

（1）税法上の減価償却制度

　減価償却制度とは、建物、機械・装置等の固定資産（減価償却資産）が時間の経過、使用によって物理的に劣化、あるいは経済的価値が減少していくことに対応して、固定資産の取得費用を一定の方法により使用期間全体にわたる各事業年度ごとに、規則的に費用化していく仕組みであり、各事業年度に損金とされる金額が減価償却費である。

　企業会計では、「資産の取得原価は、資産の種類に応じた費用配分の原則によって、各事業年度に配分しなければならない。有形固定資産は、その取得原価を当該固定資産の耐用期間にわたり、一定の減価償却方法によって各事業年度に配分し、無形固定資産及び繰延資産は、有償取得の対価を一定の償却方法によって各事業年度に配分しなければならない。[23]」とされている。

　税制においても、本来ならば、企業会計上、適正と認められる減価償却費を損金の額に算入すべきである。しかし、減価償却費は、実際の金銭の支出を伴わずに固定資産の価値減少分を法人の意思決定によって費用化するものであることから、恣意的な費用化を禁じ、また税負担の公平を確保するために、法人税法において、減価償却費の計算要素である①減価償却の基礎となる取得価

---

[23]　貸借対照表原則五の2項

額、②使用可能期間である耐用年数（耐令別表第一から第六）、③償却方法、等の基本的事項のすべてを規定し、その範囲内で減価償却費の損金算入を行うこととされている。

なお、かつては、残存価額及び償却可能限度額が重要な計算要素として法定されていたが、後述するように平成19年度税制改正において廃止された。

（2）実効税率と限界実効税率

減価償却費は、法人税の課税ベースを左右する最大の要因の1つであり、各国の法人税制の中でも違いが大きい項目の1つである。また、法人税法に定める減価償却制度の特例として、政策税制として租税特別措置法において多くの特別償却制度や割増償却制度が定められており、実際の法人税負担を軽減している。

しかし、それ以上に重要であるのは、減価償却制度が「限界実効税率」の大きな要素となっていることである。限界実効税率とは、追加的な一単位の投資を行ったことによって得られる利益に対して、どれだけの税負担が課されるのかを示す比率である。限界実効税率を決める要因は、通常の実効税率ではなく、減価償却制度、及び税額控除や特別償却などの投資に対する優遇措置（政策減税）の多寡である。

例えば、減価償却制度を変更し毎年の償却ペースを速める、あるいは設備投資額の一定割合を税額控除する等の投資減税を行うならば、実効税率は変わらないままであるが、限界実効税率は低下する。逆に、減価償却制度を変えて毎年の償却ペースを遅らせたり、投資減税の縮小を財源として、税率を引き下げるならば、実効税率は下がることになるが、限界実効税率は高くなる場合もある。

後述するように、平成19年度税制改正では250％定率法の導入など減価償却制度の大幅な改正で、実効税率は変わらないまま、法人税減税を行った。平成23年度税制改正では250％定率法を200％定率法に変えることを財源の1つとして税率の引下げを行った。

限界実効税率が重要であるのは、これが企業が行おうとする投資の水準を決定する大きな要因となることである。言い換えれば、多国籍企業が直接投資を行う国を選定する際の重要な指標となることである。

【主要国の減価償却制度の概要（2016年4月現在）】

		日本	アメリカ	イギリス	ドイツ	フランス
償却方法	建物 (注1、2)	定額法	定額法	償却不可	定額法	定額法
	建物附属設備 (注1、2)	定額法 (注3)	定額法	償却不可	定額法	定額法
	構築物 (注1、2)	定額法 (注3)	150％定率法 または 定額法	償却不可	定額法	定額法
	機械装置 (注2)	定額法 または 200％定率法 (注4)	150％定率法、 200％定率法 (注5) または 定額法	定率法 （毎年、未償却残高の18％を償却）	定額法	定額法 または 定率法 (注6)

（出典：財務省資料）

(注1) 建物は鉄筋コンクリート造の場合。建物附属設備は居住用賃貸アパートの水道管の場合。構築物は水道用ダムの場合。

(注2) 減価償却資産は、日本においては「建物」、「建物附属設備」、「構築物」等の11種類に分類されている。アメリカにおいては、有形固定資産について、償却年数に応じて、「3年資産」、「5年資産」等の9種類、イギリスにおいては、有形固定資産について、「設備・機械」、「鉱業用施設」、「浚渫設備」の3種類に加え、それぞれ無形固定資産に係る償却規定が別途存在。なお、ドイツ及びフランスにおいては、法令上の分類はない。

(注3) 2007年4月1日から2016年3月31日までの間に取得した資産については、定額法・定率法（200％・250％定率法）の選択。2007年3月31日以前に取得した資産については、旧定額法・旧定率法の選択。なお、原則として、200％定率法は2012年4月1日以後に取得をする減価償却資産について適用され、同日前に取得をする減価償却資産については250％定率法が適用される。

(注4) 2007年3月31日以前に取得した資産については、旧定額法・旧定率法の選択。
なお、原則として、200％定率法は2012年4月1日以後に取得をする減価償却資産について適用され、同日前に取得をする減価償却資産については250％定率法が適用

される。
(注5) 償却年数3～10年の減価償却資産については200％定率法、15～20年の減価償却資産については150％定率法が適用される。なお、定率法による償却費が一定の金額を下回る事業年度から残存年数による均等償却に切り替えて償却する。また、代替ミニマム税の計算においては、200％定率法により計算された減価償却費は、150％定率法により計算された減価償却費に制限される。
(注6) 耐用年数が3年以上にわたる一定の機械設備等については、定率法（耐用年数3～4年の減価償却資産については125％定率法、5～6年の減価償却資産については175％定率法、6年超の減価償却資産については225％定率法が適用）を選択可。

2 平成19（2007）年度税制改正
　　——減価償却制度の抜本的見直し

（1）経団連の対応

　経団連では、平成16（2014）年度税制改正以降、毎年度の税制改正提言の中で、減価償却制度の見直しを、税率引下げの次に位置付けていた。税率引下げは毎年欠かすことのできない一枚看板であり、実際には減価償却制度の見直しが最重要課題とされてきた。

　「平成16年度税制改正に関する提言」（2003年9月16日）では、「設備ヴィンテージが諸外国と比して高まっており、個別企業の国際競争力の観点からも問題である」とした上で、残存価額を少なくとも2～3％程度に、償却可能限度額を備忘価額に早急に改めることを求めていた。

　そして、いよいよ減価償却制度の抜本的見直しが税制改正の俎上に上がった段階の「平成19年度税制改正に関する提言」では、以下のように述べている。

> 経団連「平成19年度税制改正に関する提言」（2006年9月19日）
>
> 　わが国の減価償却制度は、昭和39年度改正を最後に本格的な見直しが行われておらず、種々の見直しが行われてきた法人税制において残された大きな課題の1つである。景気回復をさらに力強く継続させ、今後の経済成長に結び付けていくためには、減価償却制度を国際的に遜色の無い制度に見直し、順調な企業の設備投資を促進させて産業の国際競争力強化を図っていく必要がある。

(1) 償却可能限度額の撤廃

わが国の減価償却制度においては、償却可能限度額が取得価額の 95 % に据え置かれているが、国際的に見て、取得価額の 100 % の償却を認めていない先進国は無い。取得価額の 5 % の簿価を残すという合理的な根拠は無く、むしろ、資産の除却時に、一時的に損失計上が余儀無くされることから企業の設備更新の足枷にもなっている。償却可能限度額は早急に撤廃し、100 % の減価償却を認めるべきである。また、事業用償却資産に対する固定資産税に関しても、償却可能限度額の撤廃に併せた見直しが不可欠である。

(2) 法定耐用年数の短縮

わが国減価償却制度の法定耐用年数は、多くの設備において諸外国と比して長く規定されており、投資費用の回収期間において国際的に不利な状況にある。

そもそも、設備の使用期間は使用条件や改良の有無などで大きく変化することから企業ごとに千差万別であり、使用期間をもって償却期間の基礎とすることには無理がある。むしろ、税務上の償却期間は、設備投資の活性化や制度の簡素化といった観点から検討すべきである。

単に使用年数を基礎とした償却期間ではなく、国際的なイコールフッティングや経済の活性化の観点を踏まえて、法定耐用年数の短縮や償却カーブの見直しを図るべきである。併せて、耐用年数区分の大括り化や、耐用年数の短縮に係る手続きの柔軟化などを進めるべきである。

(2) 平成 19 (2007) 年度税制改正

このような経済界からの強い要請を受けて、平成 19 (2007) 年度税制改正では「現下の経済・財政状況等を踏まえ、持続的な経済社会の活性化を実現するためのあるべき税制の構築に向け、我が国経済の成長基盤を整備する観点から減価償却制度の抜本的見直しを行う[24]」こととなった。

最大の成果は、償却方法として 250 % 定率法が導入されたことである。また、償却可能限度額(取得価額の 100 分の 95 相当額)及び残存価額が廃止され、

---

[24] 財務省「平成 19 年度税制改正の大綱」平成 18 年 12 月 19 日

耐用年数経過時点に1円（備忘価額）まで償却できることとされた。

　この減価償却制度の改正により、初年度4,020億円、平年度5,110億円の減税が見込まれたが、これは当時の法人税収からみて法人税率の1.3％から1.6％の引下げに相当するものであった。

残存価額の廃止

　残存価額とは、機械・装置等の有形減価償却資産が期間の経過により事業の使用に耐えられなくなっても、なおスクラップとしての価値があり、その資産を処分することによって当初の取得価額の一部を回収することができると考えられたことから、取得価額からこの処分可能価額相当額を差し引いた残額に対して減価償却を行うこととされていた。その使用可能期間を経過して最終的な処分によって回収されることが予測される部分が「残存価額」であり、法人税法において取得価額の10％と定められていた。

　しかし、実際には、スクラップとして取得価額の10％もの価値があることはまれであり、経団連の調査ではせいぜい2～3％分でしかなく、あるいは撤去費用の方が上回る事例も多かった。

　そこで、平成19年4月1日以後に取得した減価償却資産については残存価額が廃止され、有形減価償却資産及び生物についての備忘価額1円を除いて原則としてその取得価額の全額を減価償却費として損金の額に算入することができることとされた。

償却可能限度額の廃止

　償却可能限度額は、法定耐用年数超過後すなわち残存価額に達した後も取得価額の95％に至るまでは減価償却を続けることができる制度であった。しかし、取得価額の5％の簿価を残すという合理的な根拠はなく、また、国際的に見ても取得価額の100％の償却を認めていない先進国はないことから、経団連では、償却可能限度額を撤廃し、100％の減価償却を認めることを求めていた。

　平成19（2007）年4月1日以後に取得した減価償却資産については、残存価

額が廃止された。また、これに伴い、平成19年3月31日以前に取得した減価償却資産についても、償却可能限度額まで減価償却した事業年度等の翌事業年度以後5年間で1円まで均等償却ができることとされた。

250％定率法の導入

　機械装置等の有形減価償却資産については減価償却の方法として、定額法と定率法の選択が認められている。

　定額法は、耐用年数に応じて毎期均等額の減価償却費を計上する方法であり、費用の期間配分の方法としては分かりやすく、また、減価償却資産がおおむね均等に使用されているような場合に適する方法とされている。

　一方、定率法は、一般に、初期段階での生産性が高い減価償却資産について適合する方法であるとされている。それまでの定率法（旧定率法）は、耐用年数超過時点で取得価額の10％の残存価額があることを前提に、毎期の期首の未償却残高に一定の計算式により得られる償却率を乗じて得られる金額を減価償却費として計上する方法であり、複雑な仕組みの上、諸外国に比べて毎年の償却ペースが劣るものであった。

　平成19年度改正により、減価償却の方法は抜本的に改善された。

　定額法については、残存価額が廃止されたことに伴い、償却限度額の計算は減価償却資産の取得価額にその資産の法定耐用年数に応じた償却率を乗じて計算することとなった。例えば法定耐用年数が10年であれば、取得価額の10％が毎年の減価償却費として損金の額に算入することができ、最後に備忘価額の1円が残されることとなった。

　定率法については、より大胆な改正がなされた。定率法を採用する場合の償却率は、定額法の償却率（1／耐用年数）を2.5倍した数とされ、特定事業年度以降は償却方法を残存年数（耐用年数から経過年数を控除した年数）による均等償却に切り換えて備忘価額1円まで償却できることとなった。特定事業年度とは、償却中のある事業年度における残存簿価について耐用年数経過時点に1円まで均等償却した場合の減価償却費が定率法により計算した減価償却費を上回

ることとなった場合の当該事業年度である。なお、特定事業年度の判定に資するよう、モデルケース（初年度は期首に取得し、その後に減価償却費の過不足額がないケース）を用いて、耐用年数ごとに一定の割合を定める償却資産の耐用年数に応じた速算表が示された。

　この250％定率法は、当時、主要国の中でも最も速い償却ペースであり、わが国製造業の国際競争力を高めることに貢献した。

法定耐用年数の見直し

　平成19年度税制改正では、上記のほかに、特に国際競争が厳しい半導体製造に係る以下の3設備について法定耐用年数が短縮されたが、法定耐用年数の見直しについては、実態調査の結果を見る必要があるとして先送りされた。

・フラットパネルディスプレイ製造設備　　　10年　⇒5年
・フラットパネル用フィルム材料製造設備　　10年　⇒5年
・半導体用フォトレジスト製造設備　　　　　 8年　⇒5年

（3）逆基準性の問題

　減価償却費の計上は、法人内部の計算に基づく費用化であるため、恣意的な計算を排除するため、法人税法上、損金の額に算入される償却費の額は、①税法上の償却限度額、②償却費として損金経理した金額のうちいずれか少ない金額とされている。

　「償却費として損金経理した金額」とは、法人が確定した決算で減価償却費として費用又は損失として経理した金額であり、法人が確定した決算で償却費を計上しなかったときは、法人税法上も償却費を損金の額に算入することはできない。また、決算で計上した償却費が償却限度額に満たない場合の不足額（償却不足額）があったとしても、この不足額は損金の額に算入されない。

　すなわち、法人税法上の減価償却費は企業会計上の減価償却費を上回ることはできない。一方で、企業会計上の正規の減価償却では、減価償却は、適正な期間損益計算を行うために合理的に決定された一定の方式に従い、毎期計画

的、規則的に実施されなければならず、一般に公正妥当と認められる減価償却の基準に基づき、自主的に行われるべきものであるとされている。

この場合において、当該資産の耐用年数及び残存価額の決定においては、各企業が独自の事情を考慮して合理的・自主的に決定すべきものだとされているが、多くの企業が法人税法に定められた耐用年数及び残存価額を用いる現状を鑑み、法人税法に規定する普通償却限度額を正規の減価償却費として処理する場合においては、企業の状況に照らし、不合理と認められる事情のない限り、当面、監査上妥当なものとして取り扱うことができることとされている。法人税法の規定が逆に企業会計上の減価償却制度を規定していることから、これを「逆基準性」という。

平成19年度税制改正で導入された250％定率法は、公正妥当と認められる減価償却制度といえるか、具体的には、企業が減価償却方法を250％定率法に改めることが、果たして「正当な理由による会計方針の変更」であるのかについて、公認会計士の間には懐疑的な意見も少なからずあった。もし、企業会計において250％定率法への変更が一律に認められなければ、法人税をいくら変えても使えないものとなってしまう。

そこで、経団連では、企業会計基準委員会（ASBJ）、日本公認会計士協会に強く働きかけた結果、2007年4月25日に至り、日本公認会計士協会から「監査・保証実務委員会報告第81号　減価償却に関する当面の監査上の取扱い」が公表され、従来通り法人税法上の減価償却制度を、企業会計上も公正妥当な減価償却として容認されることになった。

なお、このような問題は、平成28（2016）年度税制改正において、建物附属設備及び構築物の償却の方法について定率法が廃止され定額法が強制されるなどの改正が行われた際にも、繰り返されている。

3 平成20（2008）年度税制改正
　　――法定耐用年数の見直し

　平成19年度税制改正では、半導体製造関係3設備について法定耐用年数が短縮されたが、法定耐用年数全体の見直しについては、実態調査の結果を見る必要があるとされ先送りされた。

　そこで、財務省・国税庁では、2007年に減価償却資産の実際の保有状況等に関する大規模な実態調査を行い、その結果を踏まえて、平成20年度改正において、機械・装置を中心に資産区分の大繰り化、法定耐用年数の見直しが行われた。

（1）資産区分の簡素化・法定耐用年数の見直し

　それまでの法定耐用年数は、例えば機械・装置では、新規製品や製造技術の革新に伴い次々に新たな区分が設けられ390区分に達するなど、非常に複雑なものとなっていた。そこで、実態調査の結果を踏まえて、機械・装置に関しては、日本標準産業分類の中分類＝55業種に基づき区分の簡素化が行われた。

　従来の法定耐用年数は機械・装置ごとに定められていたが、新区分では、その事業所の主たる業種分類に従って、業種ごとにすべての機械・装置に関して、実態調査で得られた平均使用期間と各資産ごとの平均取得価額をもとに加重平均して得られた一律の年数を適用することが原則とされた。ただし、実態調査の結果それよりも短い使用年数であることが明らかであるものなどについては、55のそれぞれの区分の中で別掲することにより対応された。また、機械・装置以外の減価償却資産についても、同様に実態に合わせた見直しが行われた。

　この改正は、2008年4月1日以後に開始される事業年度（所得税については、2009年分以後）について、既存の減価償却資産も含めて適用された。

(2) 耐用年数の短縮特例の見直し

耐用年数の短縮特例の適用を受けた減価償却資産について軽微な変更があった場合、本特例の適用を受けた減価償却資産と同一の他の減価償却資産の取得をした場合等には、改めて承認申請をすることなく、変更点等の届出により短縮特例の適用を受けることができることとされた。

【耐用年数表の見直し】

<改正前>　　　　　　　　　　　　　　　　　　　　　<改正案>

- 別表一（機械及び装置以外の有形減価償却資産の耐用年数表）
- **別表二（機械及び装置の耐用年数表）** ⇨ **390区分 → 55区分**
- 別表三（無形減価償却資産の耐用年数表）
- 別表四（生物の耐用年数表） ⇨ 実態に合わせ見直し
- 別表五（汚水処理用減価償却資産の耐用年数表） ⎫
- 別表六（ばい煙処理用減価償却資産の耐用年数表） ⎬ 統合
- 別表七（農林漁業用減価償却資産の耐用年数表） ⇨ 別表第一・第二に統合
- 別表八（開発研究用減価償却資産の耐用年数表）

4　減価償却制度に係るその後の改正

平成19年度税制改正、平成20年度税制改正において、わが国の減価償却制度は国際的に見ても遜色のないものとなったが、それは長くは続かなかった。

(1) 平成23（2011）年度税制改正

平成23（2011）年度税制改正では、法人税率の引下げが再度、重要課題と

なったが、法人税の中での税収中立が強く求められ、減価償却制度も250％定率法から200％定率法への変更などの後退を余儀なくされた。

なお、改正前の償却率による定率法を採用している減価償却資産について、2011年4月1日以後最初に終了する事業年度の申告期限までに届出をすることにより、その償却率を改正後の償却率に変更した場合においても当初の耐用年数で償却を終了することができることなどの経過措置が講じられた。

経団連として、平成19年度税制改正でようやく実現した250％定率法の後退を認めたのには、法人税率引下げが優先されたためであるが、250％定率法による急速な償却ペースが、好況期には企業から歓迎されたが、不況期には毎年の減価償却費の計上が重荷になる企業が増え、さらには減価償却費の計上により赤字に転落する企業もあったことから、産業界の中からも減価償却制度の緩和を求める声があったことも理由の1つであった。

(2) 平成28 (2016) 年度税正改正

平成28 (2016) 年度税正改正においても、法人税率引下げを行うための財源として、減価償却制度について、平成28年4月1日以後に取得をする建物附属設備及び構築物並びに鉱業用の建物の償却の方法について、定率法が廃止され、これらの資産の償却の方法は次のとおりとされた。

- ・建物附属設備及び構築物（鉱業用のこれらの資産を──定額法
  除く）
- ・鉱業用減価償却資産（建物、建物附属設備及び構築──定額法又は生産高比例法
  物に限る）
- ・リース期間定額法、取替法等は存置

第7章　グループ法人税制
──平成22年（2010）年度税制改正

平成22（2010）年度税制改正において、完全支配関係にある企業グループ内での取引、受取配当、寄附金等への課税について、企業グループの経済的一体性を前提として取り扱う仕組みである「グループ法人単体課税制度」の導入、及び連結納税制度の改善を柱とする「グループ法人税制」の創設が行われた。また、これと合わせて、自己株式取得に係るみなし配当課税と譲渡課税の見直し、清算所得課税の廃止などの資本取引に係る税制の見直しもなされている。

1　経　緯

　この改正に至る検討は、2008年夏から実務レベルの関係者の間で開始されていた。その中で、経団連では、連結納税制度における制度適用開始時・子会社加入時の欠損金の取扱いの見直しなど、連結納税制度の改善を求めてきた。一方、課税当局は、新たに企業グループ全体を視野に入れた税制の構築を企図しており、さらに、自己株式取得に係るみなし配当の益金不算入と譲渡損の計上を組み合わせた節税行為への対応など資本に関係する取引等に係る税制の見直しを課題としていた。

　これらを一体として実現するとの前提で、2009年5月、「資本に関係する取引等に係る税制についての勉強会」が設置され、財務省、経済産業省、経団連に加えて、租税法学者や日本商工会議所、関西経済連合会、日本税理士会連合会が参加し、グループ経営の実態を踏まえつつ、課税の公平性の確保、租税回避行為の防止の観点から、理論的、技術的に詳細な論点整理が行われ、7月には「論点取りまとめ」が公表された。

　「論点取りまとめ」では、グループ経営の実態について、「単一事業者内における事業部門と同様にグループ本社が事業管理を集中的に行う場合から、子会社に対してその事業運営の独立性を一定程度許容しつつ、グループ本社が事業間のシナジー効果の実現や重複の排除、経営資源の会社間の再分配といった資本の一体性を生かした全体戦略を行う場合まであるが、最近では、単なる分社

化ではなく、関連会社を100％子会社化してグループ経営を強化する企業が増大しており、各会社の独立性を生かしながら、グループ統合のメリットを最大限に追求する傾向が顕著となっている。」と整理している。

　事実、企業グループの在り方は、この十余年の間に、巨大な親会社の下に限定的な役割を分担する子会社が置かれる程度のものから、自らは事業を行わない純粋持株会社の下に事業子会社が並び、グループ全体での経営資源の有効活用や新規分野への迅速な展開を目指す本格的なグループ経営を目指すものに変わっている。この間、このような企業経営のあり方の変化が様々な制度改正を促し、また制度改正が経営の変化を加速化させてきた。

　税制においても、平成13（2001）年度税制改正では企業組織再編成に係る税制が抜本的に改められ、平成14（2002）年度税制改正では、一体として事業活動を行っている企業グループについては、その企業グループを一の法人のごとく捉えて課税を行う連結納税制度が創設された。しかし、組織再編成税制はグループの形成・再編に係るものであり、各事業年度における課税については、連結納税制度の適用は任意とされ、原則は個別企業の所得計算に基づく課税とされてきた。

　この改正は、連結納税制度創設の背景にあった、法人課税の納税単位について、個々の法人の法人格という私法上の形式にとらわれず、実態に合った認識をするという考え方を完全支配関係にある企業グループ全体に推し進めたものである。また、グループ法人税制の中に連結納税制度を位置付けることにより、連結納税制度がグループ法人単体課税制度という裾野を得てより安定した制度となるとともに、グループ法人に適用することが妥当と考えられる様々な仕組みが、適宜、連結納税制度とグループ法人単体課税制度のいずれか又は双方に配置されることとなった。

2　グループ内取引に関する税制

（1）100％グループ内法人間取引の損益の調整
譲渡損益の繰延べ

　これまで連結納税制度特有の制度であった特定の資産の譲渡損益の繰延べの適用対象を、100％グループ内の法人間取引にまで拡大し、以下のような規定が設けられた。

　内国法人が「譲渡損益調整資産」をその内国法人との間に完全支配関係がある他の内国法人（譲受法人）に譲渡した場合には、その譲渡損益調整資産に係る譲渡利益額又は譲渡損失額に相当する金額を所得の金額の計算上損金の額又は益金の額に算入することとし、その譲渡損益調整資産に係る譲渡損益額を実質的に所得の金額に反映させない。

　これにより、含み損のある土地や株式を100％グループ内部で取引することにより譲渡損失を計上することが封じられる。一方で、100％グループ内におけるこれらの資産の移転は非課税となることから、設備の統廃合などグループ内での適切な資源配置を、課税を考慮せずに行うことができる。また、100％グループ内の企業組織再編成では非適格であっても課税が繰り延べられることになる。

譲渡損益の実現

　理論的には、譲渡損益は当該資産が完全支配関係の外へと移転される時点まで繰り延べることも考えられる。しかし、資産がグループ外に移転されるときまで繰り延べるとするならば、煩雑となるのみならず、例えば、土地を分筆してグループ内で再譲渡するなどの場合では譲渡損益の認識も困難になる。そこで、内国法人が譲受法人に譲渡した譲渡損益調整資産につき、以下に該当する場合には、その譲渡損益調整資産に係る譲渡利益額・譲渡損失額に相当する金額の全部又は一部は、当該内国法人の当該事業年度において益金の額又は損金

の額に算入することとされた。

- 譲渡損益調整資産につき譲受法人において譲渡、償却、評価換え、貸倒れ、除却その他この政令で定める事由が生じた場合
- 当該内国法人と当該譲受法人との間に完全支配関係を有しないこととなった場合
- 連結納税適用開始に際し譲受法人が時価評価適用対象となる場合

完全支配関係

グループ法人単体課税制度が適用される企業グループについて「資本に関係する取引等に係る税制についての勉強会論点取りまとめ」では、「経営の一体性を重視しつつ、少数株主がいるか否かによって親法人の経営の自由度に違いがあるという実態があることや、制度の複雑化を回避する観点から、基本的に100％株式保有による支配関係を対象として検討することが考えられる」としていた。この100％グループの関係は、「完全支配関係」として以下のように定義された。

> 「一の者が法人の発行済株式等（出資を含み自己が有する自己の株式又は出資を除く。）の全部を直接若しくは間接に保有する関係として政令で定める関係（当事者間の支配の関係）又は一の者との間に当事者間の支配の関係がある法人相互の関係」

この「一の者」には、連結納税の場合の連結親法人とは異なり、個人や外国法人等も含まれ、同一の外国法人のそれぞれ100％子会社である内国法人、さらには同一の個人（同族関係者を含む）にそれぞれ100％保有されている内国法人も「完全支配関係」に含まれる。ただし、本制度の適用対象となる取引は内国法人の間の取引とされており、個人や外国法人を頂点とする100％グループにおいては、その100％グループ内の法人がその個人や外国法人などとの間で資産の移転を行っても、本制度は適用されない。

譲渡損益調整資産

　譲渡損益調整資産とは、連結納税制度における譲渡損益繰延べの対象となる資産と同じく、固定資産、土地（土地の上に存する権利を含み、固定資産に該当するものを除く）、有価証券、金銭債権及び繰延資産とされた。ただし、①売買目的有価証券、②譲受法人において売買目的有価証券とされる有価証券、③譲渡直前の帳簿価額が1,000万円に満たない資産、は含まれない。

適格事後設立の廃止

　事後設立において、事後設立の前後を通じて事後設立法人が被事後設立法人の発行済株式等の100％を継続保有すること等の要件を満たす場合には「適格事後設立」として、実質的に移転資産等の譲渡損益の計上を繰り延べることとされていた。しかし、その内容は要するに、完全支配関係のある事後設立法人から被事後設立法人への資産の移転に関して譲渡損益を繰り延べることにほかならず、完全支配関係にある法人間の譲渡損益調整資産の譲渡損益の繰延制度が創設されたことに伴い廃止された。

（2）非適格株式交換に係る株式交換完全子法人等の有する資産の時価評価

　株式交換又は株式移転の直前に、当該内国法人と当該株式交換に係る株式交換完全親法人又は当該株式移転に係る他の株式移転完全子法人との間に完全支配関係があった場合には、当該株式交換又は株式移転が非適格である場合であっても、当該内国法人の有する時価評価資産について時価評価を行わないこととされた。

（3）100％グループ内の法人間の寄附

　100％グループ内の寄附の経済実態を内部の資金移動と捉える観点から、法人（外国法人を含む）を頂点とする100％グループ内の内国法人間の寄附金について、支出側の法人において全額を損金不算入とするとともに、受領側の法

人において受贈益の額は、全額を益金不算入とされた。なお、個人（同族関係者を含む）により100％保有される内国法人間での寄附金については、この規定は適用されず、従来通りの扱いとなる。

受贈益の益金不算入・寄附金の損金不算入

内国法人が完全支配関係にある他の内国法人から受けた受贈益の額は、当該内国法人の所得の計算上、益金の額に算入しないこととされた。

受贈益の額は、寄附金、拠出金、見舞金その他いずれの名義をもってされるかを問わず、内国法人が金銭その他の資産又は経済的な利益の贈与又は無償の供与を受けた場合の当該金銭の額若しくは金銭以外の資産のその贈与の時における価額又は当該経済的な利益のその供与の時における価額による。また、資産の低廉譲渡等については、資産の譲渡時の時価と対価との差額等が受贈益の額となる。

一方で、内国法人が完全支配関係にある他の内国法人に対して支出した寄附金の額は、（前述の受贈益の額に対応するものに限る）当該内国法人の所得の計算上、損金の額に算入しない。

連結法人間の寄附金

従来、連結納税制度における連結法人間の寄附金については、支出側で全額損金不算入、受領側で受贈益として全額課税とされていたが、今回の改正に合わせて連結法人間の寄附金についても支出法人において全額損金不算入、受領法人において全額益金不算入とされた。

（4）100％グループ内の法人間の資本取引

適格現物分配の創設

現物配当について、従来は法人税法において明確な規定がなかったが、法人が、その株主等に対し、剰余金の配当、利益の配当、剰余金の分配、又はみなし配当として、金銭以外の資産の交付を行うことを「現物分配」と定義し、現

物分配によりその保有する資産の移転を行った法人を「現物分配法人」、資産の移転を受けた法人を「被現物分配法人」とする等の定義規定を追加した上で、法人税法第62条の5（現物分配による資産の譲渡）等が創設された。

　その上で、完全支配関係にあるグループ内で行われる現物分配を組織再編成税制の一環として位置付け、現物分配のうち、現物分配の直前において内国法人である被現物分配法人（普通法人又は協同組合等に限る）と内国法人である現物分配法人との間に完全支配関係があるものを「適格現物分配」として、この要件に該当する場合には、現物分配法人においては、分配した資産はその適格現物分配の直前の帳簿価額で譲渡したものとして所得金額の計算を行う一方、被現物分配法人においては、適格現物分配により資産の移転を受けたことにより生じる収益の額は、各事業年度の所得の金額の計算上、益金の額に算入しないこととされた。

　これにより、例えば、子会社が保有する孫会社株式のすべてを現物配当として親会社に分配することにより、孫会社を直接の子会社とするなどを非課税で行うことが可能になった。

　適格現物分配が適格合併等と同じく適格組織再編成の1つの類型として位置付けられたことから、その適格現物分配が共同事業を営むための要件に該当しない場合には、当該被現物分配法人は適格現物分配を行った日の属する事業年度以後の各事業年度においては、一定の欠損金額の繰越控除ができないこととなる。また、特定資産に係る譲渡等損失額の損金不算入の規定も適用される。

受取配当益金不算入の改正

　受取配当の益金不算入制度において負債利子控除を行わない対象は、これまでは連結法人株式等に係る配当の額に限定されていたが、完全支配関係にある内国法人（完全子法人）からの配当等についても負債利子控除を行わないこととされた。これは、グループ内の資金調達に対する中立性を確保する観点や、完全支配関係にある子法人からの配当は間接的に行われる事業からの資金移転と考えられることなどを理由とするものである。

したがって、株式の区分は、100％グループ内の内国法人からの受取配当等である完全子法人株式等に係る配当等の額、関係法人株式等に係る配当等の額、完全子法人株式等及び関係法人株式等のいずれにも該当しない株式等に係る配当等の額の3つに分類される。

なお、適格現物分配の制度が創設されることから、剰余金の配当等であっても適格現物分配に該当する場合には、本制度の対象となる配当等の額に該当しない。

みなし配当の際の譲渡損益の改正

改正前の制度では、単体納税では、自己株式の買取り等の場合に、金銭等の交付資産の価額のうち当該株式の発行法人の資本金等の額に対応する部分の金額を超える部分はみなし配当として取り扱われる一方、当該株式の譲渡対価は、金銭等の交付された資産の価額から当該みなし配当の金額を控除したものとされていた。一方、連結納税では、連結法人間取引の損益の調整から株式をその発行法人に譲渡した場合を除いていた。これは、資本構成の変更の取扱いと所得計算の取扱いとは分けて捉える必要があるため、所得計算の取扱いの対象から資本構成の変更である自己株式の取得が除かれていたのである。

株式をその発行法人に譲渡する株主の側において、株式の帳簿価額が低く、みなし配当と株式の譲渡益が生ずるケースと、株式の帳簿価額が高く、みなし配当と株式の譲渡損が生ずるケースを想定してみると、このいずれのケースにおいても、みなし配当とされた金額について受取配当等益金不算入制度を適用して益金不算入となった金額に相当する金額だけ所得の金額が減少する。

この改正では、完全支配関係がある他の内国法人の株式を所有していた内国法人がその所有する株式を発行法人に対して譲渡する等の場合には、譲渡対価を譲渡原価に相当する金額とすることにより、その譲渡損益を計上しないこととされた。

無対価組織再編成

いわゆる無対価組織再編成について、その処理方法等が明確化され、グループの再編成も行いやすくなった。特に会社分割については、「分割対価資産が交付されない分割」が法人税法の定義規定に明記された。

（5）中小法人向け特例措置の大法人の100％子法人に対する適用

中小法人（資本金の額又は出資金の額が1億円以下の法人）に係る以下の制度については、資本金の額若しくは出資金の額が5億円以上の法人又は相互会社等の100％子法人には適用されないこととされた。

① 軽減税率
② 特定同族会社の特別税率の不適用
③ 貸倒引当金の法定繰入率
④ 交際費の損金不算入制度における定額控除制度
⑤ 欠損金の繰戻しによる還付制度

法人の資本金等を基準とした各種制度の適用の可否について親法人の資本金等の規模も判定要素とすることの是非について、「資本に関係する取引等に係る税制についての勉強会論点取りまとめ」では、次のように様々な考え方があることが指摘されていた。

「グループ子法人の経営上の位置づけ等を踏まえた検討を行うべきという意見や、各特例制度の趣旨に照らし検討をする必要があるとの意見もある一方、単独の中小零細企業と異なり資金調達能力等に対する政策的配慮の必要が乏しいため中小企業に対する特例を受けさせる必要がないとの意見や、大法人が事業部門を中小法人に分社化した場合と一社集中させた場合とで税負担が大きく異なることは適当ではないという意見、グループ子法人の経営上の位置付けに配慮すると、大法人が有する個々の事業の位置付けにも配慮して、法人内法人の取扱いを認めざるを得なくなるなどの理由から適当ではないとの意見があった。」

このような考え方を踏まえ、資本金の額又は出資金の額が5億円以上の法人を頂点とする企業グループに属する中小法人については、上記の中小企業に関する特例措置を適用しないこととされた。

資本金・出資金額5億円以上がその基準とされたのは、税法上の大法人では社会通念上の大企業より広範にすぎるため、会社法上、会計監査人の設置義務、業務の適正を確保するための体制の整備義務、連結計算書類の作成義務（大会社のうち有価証券報告書提出会社に限る）などが義務付けられている「大会社」の定義（最終事業年度に係る貸借対照表に計上した資本金の額が5億円以上、又は負債の額が200億円以上である会社）に準じたためである。ただし負債額基準は適用されない。

（6）連結納税制度の改善

連結納税の開始の際の欠損金

これまで、連結納税の開始、連結グループへの加入に際しては、従前の単体納税の下での単体法人を納税単位とする課税関係を清算した後に連結納税の適用を受ける仕組みとするという観点から、原則として、連結子法人となる法人の連結納税適用開始・加入前に生じていた青色欠損金を連結納税の下で繰越控除することは認めないこととされ、また、その直前の単体申告においてその有する資産を時価評価していたが、青色欠損金の連結納税の下での繰越控除が認められる連結子法人と資産の時価評価の適用対象とならないとなる連結子法人とではその範囲が異なっていた。

両制度の整合性を確保する観点から見直しが行われ、連結納税の開始又は連結グループへの加入に伴う資産の時価評価制度の適用対象外となる連結子法人について、その連結納税開始の日前7年以内において生じた青色欠損金額・災害損失欠損金額、及び連結グループへの加入の日前7年以内において生じた青色欠損金額・災害損失欠損金額を、その連結子法人の個別所得金額を限度として、連結納税の下での繰越控除の対象とできることとされた。

連結納税の開始又は連結グループへの加入に伴う資産の時価評価制度の適用

対象外となる連結子法人には、次の法人が該当する。
　①連結納税の開始の場合
　　ア　株式移転完全子法人
　　イ　長期（5年超）保有されている100％子会社
　　ウ　連結親法人となる法人又はその完全子法人により設立された100％子会社
　　エ　適格株式交換に係る株式交換完全子法人
　　オ　完全子法人が適格三角合併を行った結果、連結親法人となる法人の100％子会社となったもの
　　カ　適格合併に係る被合併法人が長期保有していた100％子会社でその適格合併により連結親法人となる法人の100％子会社となったもの
　　キ　適格株式交換に係る株式交換完全子法人が長期保有していた100％子会社でその適格株式交換により連結親法人となる法人の100％子会社となったもの
　　ク　適格株式移転に係る株式移転完全子法人が長期保有していた100％子会社でその適格株式移転により連結親法人となる法人の100％子会社となったもの
　　ケ　法令の規定に基づく株式の買取り等により100％子会社となったもの
　　なお、アの株式移転完全子法人は、これまでもその欠損金を連結納税の下で繰越控除できることとされていたので、新たに、その欠損金を個別所得金額を限度として連結納税の下で繰越控除できる対象となるのは、上記イ〜ケの法人となる。
　②連結グループへの加入の場合
　　ア　連結親法人又は連結子法人により設立された100％子会社
　　イ　適格合併に係る被合併法人が長期保有していた100％子会社でその適格合併により連結親法人の100％子会社となったもの
　　ウ　連結子法人が適格三角株式交換により発行済株式の全部を保有することとなった法人

エ　適格合併に係る被合併法人が長期保有していた100％子会社でその適格合併により連結親法人の100％子会社となったもの

オ　適格株式交換に係る株式交換完全子法人が長期保有していた100％子会社でその適格株式交換により連結親法人の100％子会社となったもの

カ　法令の規定に基づく株式の買取り等により100％子会社となったもの

　これらの時価評価対象外子法人（＝「特定連結子法人」）の有する欠損金額がみなし連結欠損金額（＝「特定連結欠損金額」）として、個別所得金額の範囲で繰越控除の対象に追加された。併せて、従来、みなし連結欠損金額として認められていた、連結親法人が連結グループ外の内国法人を吸収合併（適格合併）する場合の被合併法人の未処理欠損金額は、連結親法人の個別所得金額の範囲で繰越控除することとされた。

　連結欠損金額の繰越控除は、その連結欠損金額の生じた連結事業年度ごとに区分し、古い連結事業年度のものから順に控除する。

　すなわち、同一の連結事業年度に生じた連結欠損金額の繰越控除にあたっては、まず、繰越控除前の連結所得の各連結子法人（連結親法人が吸収合併した法人の未処理欠損金額の場合は当該連結親法人）ごとの個別所得金額を限度として、それぞれの連結子法人の有する当該連結事業年度に生じた連結欠損金額のうち特定連結欠損金額に該当するものをピックアップして集計する。連結所得から、その合計額を控除してなお余りがあれば、その範囲で、特定連結欠損金額以外の連結欠損金額を控除することとなる。

【例】
n年に連結納税開始
n－1年　親会社（P）：▲100、子会社（S1）：▲100、子会社（S2）：▲100
n年　　　P：200、S1：100、S2：50（連結欠損金繰越控除前）
　上記3社の欠損金額はすべて連結欠損金額とみなされる（S1とS2の欠損金額は特定連結欠損金額に該当）。

	P	S1	S2
連結欠損金額	100	100	100
（うち特定連結欠損金額）		（100）	（100）
個別所得金額①	200	100	50
特定連結欠損金額の繰越控除限度額②	0	100	50
①の合計額と②の合計額の差額（特定連結欠損金額以外の連結欠損金額の繰越控除限度額）	200		
連結欠損金額の繰越控除額	100	100	50

加入法人の加入時期の特例

それまでの制度では、連結親法人事業年度において連結親法人との間にその連結親法人による完全支配関係を有することとなった他の内国法人の最初連結事業年度（各連結事業年度の連結所得に対する法人税を課される最初の連結事業年度）は、その完全支配関係を有することとなった日からその連結親法人事業年度終了の日までの期間とされていた。

ただし、連結グループに加入する他の内国法人が連結親法人事業年度開始の日の1月前の日からその開始の日以後1月を経過する日までの期間において連結親法人との間にその連結親法人による完全支配関係を有することとなり、かつ、他の内国法人の加入年度終了の日がその期間内にある場合には、その完全支配関係を有することとなった日の属する事業年度終了の日までの期間を単体納税とし、その終了の日の翌日から連結納税を適用することができる。

この改正により、事業年度の中途で連結親法人との間に完全支配関係が生じた場合の連結納税の承認の効力発生日の特例制度が拡大され、連結グループに加入する他の内国法人のその完全支配関係が生じた日以後最初の月次決算日の翌日を効力発生日とすることができる制度に改組された（法法15の2④）。この改正は、平成22年10月1日以後に行われる連結グループへの加入について適用し、同日前に行われたものについては、従前通りとされる。

連結納税の開始又は連結グループ加入に伴う資産の時価評価

この改正により、連結納税の開始又は連結グループ加入に伴う資産の時価評価制度について、その開始又は加入後2月以内に連結グループから離脱する法人の有する資産を時価評価の対象から除外することとされた。

3 資本に関係する取引等に係る税制

(1) みなし配当の見直し等

自己株式取得に係るみなし配当の益金不算入の制限

法人の株主等に対して、当該法人の自己の株式又は出資の取得に伴い、金銭又は金銭以外の資産の交付が行われた場合に、当該交付資産のうち当該法人の資本金等の額を超える部分の金額は配当とみなされ、当該株主等は受取配当益金不算入制度の適用を受ける。

この改正により、自己株式として取得されることを予定して取得した株式が自己株式として取得された際に生ずるみなし配当については、益金不算入制度（外国子会社配当益金不算入制度を含む）を適用しないこととされた。

なお、完全支配関係にある内国法人間での自己株式の取引については、当該自己株式の譲渡に係る譲渡損益を計上しないこととされるときには、みなし配当については従前通り益金不算入制度の適用を受ける。

「資本に関係する取引等に係る税制についての勉強会論点取りまとめ」では、「自己株式として取得されることを予定して取得した株式については、自己株式の取得により生ずるみなし配当に係る益金不算入制度が適用されるとともに譲渡損が計上されるといった本制度の潜脱的利用を防止する観点から、みなし配当に係る益金不算入を認めないことが適当であると考えられる。」とされていたことからみれば、既存の株式に関してその発行法人に譲渡することによってみなし配当を計上して受取配当等益金不算入制度を適用すること自体には問題はないが、その適用を予定して株式を取得することは同制度の濫用であ

り租税回避に当たると捉えているものと思われる。

　また、「自己株式として取得されることを予定して取得した」という事実認定がどのような判断基準によって行われるのかということが、実務上、問題となるという点にも留意する必要がある。

【自己株式取得に係るみなし配当の益金不算入の制限】

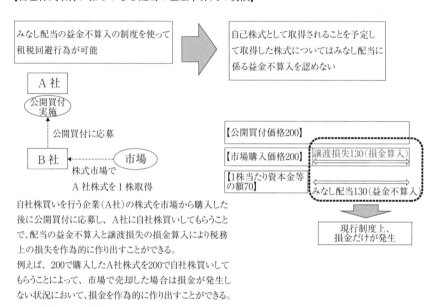

（経済産業省資料より）

抱合株式

　法人が合併した場合に、合併法人が被合併法人の株式を有している場合に（いわゆる抱合株式）、合併法人が当該抱合株式に自己の株式の割当てを行わない場合にも、税務上は、合併法人は、いったん抱合株式に対して自己の株式を割り当てたものとみなされる。現実には、合併法人は自己の株式を取得していないことから、割当てを受けたものとみなされた自己の株式については、直ちに資本金等の額を減少させる。

なお、非適格合併の場合には、被合併法人資産が時価で合併法人に移転し、また被合併法人の利益積立金額は合併法人に引き継がれないことから、被合併法人の株主である合併法人に交付される合併対価の価額のうち被合併法人の資本金等の額を超える部分についてはみなし配当とされる。合併対価が合併法人の株式のみでない場合には、合併対価の価額からみなし配当の金額を控除した金額が合併法人の有していた被合併法人株式の譲渡対価となるため、被合併法人株式の譲渡益・譲渡損の計上を行う。

この改正により、抱合合併が非適格合併となる場合には、被合併法人の株主でもある合併法人において計上される抱合株式の譲渡益・譲渡損は、計上しないこととされる。この改正は、完全支配関係にある法人間での自己株式の取得に当たって株式の譲渡益・譲渡損を計上しないこととするのと同様の場面について、これと同様の観点に立って行うものである。ただし、この抱合株式の改正に関しては、その適用範囲は完全支配関係のある法人間に限られていない。

（２）清算所得課税の廃止

従来、内国法人が解散した場合には、清算所得に対する法人税が課された。普通法人又は協同組合等が解散した場合の清算所得に対する法人税の課税標準は、解散による清算所得の金額とされ、その金額は、その残余財産の価額から、その解散の時の資本金等の額（連結事業年度終了の日に解散した場合には連結個別資本金等の額）と利益積立金額等との合計額を控除した金額とされていた。

清算所得課税は、各事業年度の所得の金額に対する課税とその構造が異なってはいたが、法人の清算にあたって、過去に各事業年度の所得の金額に対する課税によって課税が行われていない所得に対して課税を行おうとするものであり、各事業年度の所得の金額に対する課税の枠組みの中で課税を行うことが可能であることから、清算所得課税を廃止し、通常の所得課税に移行することとされた。

同時に、期限切れ欠損金の損金算入制度を整備する等の所要の措置が講じら

れた。また、清算所得課税を各事業年度の所得の金額に対する課税に改めるならば、連結子法人の解散を連結離脱事由とする必要はないと考えられるため、連結子法人の解散を原則として連結納税の承認の取消事由から除外された。

（３）その他の改正
適格合併等の場合における欠損金の制限措置の見直し

　従前の制度では、適格合併であっても、合併法人と被合併法人との間に50％超の株式保有関係（特定資本関係）が5年超継続していない場合には、繰越欠損金や含み損の引継ぎが制限される。このため、グループ内での組織再編成であっても、会社分割により設立した子会社を5年以内に吸収合併する場合、親会社同士の合併の5年以内に子会社同士が合併する場合では繰越欠損金の切捨て等が行われてしまう。

　そこで、その設立の時から特定資本関係が継続している法人間での組織再編成を適用除外とすることや、適格合併において特定資本関係を有する会社の株式が包括承継される場合には、適格合併前の特定資本関係継続期間を通算して、合併後の当事者間の特定資本関係を判定する等の措置が講じられた。

①被合併法人等から引継ぎを受ける未処理欠損金額に係る制限（法法57③）
　　50％超の支配関係が適格合併の日の属する事業年度の開始の日の5年前の日、合併法人の設立の日又は被合併法人の設立の日のうち最も遅い日から継続している場合には、制限はないこととなる。なお、合併類似適格分割型分割の類型が廃止されることから対象から除かれる。

②合併法人等の繰越青色欠損金額に係る制限（改正後の法法57④）
　　50％超の支配関係が、適格合併等の日の属する事業年度の開始の日の5年前の日、合併法人等の設立の日若しくは被合併法人等の設立の日のうち最も遅い日から継続している場合には、制限はないこととなる。また、適格現物分配が対象に加えられる。

③特定資産に係る譲渡等損失額の損金不算入（法法62の7①③）
　　対象に、非適格合併のうち100％グループ内で行われ資産の譲渡損益が

計上されないもの及び現物分配が追加される。

また、50％超の支配関係が、適格合併等の日の属する事業年度の開始の日の5年前の日、合併法人等の設立の日若しくは被合併法人等の設立の日のうち最も遅い日から継続している場合には、制限はないこととされた。

分割型分割のみなし事業年度の廃止

従前の制度では、法人が事業年度の中途において当該法人を分割法人とする分割型分割を行った場合には、その事業年度開始の日から分割型分割の日の前日までの期間及び分割型分割の日からその事業年度終了の日までの期間をそれぞれ当該法人の事業年度とみなされていたが、制度の簡素化の観点から分割型分割について、みなし事業年度が廃止された。

売買目的有価証券、未決済デリバティブ取引に係る契約等

従前の制度では、内国法人が事業年度終了の時において売買目的有価証券を有する場合には、評価益（時価評価金額が帳簿価額を超える場合のその超える部分の金額）又は評価損（帳簿価額が時価評価金額を超える場合のその超える部分の金額）は、益金の額又は損金の額に算入する。また、内国法人が事業年度終了の時において未決済デリバティブ取引に係る契約等を有する場合には、その時において未決済デリバティブ取引を決済したものとみなして算出した利益の額または損失の額に相当する金額は、益金の額又は損金の額に算入する。

改正により、事業年度の中途に行う分割型分割についてのみなし事業年度が廃止されると、適格分割の際には、移転する資産は帳簿価額で移転することになり、移転しない資産は評価替えを行わないため、売買目的有価証券や未決デリバティブ取引も帳簿価額のままとなる。そこで、今回の改正において、適格分割、適格現物出資、適格現物分配の場合には、売買目的有価証券、未決済デリバティブ取引に係る契約等を時価評価することとされた。

合併類似適格分割型分割制度の廃止

　従前の制度では、一定の要件を満たすものを「合併類似適格分割型分割」として、合併類似適格分割型分割が行われた場合に分割法人に未処理欠損金額があるときは、その未処理欠損金額は分割承継法人の分割の日の属する事業年度前の各事業年度に生じた欠損金額とみなして分割の日の属する事業年度以後の各事業年度において繰越控除することとされていた。しかしながら、これまで適用事例がなかったことから、本制度は廃止された。

4　平成23（2011）年度税制改正

　グループ法人税制等について、その円滑な執行に向けて、以下のような見直しが行われた。

① 100％グループ内の他の内国法人が清算中である場合、解散が見込まれる場合又はそのグループ内で適格合併により解散することが見込まれる場合には、その株式について評価損を計上しない。

② 解散の場合の期限切れ欠損金の損金算入制度においてマイナスの資本金等の額を期限切れ欠損金と同様とするほか、連結納税制度における期限切れ欠損金の損金算入制度について所要の整備を行う。

③ 適格合併等の場合の欠損金の制限措置等について、適用対象から被現物分配法人の自己株式の適格現物分配を除外する。

④ 外国法人が行う現物出資について、次の措置を講じる。

　(a) 外国法人の日本支店等が内国法人に資産等の移転を行う現物出資に係る課税繰延べの要件について、事業継続要件及び株式管理要件を廃止する。

　(b) 現物出資後に事業継続要件又は株式管理要件を満たさないこととなった場合に繰り延べた譲渡益に対して課税を行う取戻し課税を廃止する。

　(c) 上記 (a) 及び (b) の改正に伴い、外国法人が内国法人に対して国外

にある資産等の移転を行う現物出資を適格現物出資に該当しないこととする等の所要の整備を行う。

第 8 章　地方法人課税

平成15（2003）年度税制改正における法人事業税への外形標準課税の導入は、地方分権を支える安定的な財源の確保を名目にするものであった。
　一方、わが国の法人実効税率が高いことの大きな要因として、諸外国に比べて地方税における法人所得課税の比率が高いことが挙げられてきたことから、所得課税を所得以外の課税に改める方式としての法人事業税の外形標準課税の拡大が取り上げられ、平成27（2015）年度、平成28（2016）年度税制改正において、法人実効税率30％以下への引下げのために外形標準課税の拡大が切り札とされた。
　しかし、所得課税を外形標準課税に置き換えることで、法人実効税率を引き下げることができても、企業の負担軽減にはつながらない。むしろ、外形標準課税の持つ問題が顕在化しており、さらなる地方法人課税の改革が不可避である。
　本章では、平成15（2003）年度税制改正における外形標準の導入と、その後の経緯をたどりながら、法人事業税の外形標準化が、なぜ、地方法人税改革とはならないのかを見ていくこととしたい。

1　地方法人課税の問題

　法人所得課税であった法人事業税・法人住民税（地方法人2税）の問題として、長らく自治体から主張されていたのは、不安定性と偏在性の2点であった。
　法人所得に対する課税であれば、景気の動向によって法人所得が大きく変動することから地方法人2税の税収の不安定性は免れない。しかし、自治体からすれば、地方法人2税は、個人住民税、固定資産税に次ぎ、地方消費税にならぶ基幹税目の1つであり、その変動は、地方財政の健全性を損なうものとなる。
　一方の偏在性は、税目ごとの住民1人当たりの地方税収額のばらつきの問題

であり、地方法人2税は他の税目に比べて東京をはじめとする都市部とその他の自治体での格差が著しい。

これらの解決策として、法人事業税の外形標準課税化が求められたのであるが、果たして、その効果はあったのであろうか。

2　外形標準課税とは何か

　外形標準課税とは、売上高、資本金額、従業員数など所得以外のものを課税標準（課税ベース）とする課税であるが、具体的には、法人が生み出す付加価値として、利益に加えて支払利子、賃借料、支払給与を主な課税標準とするものである。同じ付加価値に対する課税でも、消費税や付加価値税が控除法消費型付加価値税であるのに対し、このような課税は加算法所得型付加価値税といわれる。

　地方税を外形標準課税とすべきとの発想は、戦後税制の基となったシャウプ勧告にまでさかのぼる。シャウプ勧告では、事業税の課税標準を「利益と利子、賃借料及給与支払額の合計額」（加算法）あるいは「全収入額から、資本設備、土地、建物等他の企業からの購入の金額を差引いたもの」（控除法）としたところの付加価値に対して直接に課税されるものとすることを求めていた。

　この勧告を受けて、1950年に全面改正された地方税法において、課税標準を事業の総売上金額から特定の支出金額を控除した金額とする付加価値税が創設された。さらに翌1951年には、付加価値税の課税標準での加算法の選択的採用などが含まれた改正がなされ、課税標準を各事業年度の所得並びに当該事業年度中において支払うべき給与、利子・地代及び家賃の額の合計額とする加算法も選択可能となった。しかし、シャウプ勧告による付加価値税は地方税法に規定されはしたものの、実施時期が再三にわたり延期され、結局一度も実施されることなく、1954年には廃止された。

ただし、地方税への外形標準課税の導入は、自治体の強い願望として絶えることなく、1977年には全国知事会において、地方税法第72条の19に基づき、各都道府県の条例によって、加算法所得型付加価値を課税標準とし、既存の所得課税と併用する形で外形標準課税を実施する案が提示されている。

3　平成15（2003）年度税制改正前の動き

（1）政府税制調査会「地方法人課税小委員会報告」

　政府レベルで、外形標準課税の導入が本格的に検討されることになったのは、平成10年度税制改正における課税ベースの拡大と法人税率引下げにより、国税の法人税の議論が一息をついた直後からである。

　政府税制調査会では、法人税改革後の重要課題として地方法人税を取り上げ、1998年5月に地方法人課税小委員会を設置し検討を開始し、翌1999年7月9日「地方法人課税小委員会報告」として、法人事業税への外形標準課税の導入について、その課税標準として、以下の4類型を提示した。

①事業活動によって生み出された価値
　　　――各事業年度における利潤に、給与総額、支払利子及び賃借料を加えた額
②給与総額
③物的基準と人的基準（給与総額）の組合せ
　　　――物的基準として、事業用資産（家屋及び償却資産）の価額、あるいは、各事業年度の事業活動に用いられた資産に相当するものとして、それらの資産の減価償却費を用いる
④資本等の金額

　これらのうち、本命は、後に外形標準課税の課税標準となる「事業活動によって生み出された価値」であることは明白であった。

　これに対し、経団連は、法人事業税への外形標準課税の導入による税負担の

固定化は、企業の固定的費用を増大させ、経済の活性化を妨げるものであるとして強く反対するとともに、簡素化の観点から、法人事業税を廃止し、法人住民税に一本化する中で、税収中立を前提としつつ、小規模な範囲で所得課税を均等割に振り替えること、また、税収の安定化のためには、法人事業税の外形標準課税ではなく、むしろ、地方消費税の拡充を行うことを提案した[25]。

（2）平成13（2001）年度税制改正をめぐる動向
具体案の提示

2000年には法人事業税への外形標準課税の導入は、自治省の最優先課題となり、それに呼応した全国知事会などの動きも活発となっていった。それにさらに拍車をかけるように、自治省は10月に入ると政府税制調査会、自民党税制調査会に対して以下のような具体案を提示するに至った。

【平成13（2001）年度税制改正における自治省案】
- 法人事業税のうち所得が課税標準とされているものについて、所得基準と外形基準を2分の1ずつ併用する課税方式
 　　　　所得基準×4.8％＋事業規模額×1.6％（中小法人は1.6％）
- 事業規模額＝収益配分額（報酬給与額＋純支払利子＋純支払賃借料）
 　　　　±単年度損益
- 資本金1千万円未満の法人（約129万社）は『簡易事業規模額』（税額にして年4.8万円）を選択可
- 「報酬給与額」の割合の高い法人については、雇用への配慮として「収益配分額」から一定額を控除する制度（雇用安定控除）を適用
- 赤字が3年以上継続する法人や創業5年以内のベンチャー企業のため、新たな徴収猶予制度を創設、延滞金は減免
- 税負担変動の緩和を図るため、実施当初3年間の外形基準の導入割合は1/4

---

[25] 経団連「平成12年度税制改正提言－21世紀を展望した税制改革を求める」（1999年9月14日）

経済界の反対

　経団連では、このような動きに対して、全面的な反対を展開したが、その論拠は以下の4点であった[26]。

①外形標準課税の課税ベースとされる事業活動価値（利潤、給与総額、支払利子、賃借料の合計）はその7割を給与総額が占め、実質上賃金課税となり、わが国企業の雇用・投資活動に悪影響を及ぼし、経済の活性化を阻害する。

②外形標準課税が先進諸外国において縮小・廃止傾向にある中で、あえて外形標準課税を導入することは、わが国企業の国際競争力を低下させる要因となる。しかも外形標準課税の導入は、企業の規模や業種により税負担の大きな変動をもたらすことが予想されるため、様々な配慮から特例措置が設けられ、結果として不公平な税制となることが懸念される。

③企業は地方において、法人住民税均等割、固定資産税、都市計画税、事業所税等の所得によらない外形的な税を負担しており、こうした負担に加えて税収確保を最優先として新たに外形標準課税を導入することは、地方税体系を一層複雑なものとし、簡素化の流れに逆行する。

④都道府県の自主財源として住民に「広く、薄く、例外なく」負担を求めるとの理念からすれば、地方消費税を拡充することが適当である。

　外形標準課税への反対は、赤字法人課税としての影響を懸念する中小企業の間にも拡がり、経団連は日本商工会議所、全国中小企業団体中央会等とともに外形標準課税導入反対協議会を結成し、11月17日には「外形標準課税導入反対総決起大会」を開催するなどの反対運動を展開した結果、平成13年度改正の中では外形標準課税を封じることができた。

---

[26]　経団連「平成13年度税制改正提言－力ある経済・社会を築くために」（2000年9月12日）

(3) 平成 14（2002）年度税制改正をめぐる動向
総務省の再提案

　総務省の外形標準課税導入への動きはやむことなく、平成14（2002）年度税制改正をめぐる自民党税調審議が開始された2001年9月には、外形標準の部分について、付加価値額を基本としつつ、資本等の金額による課税方式を補完的に併用する案を示した。この案では、報酬給与部分の割合が大幅に下がることにはなったが、上記の外形標準課税に対する経団連の反対には何らの対応もなされていなかった。

【平成14（2002）年度税制改正における総務省案】

・法人事業税額＝所得割＋付加価値割＋資本割
　　　　　　　　　　3　：　　2　：　　1
・課税標準
　　所得割　　　　所得
　　付加価値割　　報酬給与額＋純支払利子＋純支払賃借料±単年度損益
　　資本割　　　　資本等の金額（資本の金額又は収支金額＋資本積立金額）
・税率
　　所得割　　　　4.8 %
　　付加価値割　　0.66 %
　　資本割　　　　0.48 %
・資本金1千万円未満の法人（約129万社）は簡易外形税額（年4.8万円）を選択可
・実施当初3年間の外形基準の導入割合は1/4

経済界の対応

　経団連では、総務省の再提案に対して、法人事業税の外形標準課税案は実質的な賃金課税として企業の雇用・投資活動に悪影響を及ぼし、経済の活性化を阻害するものとして容認できないことを繰り返すとともに[27]、11月28日に

---

[27] 経団連「平成14年度税制改正提言－経済構造改革の実現を目指して」（2001年9月18日）

は、経団連、日本商工会議所、日本経営者団体連盟、関西経済連合会と連名で「総務省による法人事業税への外形標準課税導入案に反対する」を公表するなど、他の経済団体と一致して反対運動を展開した。平成14（2002）年度税制改正では、外形標準課税導入を求める総務省・地方団体と、これに反対する経済界のせめぎ合いの中で時間切れに終わった。

4 平成15（2003）年度税制改正
——外形標準課税の導入

2002年に入ると、総務省は、外形標準課税の対象を大法人のみとする方針転換を図り、経済界の反対を分断するとともに、外形標準課税の割合を2分の1から4分の1に縮小することとし、導入に対する不退転の決意を示すに至った。

これに対して、経団連は、景気変動による法人事業税の変動を平準化し、都道府県財政収入の安定を図る観点から、法人事業税に係る繰越欠損金の控除可能額を一部制限し、利益計上事業年度には一定の事業税を課すこと、並びに、法人住民税均等割について、その都道府県分を事業規模に応じて、さらに拡充することを対案として示した[28]。

しかし、政府・与党の中では、中小企業が反対運動から切り離されたことや、全国知事会をはじめとする地方6団体の強力な働きかけの中で、外形標準課税導入を容認する動きが拡がっていった。

経団連としても、これ以上の絶対反対を続けても外形標準課税導入を阻止することは困難と考え、雇用安定控除の拡大や、資本割における持株会社や巨大企業への特例に向けた条件闘争へと転換した。その結果、以下のように外形標準課税が導入されることとなった。

---

[28] 経団連「平成15年度税制改正に関する提言－経済社会の活力回復に向けて」（2002年9月17日）

①対象法人

　資本金1億円超の法人。ただし、法人事業税において既に所得以外を課税標準とする電力、ガス、保険は対象外であり、また、1億円超であっても特別法人（協同組合、信用金庫、信用組合等）等は除外された。

②税額

　法人事業税額＝所得割額＋付加価値割額＋資本割額

③課税標準

　・所得割　　　繰越欠損金控除前の法人事業税上の所得

　・付加価値割　付加価値額＝収益配分額（報酬給与額＋純支払利子＋純支払賃借料）±単年度損益

　・資本割　　　資本等の金額（資本の金額又は出資金額＋資本積立金額）

　このうち、報酬給与額は、各事業年度において事務所又は事業所の従業者等の労働に対して支出されるべき報酬、給料、賃金、賞与及び退職給与並びにこれらの性質を有するものの金額を合計したものであり、法人税において損金の額に算入されない過大役員報酬等は除かれた。

　また、労働者派遣契約に基づき派遣労働者の派遣を受ける法人については、当該派遣労働者に係る労働者派遣契約の契約料（これに相当するものを含む）のうち当該事業年度に係るものに75％を乗じた金額（みなし派遣給与額）を報酬給与額に加えて得た金額を報酬給与額とみなし、派遣労働者の派遣を行う法人については、報酬給与額から、当該派遣労働者に係る報酬給与額を限度としてみなし派遣給与額を控除して得た金額を報酬給与額とみなすこととされた。

　全体では、付加価値額の7割強が報酬給与額となることから、外形標準課税は賃金課税であるとの批判を抑えるために、雇用安定控除の特例として、報酬給与額が収益配分額の70％相当額を超える場合には、当該超える額（雇用安定控除額）を収益配分額から控除することとされた。

　資本割では、持株会社（発行済株式総数の50％を超える数の株式を直接又は間接に保有する子会社の株式の帳簿価額が、総資産の額の50％を超える法

人）については、資本等の金額から、当該資本等の金額に総資産のうちに占める子会社株式の帳簿価額の割合を乗じて得た金額を控除することとされた。

また、資本等の金額が1,000億円を超える法人については、1,000億円に、次に掲げる資本等の金額の区分に応じ、次に定める率を乗じて得た金額の合計額を加えた金額を資本割の課税標準とされ、さらに、資本等の金額が1兆円を超える場合には、資本等の金額を1兆円とみなして計算するものとされた。

1,000億円を超え、5,000億円以下の部分　50％
5,000億円を超え、1兆円以下の部分　　　25％

法人事業税は自治体の行政サービスに対する応益課税であるとされていることから、国外において事業を行う内国法人の付加価値割の課税標準とすべき付加価値額は、国内所得に係る付加価値額に限るととされ、国外において事業を行う内国法人の資本割の課税標準とすべき資本等の金額は、資本等の金額に全世界所得に係る付加価値額のうちに占める国内所得に係る付加価値額の割合を乗じて得た金額とされた。

④税率

所得割：外形基準の税収を3：1、外形基準のうちでの付加価値割：資本割の税収を2：1とすることを前提に、法人事業税収の過去3年の平均と外形標準導入後の税収を均衡させることとされ、以下のような税率となった。

所得割　　　7.2％（9.6％から3／4に引下げ）
付加価値割　0.48％
資本割　　　0.2％

⑤徴収猶予

都道府県知事は、対象法人が次のイ又はロのいずれかに該当すると認める場合には、その申請に基づき、3年以内の期間を限り（ただし延長により最長6年）、当該法人の法人事業税に係る徴収金の全部又は一部の徴収

を猶予することができることとされた。この場合、その金額を適宜分割して納付すべき期限を定めることを妨げない。
  イ　当該事業年度を含む過去の事業年度において3年以上継続して欠損法人であって、地域経済・雇用等に与える影響が大きいと認められる場合
  ロ　当該事業年度において欠損法人となっている創業5年以内の法人であって、その技術の高度性又は事業の新規性などが地域経済の発展に寄与すると見込まれる場合
⑥適用期日

　外形標準課税は1年間の猶予を置き、平成16（2004）年4月1日以後に開始する事業年度分から適用された。

　法人事業税の外形標準課税は、導入当時の仕組みで推移し、平成27（2015）年度税制改正、平成28（2016）年度税制改正において、法人実効税率の30％以下への引下げの手段として拡大されることとなったが、その顛末は第11章で述べることとする。

5　法人地方税の偏在性対策

　法人事業税への外形標準課税によって、法人地方税収の安定は一定程度実現できたとしても、偏在性はまったく是正されなかった。

　当然のことであるが、外形標準課税であっても、税源となる企業が都市部に集中している上、地方に分散している中小法人を対象外とした仕組み、すなわち大法人課税となったため、全体が所得課税であったときよりも、偏在は高まることとなった。

　また、地方消費税は税収の偏在は他の税目に比べて少ないが、税収額が巨大であるために、都市部と地方での税収格差をさらに拡大させた。さらに「三位一体の改革」とされた国から地方への税源移譲により、地方税収全体の偏在は拡大し、それまでの補助金、交付金などの縮減と一体であったことから、多く

【人口1人当たり税収額の偏在度の推移（最大（東京）÷最小）】

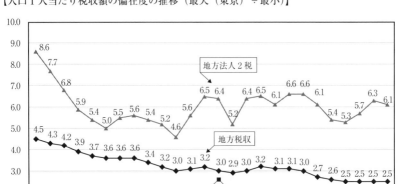

（※）「最大（東京）／最小の倍率」は、各都道府県ごとの人口1人当たり税収額の最大値（東京）を最小値で割った数値である。
（注1）税収額については各年度の決算額（各年度とも超過課税及び法定外税等を除く）であり、人口は住民基本台帳人口（24年度までは各年度末日、25年度以降は各年度1月1日）による。
（注2）地方税収計は、地方法人特別譲与税を含む。
（注3）地方法人二税の税収額は、法人道府県民税、法人市町村民税及び法人事業税の合計額である。
（注4）地方消費税は平成9年度導入。平年度化した平成10年度から計上しており、税収額は清算後の額である。

の自治体が財源不足を拡大させることになった。

（1）平成17（2005）年度税制改正
——法人事業税の分割基準の見直し

　法人事業税の分割基準について、非製造業（鉄道事業・軌道事業、ガス供給業・倉庫業及び電気供給業を除く）について、課税標準の2分の1を事務所数により、2分の1を従業者数により関係都道府県に分割することとされ、製造業を含めて、本社管理部門の従業者数を2分の1に割り落とす措置が廃止された。

　しかし、抜本的な解決には程遠く、法人2税を各自治体の独自財源としたままでは如何ともしがたい状況であることが明白になっただけであった。

（2）平成 20（2008）年度税制改正
——地方法人特別税・地方法人特別譲与税の創設

　ITバブルとその崩壊を経て景気は緩やかに回復に向かったが、地域により大きな偏りがあったことなどにより、地方自治体間の税収格差はさらに拡大し、企業収益を直接反映する地方法人2税（法人事業税、法人住民税）の税収は、人口1人当たりで最大の東京都と最小の長崎県との間で6.5倍に達していた。

　本来、地域間の財政力格差は、地方分権の中で国から地方への税源移譲を進める中で解決すべきであり、総務省や全国知事会等の地方6団体からは、偏在性が小さく税収が安定的な税として、地方消費税のウエイトを引き上げるべきとの要望も示されていた。

　しかし、国としても消費税は基礎年金の公費負担を初めとする社会保障の安定的財源として欠くことはできず、5％の税率水準を維持しながら国・地方の配分を見直すことは困難であることから、消費税を含む税制抜本改革がなされるまでの間の「暫定的措置」として、法人事業税の税収のおよそ2分の1をいったん「地方法人特別税」（国税）として国にプールした上で、その全額を地方法人特別譲与税として、現行の法人事業税の配分基準とは異なる基準で都道府県に再配分することとなった。この一連の措置は地方税法の改正ではなく「地方法人特別税法等に関する暫定措置法（以下、「地方法人特別税法」）の制定により行われている。

【法人事業税改正、地方法人特別税・地方法人特別譲与税のスキーム】

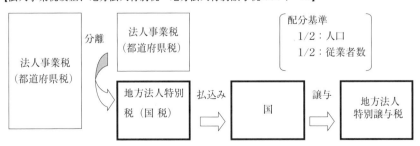

法人事業税の税率の改正

都道府県の自主財源である法人事業税について、下記のように所得割、収入割分の税率が改正された。なお、資本金1億円超の法人に課される外形標準分（資本割分・付加価値割分）については変わらない。

・資本金額・出資金額1億円超の普通法人の所得割の標準税率

  年400万円以下の所得　　　　　　　　3.8 %　⇒　1.5 %
  年400万円超800万円以下の所得　　　　5.5 %　⇒　2.2 %
  年800万円超の所得及び清算所得　　　　7.2 %　⇒　2.9 %

・資本金額・出資金額1億円以下の普通法人等の所得割の標準税率

  年400万円以下の所得　　　　　　　　5.0 %　⇒　2.7 %
  年400万円超800万円以下の所得　　　　7.3 %　⇒　4.0 %
  年800万円超の所得及び清算所得　　　　9.6 %　⇒　5.3 %

・特別法人の所得割の標準税率

  年400万円以下の所得　　　　　　　　5.0 %　⇒　2.7 %
  年400万円超の所得及び清算所得　　　　6.6 %　⇒　3.6 %
  （特定の協同組合等の年10億円超の所得　7.9 %　⇒　4.3 %）

・電気供給業・ガス供給業及び保険業を行う法人の収入金額に対する税率

                1.3 %　⇒　0.7 %

※3以上の都道府県に事務所又は事業所を設けて事業を行う法人のうち資本金1,000万円以上であるものの所得割に係る税率については軽減税率の適用はない。

地方法人特別税の創設

都道府県間の財政力格差を是正するために法人事業税の上記の税率引下げ分に対応して、地方法人特別税が創設された。同税は国税であるが、国税通則法・国税反則取締法の適用はなく、国税徴収法の規定の適用上は地方税とみなされた。

・納税義務者　法人事業税（所得割又は収入割）の納税義務者
・課税標準　標準税率により計算した所得割額又は収入割額

- 税率

付加価値割額、資本割額及び所得割額の合算額によって法人事業税を課税される法人の所得割額に対する税率	148 %
所得割額によって法人事業税を課税される法人の所得割額に対する税率	81 %
収入割額によって法人事業税を課税される法人の収入割額に対する税率	81 %

- 賦課徴収　地方法人特別税の賦課徴収は、都道府県が法人事業税の例により併せてこれを行う。
- 申告・納付　納税義務者は、地方法人特別税を当該都道府県の法人事業税の申告・納付と併せて当該都道府県に申告・納付する。
- 適用時期　平成20（2008）年10月1日以後に開始する事業年度から適用。

なお、地方法人特別税も法人税の計算上は損金に算入され、また、課税標準はあくまで「標準税率により計算した所得割額又は収入割額」であり、超過課税分は反映されない。

地方法人特別譲与税の創設

　地方法人特別税の税収の全額が、地方法人特別譲与税として、1／2を直近の国勢調査による人口、1／2を従業者数の基準によって配分され、都道府県に譲与される。ただし、前年度の地方交付税の算定における財源超過団体に対しては、この改正による減収額として算定した額が財源超過額の1／2を超える場合には、その額の1／2を限度として、当該超える額が譲与額に加算される。

　その結果、東京都が3,268億円の減収となるのをはじめ、愛知、大阪、静岡、栃木、三重、滋賀が減収となり、その他40道府県が増収となると見込まれた。

（3）平成26（2014）年度税制改正

　2013年当時、地方財政全体では約13.3兆円の財源不足額があるのに対し、

地方交付税不交付団体の留保財源と財源超過額の合計額は 1.8 兆円を超えていた。

　消費税率引上げに伴う地方消費税率の引上げと交付税原資の拡大により、地方財政全体の財源不足は改善するとしても、一方で地方消費税収には、人口1人当たり最大の東京都と最小の奈良県との間で 1.8 倍の格差があることから、このままでは東京都をはじめとする一部の富裕団体はますます豊かになり、偏在性が拡大していくことが見込まれていた。

　そこで、地域間の税源の偏在性を是正し、財政力格差の縮小を図るため、法人住民税法人税割の税率（標準税率）を法人税額の 17.3 %（都道府県分：5.0 %、市町村分：12.3 %）から法人税額の 12.9 %（都道府県分：3.2 %、市町村分：9.7 %）へ 4.4 % 分引き下げるとともに、これに相当する分を国税に移し「地方法人税」を創設して、その税収全額を交付税及び譲与税配付金特別会計に直接繰り入れ、地方交付税原資とすることとされた。また、地方法人特別税・譲与税についてはその規模を縮小し、法人事業税に復元することとされた。

　地方法人税の創設と地方法人特別税・譲与税から法人事業税への復元は、ともに 6,000 億円程度とされたが、地方法人特別譲与税は、東京都等の不交付団体にも一定額が配分されるが、法人地方税は交付税財源とされるため不交付団体には配分されない。

　なお、消費税率 10 % 引上げ段階では、法人住民税法人税割の地方交付税原資化をさらに進めるとともに、地方法人特別税・譲与税を廃止するとともに現行制度の意義や効果を踏まえて他の偏在是正措置を講ずるなど、関係する制度について幅広く検討を行うこととされた。

【偏在性是正策のイメージ】

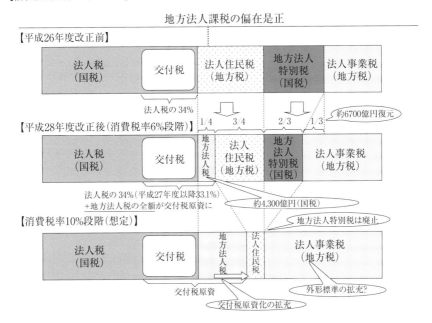

（4）平成28（2016）年度税制改正
——地方法人税の拡大等

　平成29（2017）年度以降、法人住民税法人税割を12.9％から7.0％（標準税率）へ縮小する一方、地方法人税（国税）を現行4.4％から10.3％へ拡充し、地方交付税の原資とすることとされた。また平成29年度以降、地方法人特別税・地方法人特別譲与税は廃止され、法人事業税に復元されることとされた。

①法人住民税法人税割の税率の改正

　　法人住民税法人税割の税率を次の通りとし、平成29（2017）年4月1日以後に開始する事業年度から適用する。

	現行		改正案	
	［標準税率］	［制限税率］	［標準税率］	［制限税率］
道府県民税法人税割	3.2 %	4.2 %	1.0 %	2.0 %
市町村民税法人税割	9.7 %	12.1 %	6.0 %	8.4 %

②地方法人税の税率の改正

　地方法人税の税率を10.3％（現行：4.4％）に引き上げ、平成29（2017）年4月1日以後に開始する事業年度から適用する

③地方法人特別税及び地方法人特別譲与税の廃止

　平成29（2017）年4月1日以後に開始する事業年度から地方法人特別税は廃止し、法人事業税に復元する。地方法人特別譲与税は、2018年8月譲与分をもって廃止する。

④法人事業税交付金の創設

　平成29（2017）年度から、法人事業税の一部を都道府県から市町村に交付する制度を創設する。

・道府県は、納付された法人事業税の額の100分の5.4に相当する額を市町村に対して交付する。

・都は、納付された法人事業税の額の100分の5.4に相当する額を市町村に対して交付し、特別区相当分については、特別区財政調整交付金の財源とする。

・市町村に対する交付については、従業者数を基準として行う。

（5）平成29（2017）年度税制改正
──法人事業税分割基準の見直し

　電気供給業の法人事業税の分割基準について、さらなる見直しが行われ、平成29（2017）年3月31日以後に終了する事業年度から適用される。

　電気供給業のうち、発電事業については、課税標準の4分の3を事務所又は事業所の固定資産で発電所の用に供するものの価額により、4分の1を事務所又は事業所の固定資産の価額により、送配電事業については、課税標準の4分の3を事務所又は事業所の所在する都道府県において発電所に接続する電線路（一定の要件を満たすものに限る。下記において同じ）の送電容量により、4分の1を事務所又は事業所の固定資産の価額により、小売電気事業については、課税標準の2分の1を事務所又は事業所の数により、2分の1を従業者の数によ

り、それぞれ関係都道府県に分割する。

　事務所若しくは事業所の固定資産で発電所の用に供するものを有しない場合の発電事業又は発電所に接続する電線路を有しない場合の送配電事業については、上記にかかわらず、課税標準を事務所又は事業所の固定資産の価額により関係都道府県に分割する。

第 9 章　民主党政権下の税制改正
―― 平成 22（2010）～24（2012）年度税制改正

2009年7月21日の総選挙により、民主党が絶対安定多数を超える308議席を確保して政権交代となり、以降、鳩山由紀夫（2009年9月16日～）、菅直人（2010年6月8日～）、野田佳彦（2011年9月2日～2012年12月26日）と3代の首相が続いた。その間、東日本大震災もあって、政治は混迷を続けたが、その間の税制改正では、法人税率の引下げと、消費税率の引上げの決定という大きな成果を残した。そこで、法人税を中心に、民主党時代の税制改正を振り返っておきたい。

1　平成22（2010）年度税制改正

（1）税制改革への基本的考え方

　政権交代後初めての税制改正となった平成22（2010）年度税制改正では、税制改正の決定メカニズムが変わっただけでなく、税制の現状についての見方や改正に向けての考え方そのものが改められた。

　「平成22年度税制改正大綱」は、民主党政権の税制に関するマニフェストともなっていた。大綱の「はじめに」では、税制に限らず新政権の基本的な考え方が端的に示されている。従来の政権は、「我が国を取り巻く環境の変化」に十分に対応することなく、本来は「セーフティネットの確立と経済活性化、財政健全化」の好循環を確立することが求められているのに、現在はこれが全く逆回転しているとする。このような基本方針のもと、大綱第1章では「税制改革に当たっての基本的考え方」を示している。

　まず、税制の現状について、複雑、既得権化、受益と負担の関係が不明確など、納税者から見た「納得」という観点から大きくかけ離れており、構造的な財政赤字は、現行税制が税における「十分性の原則」＝財政需要を賄うのに必要な租税収入を確保することを満たせなくなっているためとする。

　このような現状認識のもとで、厳しい財政状況を踏まえつつ、「支え合う社会の実現に必要な財源を確保」し、経済・社会の構造変化に適応した新たな税

制を構築することは、新しい国のかたちを作るために必要不可欠であり、「常に納税者の立場に立って論議を行う」ことが必要であるとして、以下の5点を、税制抜本改革の視点として掲げる。

①納税者の立場に立って「公平・透明・納得」の三原則を税制のあり方を考える際に常に基本とする
②「支え合い」のために必要な費用を分かち合うという視点を大事にする
③税制改革と社会保障制度改革とを一体的にとらえて改革を推進する
④グローバル化に対応できる税制のあり方を考える
⑤地域主権を確立するための税制を構築していく

(2) 新しい税制改正の仕組み

民主党政権では、従来の税制改正が、実質的な意思決定は法的な権限や責任を有しない与党の税制調査会で行われてきた経緯を批判し、「政府において権限と責任を有する政治家が決定する透明な仕組み」になるとして、与党内には税制調査会等を置かず、「税制調査会」を政府内に置き、財務省・総務省の政務三役に加えて、各府省の副大臣が委員として参加して審議された。しかし、最終局面には、与党から政府に対して揮発油税等の暫定税率の負担水準維持など税制改正の重要課題について具体的な方針が示されるなど、不透明な過程があったことは否めない。

地方税制については、地方の声を反映する仕組みを構築することが必要であり、今後、「国と地方が対等に協議する場の法制化」の議論との関連を整理しつつ、地方税制に関する地方の声を十分反映できる仕組みを検討するとしていたが、これが具体化されることはなかった。

(3) 租税特別措置の見直し

民主党政権下の税制改正で特徴的であったのは、租税特別措置に対する厳しい姿勢であった。租税特別措置は「税負担の公平の原則の例外」であり、税制における既得権益を一掃し、納税者の視点に立って公平で分かりやすい仕組み

とするためには、租税特別措置をゼロベースから見直し、整理合理化を進めることが必要とし、見直しのための「ふるい」として、平成22年度税制改正の過程で「租税特別措置の見直しに関する基本方針」と「地方税における税負担軽減措置等の見直しに関する基本方針」が定められ、当時、国税で241項目、地方税で286項目ある産業政策等の特定の政策目的により税負担の軽減等を行う「政策税制措置」のすべてをこの「ふるい」にかけ抜本的に見直すとしていた。

さらに、租税特別措置は、特定の者に税負担の軽減という経済的な利益を与えるという意味で補助金と同じ機能を果たすものであるとして、租税特別措置の適用実態を明らかにし、その効果を検証できる仕組みとして、「租特透明化法」が制定された。

(4) 法人課税

平成22年度税制改正の目玉は、グループ法人税制の導入及び資本取引に関する税制の見直しであるが、これは第7章で述べたように、2008年以来、実務的に検討が進められてきた経緯があり、新政権の方針とは関係がない。

一方で、中小法人の軽減税率引下げや特殊支配同族会社における業務主宰役員の損金不算入制度の見直しは、マニフェスト項目であり、税制調査会でも重要なテーマとされていた。結果的に、前者は財源問題から見送られた上で「早急な実施に向け真摯に検討」とされ、後者は廃止となったが、二重控除の問題は所得控除見直しの中で個人事業者との課税の不均衡是正として議論し抜本的措置を講じるとされている。

実効税率については、「改革の方向性」の中で、租税特別措置の抜本的な見直しなどにより「課税ベースが拡大した際には、成長戦略との整合性や企業の国際的な競争力の維持・向上、国際的な協調などを勘案しつつ、法人税率を見直す」とされているが、これは旧政権下でも繰り返し言われていたことと同じである。一方、22年度改正における企業関係租税特別措置の見直しは、情報基盤強化税制の廃止（大法人のみ、中小法人分については中小企業等基盤強化税制

に取り込み）などがあるものの、総じて従来の改正の範囲にとどまっている。

　地方法人課税については、法人住民税・法人事業税は地域間格差が大きい税目であることから、現行の地方交付税制度よりも財政調整の機能を一層強化した新たな制度を創設するための検討と併せて、「税源の偏在性が少なく、税収が安定的な地方税体系の構築」に向けて議論を進めるとしていた。

　また、国際課税は、「国外に進出する企業の事業形態の変化や諸外国における法人税等の負担水準の動向に対応する一方、租税回避行為を一層的確に防止する観点」から、外国子会社合算税制（タックスヘイブン対策税制）をはじめ大規模な改正となった。このうち、適用除外基準の見直しや、特定外国子会社に係る資産性所得合算課税制度の導入等は、実務的に協議が進められてきた内容を税制調査会が容認したものであるが、トリガー税率の引下げ（25％⇒20％）には政治的な決断を経た。

2　平成23（2011）年度税制改正
——東日本大震災による中断と復興特別法人税

　民主党政権2年目の税制改正は「ミニ税制抜本改革」となるはずであった。2010年12月16日にとりまとめられた平成23年度税制改正大綱では、法人実効税率の引下げのほか、所得税における諸控除の見直し、相続税・贈与税の見直し、地球温暖化対策のための税の創設などが盛り込まれていた。それまでに税制抜本改革の課題とされてきたものの大部分が平成23年度税制改正において何らかの手が着けられるはずであった。

　しかし、2010年7月の参議院選挙で与党が過半数を割りねじれ国会となったことや、2011年3月11日の東日本大震災、福島原発事故の処理をめぐる混乱の中で平成23度税制改正関係法案は年度内に成立できず、経済対策や雇用対策等の政策税制部分のみは、「現下の厳しい経済状況及び雇用情勢に対応して税制の整備を図るための所得税法等の一部を改正する法律」として2011年6月に成立したが、ミニ抜本改革とも称された主要部分は、その後も国会で審

議されることなく放置されることとなった。

（1）東日本大震災の被災者等に係る国税関係法律の臨時特例に関する法律

2011年3月11に発生した東日本大震災に係る税制の対応は、緊急を要するものから、順次、実現されていった。その中から法人税に関係する部分を辿っておく。

まず、第一弾として、「東日本大震災の被災者等に係る国税関係法律の臨時特例に関する法律」が4月19日に国会に提出され4月27日に成立した。

これは、東日本大震災の被災者等の負担の軽減を図る等のための緊急措置とされ、法人税関係は以下の内容であった。

①震災損失の繰戻しによる法人税額の還付
　——2011年3月11日から2012年3月10日までの間に終了する事業年度において、法人の欠損金額のうちに震災損失金額がある場合には、その震災損失金額の全額について2年間まで遡って繰戻し還付を可能とする。また、2011年3月11日から同年9月10日までの間に中間期間が終了する場合、仮決算の中間申告により同様の繰戻し還付を可能とする。

②利子・配当等に係る源泉所得税額の還付
　——2011年3月11日から同年9月10日までの間に中間期間が終了する場合、仮決算の中間申告により、震災損失金額の範囲内で、法人税額から控除しきれない利子・配当等に係る源泉所得税額の還付を可能とする。

③大震災に係る国税通則法による申告期限の延長により、法人税の中間申告期限と確定申告期限が同一の日となる場合には、中間申告書の提出を不要とする。

④被災代替資産等の特別償却
　——2011年3月11日から2016年3月31日までの間に、被災した資産（建物、構築物、機械装置、船舶、航空機、車両）の代替として取得する資産、被災区域内において取得する資産（建物、構築物、機械装置）につい

て、特別償却を可能とする。
⑤特定の資産の買換えの場合の課税の特例
　——2011年3月11日から2016年3月31日までの間に被災区域内の土地等を譲渡し、国内にある土地、建物その他の減価償却資産を取得する場合、被災区域外の土地等を譲渡し、被災区域内の土地、建物その他の減価償却資産を取得する場合に、圧縮記帳による課税の繰延べ（課税繰延割合100％）を可能とする。
⑥買換え特例に係る買換資産の取得期間等の延長
　——租税特別措置法に規定する特定の資産の買換えの特例等について、大震災のため、買換資産等を予定期間内に取得することが困難であるときは、一定の要件の下に、当該予定期間をさらに2年の範囲内で延長できることとする。

（2）東日本大震災の被災者等に係る国税関係法律の臨時特例に関する法律の一部を改正する法律

　第二弾として、秋の臨時国会では、東日本大震災の被災者等の負担の軽減及び東日本大震災からの復興に向けた取組みの推進を図るためとして「東日本大震災の被災者等に係る国税関係法律の臨時特例に関する法律の一部を改正する法律」が、2011年11月4日に提出され12月14日に成立した。法人税関係の項目は、以下の通りである。
①新規立地促進税制（新規立地新設企業を5年間無税とする措置）
　——東日本大震災により多数の被災者が離職を余儀なくされ又は生産基盤の著しい被害を受けた地域を有する認定地方公共団体が設置する復興産業集積区域内に新設され、2016年3月31日までの間に当該地域の雇用機会の確保に寄与する事業を行う者として当該地方公共団体の指定を受けた法人が、指定を受けた日から同日以後5年が経過する日までの期間内の日を含む各事業年度において無税となるよう、次の措置を講じる。
　・所得金額を限度として再投資等準備金を積み立てたときは、その積立

額を損金の額に算入できる制度の創設。
・復興産業集積区域内で機械又は建物等に再投資等を行った事業年度において、準備金残高を限度として特別償却ができる制度の創設。

②法人税の特別控除

——2016年3月31日までの間に東日本大震災により多数の被災者が離職を余儀なくされ又は生産基盤の著しい被害を受けた地域の雇用機会の確保に寄与する事業を行う者として指定を受けた法人が、指定期間（指定を受けた日から同日以後5年を経過する日までの期間）内の日を含む各事業年度において、復興産業集積区域内の事業所で雇用をする被災者に対する指定期間内の給与等支給額の一定割合を税額控除ができる制度を創設する（税額控除率10％、法人税額の20％を限度）。

③事業用設備等の特別償却等

——復興産業集積区域内において、2016年3月31日までの間、東日本大震災により多数の被災者が離職を余儀なくされ又は生産基盤の著しい被害を受けた地域の雇用機会の確保に寄与する事業を行う者として指定を受けた法人が取得等をした機械・装置及び建物・構築物について、特別償却又は税額控除が選択適用できる制度を創設する。

償却率は、機械・装置については、2016年3月31日以前に取得等をした場合は100％、同年4月1日以降に取得等をした場合は50％、建物・構築物については25％とする。

税額控除割合は、機械・装置については15％、建物・構築物については8％。税額控除は法人税額の20％を限度とし、4年間の繰越しができることとする。

④研究開発税制の特例等

——復興産業集積区域内において、東日本大震災により多数の被災者が離職を余儀なくされ又は生産基盤の著しい被害を受けた地域の雇用機会の確保に寄与する事業を行う者として指定を受けた法人が、2016年3月31日までの間に開発研究用減価償却資産の取得等をした場合に、即時償却が

できる制度を創設する。

　　上記の対象となる開発研究用減価償却資産の減価償却費については、試験研究を行った場合の法人税の特別控除の適用を受ける場合、特別試験研究費として取り扱うこととする。

⑤被災者向け優良賃貸住宅の特別償却等

　　――復興居住区域内において、住宅に大きな被害が生じた地域の住居の確保に寄与する事業を行う者として指定を受けた法人が、2014年3月31日までの間に、新築された被災者向け優良賃貸住宅の取得等をし、賃貸の用に供した場合には、25％の特別償却又は8％の税額控除ができる制度を創設する。ただし、税額控除については当期の法人税額の20％を限度とし、控除限度超過額については4年間の繰越しができることとする。

⑥被災代替資産等の特別償却の対象への二輪車等の追加

　　――被災代替資産に二輪車等を追加するほか、被災資産の範囲について、実質的に事業の用に供することができなくなったものが対象資産であることを明確化する。

⑦被災者向け優良賃貸住宅の割増償却

　　――2014年3月31日までの間に、特定激甚災害地域内において新築された被災者向け優良賃貸住宅の取得等をし、賃貸の用に供した場合には、5年間、割増償却ができる制度を創設する（割増率50％、耐用年数が35年以上のものは70％）。

（3）復興特別法人税

　当時、東日本大震災からの復興に要する費用は、2015年度末までの5年間の「集中復興期間」に実施すると見込まれる施策・事業については、国・地方（公費分）合わせて少なくとも19兆円程度と見込まれ、さらに、10年間の復旧・復興対策の規模（国・地方の公費分）については少なくとも23兆円程度と見込まれていた（原子力損害賠償法、原子力損害賠償支援機構法案に基づき事業者が負担すべき経費は含まれていない）。

これを賄うために、政府は、公債の発行に関する特例措置、財政投融資特別会計財政投融資資金勘定からの国債整理基金特別会計への繰入れ、日本たばこ産業株式会社、東京地下鉄株式会社の株式の所属替等の措置を講ずるとともに、臨時増税として、復興特別所得税、復興特別法人税及び復興特別たばこ税を創設することとし、2011年10月28日に「東日本大震災からの復興のための施策を実施するために必要な財源の確保に関する特別措置法」を臨時国会に提出し、民主、自民、公明の3党協議を経て11月30日に、復興特別たばこ税の削除、復興特別所得税について当初、2013年から2022年までの10年間に所得税額の4％の付加税とされていたものを、2037年まで所得税額の2.1％に改めるなどの修正を経て11月30日に成立した。
　このうち、復興特別法人税は、各事業年度の所得に対する法人税額の10％の付加税を2012年度から3年間にわたって課すものであった。この増税に対して、経団連は東日本大震災からの復興を図るためにはやむを得ない措置として賛成したが、予定していた税収が確保された段階で終了することを求めた。
　2013年度以降、アベノミクスの初期効果もあって法人税収は順調に拡大し、復興特別法人税は1年早く終了することができた。

3　再び、法人税率の引下げと課税ベースの拡大

　民主党政権は、平成23（2011）年度税制改正大綱で示された内容のうち、ミニ抜本改革とも称された主要部分を含めた未実現部分を「経済社会の構造の変化に対応した税制の構築を図るための所得税法等の一部を改正する法律案」として、2011年9月13日に国会に提出したが、その後も国会で審議されることなく、漸く11月10日に至り、震災復興財源に係る政治決着としての民主・自民・公明3党「税関係協議結果」により、法人税の実効税率引下げと課税ベース拡大部分のみが当初案通りに実現し、個人所得税や資産課税等は、この合意の中で「23年度改正事項のうち積み残し分については、平成24（2012）年度

3　再び、法人税率の引下げと課税ベースの拡大　　197

【平成 23 年度税制改正（国税）の主要項目の帰趨】

	主要項目	23 年度改正	24 年度改正	一体改革素案
法人税	1. 法人実効率の引下げ 　・法人税率 30 % 　　　　⇒ 25.5 % 　・実効税率 40.69 % 　　　　⇒ 35.64 % 　（東京都の場合） 2. 課税ベースの拡大 　①欠損金の繰越控除の制限・繰越期間の延長 　②減価償却制度の見直し 　③貸倒引当金の縮減、等	当初案通り成立（施行：H24.4.1 以後に開始する事業年度）		
所得税	1. 給与所得控除の上限設定 　① 245 万円（給与所得 1,500 万円） 　②役員はさらに縮減 2. 特定支出控除の見直し 3. 退職所得課税の見直し 4. 成年扶養控除の見直し	削除	1. 給与所得控除の上限設定（①のみ） 2. 特定支出控除の見直し 3. 退職所得課税の見直し	最高税率の引上げ 課税所得 5 千万円超：45 % （施行：H27 年分～）
相続税	1. 基礎控除の引下げ 2. 未成年者控除及び障害者控除の引上げ 3. 税率構造の見直し	削除		1. 基礎控除の引下げ 2. 未成年者控除及び障害者控除の引上げ 3. 税率構造の見直し （施行：H27.1.1～）
贈与税	1. 税率構造の見直し 2. 相続時精算課税の対象拡大	削除		1. 税率構造の見直し 2. 相続時精算課税の対象拡大 （施行：H27.1.1～）
他	地球温暖化対策としての石油・石炭税の段階的引上げ	削除	石油・石炭税の段階的引上げ	

税制改正又は税制抜本改革に合せ成案を得るよう、各党でそれぞれ努力する。」とされて終わった。

こうして実現した法人税の改革に関する事項を確認しておく。

法人税率が30％から25.5％へと引き下げられ、実効税率ベースでは40.69％から5％ポイント強引き下げられ35.64％となった。また、中小法人の軽減税率も18％から15％に引き下げられた。

2010年6月に閣議決定された「新成長戦略」の中では、「日本に立地する企業の国際競争力強化と、外資系企業の立地促進のため」法人実効税率を段階的に引き下げるとされていた。一方で「課税ベースの拡大を含め財源確保に留意する」とされていた。法人税の課税ベース拡大については、下表のような厳しい対応となったが、法人税率の4.5％の引下げに伴う減収見込み額1兆2,194億円に対し、課税ベースの拡大等による増収見込額は5,849億円であり、差し引きで6,345億円の実質減税となった。課税ベースのこれ以上の拡大となれば、業種・企業によっては税率が引き下げられても税負担は増加することとなるため、経団連としてはギリギリの対応でもあった。

この他にも、中小企業の軽減税率の引下げ（18％→15％）、雇用促進税制、環境関連投資促進税制、総合特区制度・アジア拠点化推進のための税制の創設等が行われるため、法人税全体では7,758億円の減税とされた（いずれも平年度）。

【主な法人税課税ベースの見直し】

項目	概要	増収額（平年度）
減価償却制度	定率法の償却率を250％から200％へ縮減	1,780億円
欠損金繰越控除	繰越控除限度額を所得金額の80％に制限、繰越期間は7年から9年に延長	1,788億円
貸倒引当金制度	適用対象を銀行・保険会社等及び中小法人等に限定、その他の法人については廃止（4年かけて貸倒引当金を取崩し）	550億円
寄附金	一般寄附金の損金算入限度額を半減。特定公益増進法人等に対する寄附金の損金算入限度額は、当該半	69億円

	減額と同額の拡充	
研究開発促進税制	経済危機対策として 21 年度追加税制改正で導入された特例（税額控除限度額の 20 %→ 30 %等）の廃止	495 億円
その他	特別償却制度の見直し、準備金制度の見直し、外国税額控除制度の見直し等	

4　平成 24（2012）年度税制改正

　政府税制調査会並びに復活した民主党税制調査会における平成 24（2012）年度税制改正審議は「社会保障・税一体改革」と並行でなされた上に、秋口からは復興財源、復興支援税制の第 2 段が優先された。さらに平成 23 年度税制改正法案の決着に 11 月末までを要したため、実質的な審議期間は 10 日あまりでしかなかった。その結果、平成 23 年度改正の積み残しを除けば、平成 24 年度税制改正の新規項目としては、車体課税の軽減、福島・沖縄関係、国際課税ぐらいでしかない。

　法人税関係についても、環境関連投資促進税制や中小企業投資促進税制の拡充ぐらいしか特筆すべきことはなく、それ以外は、研究開発税制の上乗せ部分（高水準型、増加型）や海外投資等損失準備金の延長等の期限切れを迎える政策税制の手当てがなされているにすぎない。

　その意味で、平成 24 年度税制改正は、結果的に平成 24 年度からの施行となった平成 23 年度改正と、消費税引上げを含めた税制抜本改革との間のつなぎとして、必要最低限の措置を定めたものであった。

5　社会保障・税の一体改革

　法人税からは離れるが、税制全体での大きな節目として、社会保障・税の一体改革の税制についての結論として、2011 年 6 月の社会保障・税一体改革の

「成案」、及びそれを受けて、2012年3月30日に国会に提出され、修正の上、8月10日に成立した「社会保障の安定財源の確保等を図る税制の抜本的な改革を行うための消費税法等の一部を改正する等の法律」に触れておきたい。

（1）消費税率引上げと前提条件

　税制抜本改革部分は、平成21年度税制改正法の「附則104条」を具体化するため、2011年6月の「成案」において「2010年代半ばまでに段階的に消費税率を10％まで引上げ」とされていたものを、その時期、引上率を明確にすることが最大の焦点であった。また、国民に直接の関わりはないが、もう1つの重要な焦点は、国と地方の配分であった。

　消費税率の引上げ時期は、2014年4月1日から8％（消費税6.3％、地方消費税1.7％）、2015年10月1日から10％（消費税7.8％、地方消費税2.2％）とされた。加えて、国の消費税に係る地方交付税率も拡充されることにより、最終的な消費税収の国・地方間の配分は、8％段階では国4.90：地方3.10、10％段階では、国6.28：地方3.72とされた。

　引上げ分の消費税収（国・地方）については、「制度として確立された年金、医療及び介護の社会保障給付並びに少子化に対処するための施策に要する費用＝社会保障四経費」に則った範囲の社会保障給付における国と地方の役割分担に応じた配分とされているが、地方交付税とされる分の使途を縛ることはできず、あくまでも地方の一般財源である。

　経済財政状況の激変にも柔軟に対応できるよう、消費税率の引上げにあたっての経済状況の判断を行うとともに、経済財政状況の激変にも柔軟に対応する観点から、「消費税率の引上げに係る改正規定のそれぞれの施行前に、経済状況の好転について、名目及び実質の経済成長率、物価動向等、種々の経済指標を確認し、前項の措置を踏まえつつ、経済状況等を総合的に勘案した上で、その施行の停止を含め所要の措置を講ずる。種々の経済指標を確認し、経済状況等を総合的に勘案した上で、引上げの停止を含め所要の措置を講ずる」ものとする規定が法律に設けられたが、このことが安部内閣による消費税率引上げ時

期の延期につながった。

（2）消費税率引上げに伴う措置

　消費税率引上げに伴う課税の適正化、いわゆる益税対策として、事業者免税点制度の一部見直し、任意の中間申告制度等が示されていた。しかし、「基本的な方向性」としては、事業者免税点制度及び簡易課税制度については、中小事業者の事務負担への配慮という制度の趣旨に配意し制度を維持するとされていた。

　複数税率は明確に否定され単一税率を維持するとともに、インボイス制度の導入も行わない。逆新性対策としては、「2015年度以降の番号制度の本格稼動・定着後の実施を念頭に」、総合合算制度や給付付き税額控除等、再分配に関する総合的な施策を導入するとされ、当面は暫定的、臨時的措置として簡素な給付措置を実施するとしていたが、これは安倍内閣の元で大きく踏みにじられることとなった。

　一方、「円滑かつ適正な転嫁に支障が生ずることのないよう」、事業者の実態を十分に把握し、より徹底した対策を講じていくこととしている。価格表示に関する「総額表示」の義務付けについては「これを維持することを基本とする」とされている。

　社会保険診療は非課税扱いとし、医療機関等の仕入れに係る消費税については、診療報酬など医療保険制度において手当てされる。住宅取得については、「消費税率の引上げの前後における駆け込み需要とその反動等による影響が大きいことを踏まえ」、これを平準化、緩和する観点から、必要な措置について財源も含め総合的に検討するとして、最大限に配慮されている。

（3）消費税以外の消費課税等

　酒税、たばこ税、石油関係諸税等については、個別間接税を含む価格に消費税が課されることは「国際的な共通ルール」であるとして、消費税率引上げに際して特段の手当をされていない。特に酒税については、「類似する酒類間の

税負担の公平性の観点も踏まえ、消費税率の引上げに併せて見直しを行う方向で検討する」とされ、発泡酒等ビール類似酒類の増税が既定路線化されている。

印紙税については、建設工事請負契約書、不動産譲渡契約書及び領収書について負担軽減を検討することが明記されている。

（4）その他の税目の改革

消費課税以外での具体的項目は、所得税の最高税率引上げ（課税所得 5,000 万円超：45％、2015 年分から適用）、及び平成 23 年度改正の積み残しとしての相続税・贈与税の見直しのみである。いずれも「再分配機能の回復」と説明されているが、所得税の最高税率の引上げによる税収増は数百億円でしかなく、相続税強化も 3 千億円弱である。実際の所得再分配効果はほとんどなく、消費税率引上げに対する国民の心理的抵抗を和らげようとする以上のものではない。

法人税については具体的な言及はなく、「成案」の中で「基本的な方向性」として、復興特別法人税課税期間終了後も引き続き、雇用と国内投資拡大の観点から、今般の税率引下げの効果や主要国との競争上の諸条件等を検証しつつ、新成長戦略も踏まえ、法人課税のあり方について検討するとされているのみである。むしろ、地方課税において、地方法人特別税及び地方法人特別譲与税は、「税制の抜本的な改革において偏在性の小さい地方税体系の構築が行われるまでの間の措置」であり、一体改革に併せて抜本的に見直すと明記されていた。

第 10 章　アベノミクスの税制改正（Ⅰ）
―― 平成 25（2013）〜 26（2014）年度税制改正

2012年12月の総選挙で、自由民主党は294議席（改選前119議席）を獲得、単独で絶対安定多数し、公明党の31議席と合わせて衆議院再可決が可能となる3分の2を超える325議席を獲得し、政権を奪還した。

1　平成25（2013）年度税制改正

　平成25（2013）年度税制改正は、自民党税制調査会によって総選挙直後から政権発足を待たずに開始され、平成25年度政府予算案作成のギリギリのタイミングである2013年1月24日、与党平成25年度税制改正大綱が決定された。

（1）税制改正の決定メカニズム

　民主党政権は、当初は与党内に税制を審議する場を置かず、政府税制調査会を決定の場とした。菅内閣では、与党の意見をまとめて政府税制調査会に伝えるための組織との位置付けで民主党税制調査会が復活したが、各省の代弁者の集まりでしかなく、相互に矛盾・対立する税制改正要望を整理し、税制改正を決定することは難航した。

　復活した自公政権は、与党内で税制改正を決定することとし、総選挙結果判明の直後、2012年12月19日に自民党税制調査会の「インナー」が開催され、平成25年度税制改正のスケジュールと、公明党との間の与党税制協議会の設置、一体改革関連は民主党を含めた3党で協議することを確認している。以前の自公連立政権でも、与党としての税制改正の決定は、双方の税制調査会の代表者からなる与党税制協議会で最終的に決定されていたが、与党税制協議の性格を大きく変えたのは、一体改革の積み残し課題については民主党を含む3党協議の前の与党内調整の場となったことである。

　民主党政権下、2010年参議院選挙後のねじれ国会での一体改革関連法案成立のため、自民党、公明党との3党協議が不可欠となり、2012年8月の税制抜本改革法成立に至る過程では3党協議が税制改正決定のメインの場となっ

た。その中で、積み残された所得税最高税率引上げ、相続税・贈与税見直し、消費税率引上げに伴う住宅対策、車体課税等の課題は、引き続き3党間で協議して成案を得ることとされており、自公が衆議院で絶対多数を得たことでその扱いが注目されていた。しかし、自民党税制調査会の野田毅会長は3党合意の結果を誠実に尊重することを言明し、3党協議は有効に機能して、平成25年度税制改正において、所得税最高税率引上げ、相続税・贈与税見直し等が、旧民主党政府案に近い形で決着をみた。

（２）緊急経済対策

平成25年度税制改正における法人税関係の改正は、緊急経済対策の一環としての政策税制の拡充であった。安倍内閣は2013年1月11日、事業規模20兆円超にのぼる「日本経済再生に向けた緊急経済対策」を閣議決定したが、平成25年度税制改正はその一翼を担うべく、大胆な金融政策、機動的な財政政策、民間投資を喚起する成長戦略の「三本の矢」を税制から補強するための「民間投資や雇用を喚起し持続的成長を可能とする成長戦略に基づく政策税制措置を大胆に講ずる」こととなった。

生産等設備投資促進税制の創設

経済対策として民間設備投資を刺激する税制措置は常套手段でもあるが、「生産等設備投資促進税制」は、今までの投資減税の常識の範囲を越えるものであった。回復基調にあるが、未だリーマン・ショック前の水準であった民間設備投資を活性化させるため、生産等設備の国内総投資額が減価償却費を越え、かつ、前年度比10％超の増加である場合には、業種・機器限定をせずに国内で取得する機械・装置（工場建屋等は含まれない）について30％の特別償却又は3％の税額控除を認めるものであり、減収額も1,050億円（平年度）と見込まれていた。国内の設備投資額は毎年の減価償却費以下の水準に落ち込み生産設備の老朽化が懸念される中で、国内でのものづくりを維持するためにも必要な優遇措置とされた。

【民間企業設備投資の推移】

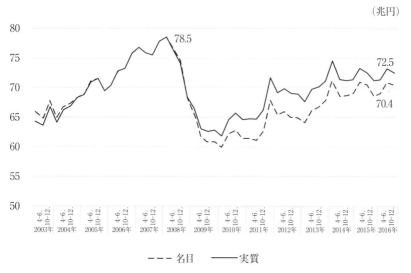

(出典:国民経済計算、季節調整済年換算)

研究開発税制の拡充

　研究開発税制についても、総額型の税額控除限度額が、法人税額の20％から30％に戻された。平成23年度税制改正において法人税率引下げのための課税ベース拡大策の一環として、税額控除限度額が法人税額の30％から20％に縮減されたが、同時に復興特別法人税も課されたため、わが国経済の先導役となるような優良企業に法人税率引下げ前より増税となる企業が続出し、経団連でもその復元を平成25年度税制改正の最重要課題として取り組んできた。

所得拡大促進税制の創設

　緊急経済対策で、民間設備投資と並んで重要視されていたのが、雇用・労働分配拡大であり、増加人件費税額控除ともいうべき「所得拡大促進税制」が創設された。3年間の時限措置として、基準年度（2012年度）と比較して、給与等支給額（賞与等を含む）を5％以上増加させ、前事業年度を下回らず、かつ、平均給与等支給額が前事業年度を下回らない場合に、基準年度からの増加額の

10％の税額控除（控除限度額は法人税額の10％、中小企業等は20％）ができることとされ、減収額も1,050億円（平年度）が見込まれた。

また、既存の雇用促進税制も、雇用者増加1人当たりの税額控除を20万円から40万円に引き上げ、前者との選択適用とされた。

中小企業・農林水産業対策

前述の生産等設備投資促進税制の適用対象とならない商業・サービス業・農林水産業を営む資本金3,000万円以下の中小企業が経営改善として店舗改修等を行う場合に、設備投資額の30％特別償却・7％税額控除ができる制度が創設された。

また、中小法人の交際費課税の損金算入特例が、上限額600万円までの交際費支出額の90％から、上限額800万円までの交際費支出額の全額に拡大された。

加えて、事業承継税制について、最大の障害とされてきた雇用確保要件の緩和、先代経営者の役員退任要件の緩和、事前確認制度の廃止のほか、利子税の負担軽減、後継者を親族以外にも拡大するなどの改正がなされた。

（３）一体改革の残された課題

平成25年度税制改正の第2の柱は、税制抜本改革としての一体改革の積み残し課題の実現であった。

2012年6月15日の「社会保障・税一体改革」に関する民主・自民・公明の3党協議の結果、政府提出の税制抜本改革法案から所得税の最高税率引上げ、資産課税の見直しの規定が削除され、これらについては「平成24年度中に必要な法制上の措置を講ずる」とされていた。

平成25年度税制改正では、所得税の最高税率の45％への引上げ、相続税の基礎控除引下げ、税率構造の見直し等が、ほぼ旧民主党政府案通りに3党で合意された。贈与税も、税率構造の見直し、相続時精算課税制度の対象者を孫までに拡大するなど、旧政府案通りに決着した。併せて、人材育成策と銘打ち、

子・孫への教育資金として1,500万円までの一括贈与を非課税とする制度が創設されたが、これは相続税増税の影響緩和策であった。

一方、消費税率引上げに伴う低所得者対策としての軽減税率の扱いをめぐっては、公明党は8％の段階から軽減税率導入を主張したが、自民党は2014年4月1日の8％引上げ時点での軽減税率導入は不可能と主張し、取りまとめができず、「消費税率10％引き上げ時に、軽減税率制度を導入することをめざす」ことが与党税制改正大綱に明記され、以後、これが与党内での確定的な合意とされた。

2　平成26（2014）年度税制改正

安倍政権は、デフレ脱却・経済再生に向けて、2013年6月14日閣議決定された「日本再興戦略」の中で、民間投資を活性化させるための税制措置等については、通常の年度改正から切り離して前倒しで決定することとしてた。これを受けて、同年10月1日には、消費税率8％への引上げを予定通り2014年4月1日から行うことを決定するとともに、総額5兆円にのぼる「消費税率及び地方消費税率の引上げとそれに伴う対応について」を閣議決定し、その中には総額1兆円を超える規模の減税が盛り込まれた。

同時に、与党税制調査会では「民間設備投資活性化等のための税制改正大綱」をとりまとめ、投資減税措置や所得拡大促進税制の拡充等の具体策に加え、復興特別法人税の1年前倒しでの廃止を検討することとしていた。

（1）法人税の特例措置
生産性向上設備投資促進税制の創設

産業競争力強化法の制定に伴い、先端設備及び生産ラインやオペレーションの改善に資する設備として産業競争力強化法に規定する生産性向上設備、先端性に係る設備要件を満たす先端設備への投資に対して即時償却又は税額控除の

選択適用ができる制度が創設された。

	～2016年3月31日	～2017年3月31日
機械装置、工具、器具備品、ソフトウエア	即時償却 5％税額控除	特別償却50％ 4％税額控除
建物、構築物	即時償却 5％税額控除	特別償却40％ 2％税額控除

税額控除における控除税額は、当期の法人税額の20％を上限とする。

研究開発税制の拡充

上乗せ措置（増加型・高水準型）について適用期限を3年間延長するとともに、増加型の措置について、増加試験研究費の額が比較試験研究費の額の5％を超え、かつ、試験研究費の額が基準試験研究費の額を超える場合には、増加試験研究費の額に30％（増加割合が30％未満の場合には、増加割合）を乗じて計算した金額の税額控除ができることとされた。

所得拡大促進税制の拡充

雇用者給与等支給額が増加した場合の税額控除制度について、以下の見直しを行った上、適用期限が2年延長された。
・雇用者給与等支給増加割合の要件を次の適用年度の区分に応じ次の通りとする。
　　2015年4月1日前に開始する適用年度　　　　2％以上
　　2016年3月31日までの間に開始する適用年度　3％以上
　　2018年3月31日までの間に開始する適用年度　5％以上
・平均給与等支給額に係る要件について、平均給与等支給額及び比較平均給与等支給額の計算の基礎となる国内雇用者に対する給与等を継続雇用者（高年齢者等の雇用の安定等に関する法律の継続雇用制度に基づき雇用される者等を除く）に対する給与等に見直した上、平均給与等支給額が比較平均給与等支給額以上であることを上回ることに改める。
・2014年4月1日を含む適用年度に改正後の制度を適用する場合において、

経過事業年度（2013年4月1日以後に開始し、2014年4月1日前に終了する事業年度で改正前の制度の適用を受けていない事業年度）において改正後の要件のすべてを満たすときは、その経過事業年度について改正後の規定を適用して算出される税額控除相当額を、その適用年度において、その税額控除額に上乗せして法人税額から控除できることとする。合わせて、控除上限額についても、経過事業年度の期間に応じて上乗せする。

その他

- 中小企業投資促進税制の拡充
  ――生産性向上につながる設備を取得した場合に、即時償却又は7％税額控除（資本金3,000万円以下の企業は10％）を認める。
- 事業再編促進税制の創設
  ――複数企業間で経営資源の融合による事業再編を行う場合、出資金・貸付金の損失に備える準備金につき損金算入を認める（出資金・貸付金の70％損金算入）。
- ベンチャー投資促進税制の創設
  ――ベンチャーファンドを通じて事業拡張期にあるベンチャー企業へ出資した場合、その損失に備える準備金につき損金算入を認める（出資金の80％損金算入）。
- 既存建築物の耐震改修投資の促進のための税制措置の創設
  ――既存建築物の耐震改修投資の促進のための税制措置の創設（25％特別償却）。
- 交際費
  ――交際費課税制度の適用期限を2年間延長するとともに、飲食のための支出の50％を損金算入することを認める（中小法人については、現行の定額控除（800万円）との選択制）。
- 国家戦略特別区域において機械等を取得した場合の特別償却
  ――国家戦略特別区域において機械等を取得した場合に特別償却（中核

事業用の一定の機械装置等については即時償却）又は税額控除ができる制度を創設、研究開発税制の特例（特別試験研究費）の適用。
・復興支援
　――復興産業集積区域において機械等を取得した場合に即時償却ができる措置の適用期限を2年延長、等。

（2）復興特別法人税の1年前倒しでの廃止

　経済の好循環を早期に実現する観点から、足元の企業収益を賃金の上昇につなげていくきっかけとするため、経団連が会員企業に対して賃金引上げを促すことを事実上の条件として、復興特別法人税が1年前倒しで廃止された。このため、経団連は2014年春の賃金改定では積極的な賃金引上げに転じ、現在に至る「官製春闘」のきっかけとなった。ただし、実際には、法人税収の伸びが好調であり、当初予定した税収を達成したことにもよるところが大きいものであった。

（3）地方法人課税の偏在是正

　第8章で述べたように、法人住民税法人税割の一部を国税化して地方法人税が創設され、地方法人特別税の税率の引下げ及び法人事業税（所得割及び収入割）の税率引上げがなされた。

（4）国際課税原則の見直し（総合主義から帰属主義への変更）

　外国法人に対する課税原則について、いわゆる「総合主義」に基づく従来の国内法を、2010年改訂後のOECDモデル租税条約に沿った「帰属主義」に見直された。

第11章 アベノミクス税制改正（Ⅱ）
―― 平成27（2015）～29（2017）年度税制改正

平成 27（2015）年度税制改正と平成 28（2016）年度税制改正における法人税率の引下げは、あらかじめ 2 年連続で一体として行うこことされていた。

しかし、法人税率の引下げは、課税ベースを拡大しつつ税率を引き下げることにより、「法人課税を成長志向型の構造に変えるもの」[29]と位置付けられ、税率引下げにより「稼ぐ力のある企業」の税負担の軽減を図る一方で、課税ベースの拡大（特に欠損金繰越控除の制限）や外形標準課税の拡大により、赤字企業や収益力の乏しい企業には厳しい内容となった。事実、赤字企業では外形標準課税の拡大により税負担が増加することはもとより、所得計上企業の中でも結果的に税負担が増大する企業が現れる一方で、収益力の高い企業ほどみかけ以上の減税となった。

1　法人税率の引下げ

（1）経　緯

2014 年 1 月 22 日、安倍首相は、ダボス会議において「さらなる法人税改革に着手する」ことを表明した。これを受けて自民党税制調査会は法人税改革の議論を開始する方針を決定、政府税制調査会でも 2 月から議論が進められた。

2014 年 6 月 24 日に閣議決定された「経済財政運営と改革の基本方針（骨太の基本方針 2014）」の中では、法人実効税率について、成長志向に重点を置いて「来年度から引下げを開始し、数年で 20％台まで引き下げることを目指す」との方針が明示された。

経団連では、企業の国際競争力を強化するとともに、日本の立地競争力を高め、対日直接投資を促進し、経済活性化を図るため、法人実効税率を国際的に遜色ない水準に引き下げることが重要であり、利益を生み出す企業に対する実質的な税負担軽減となるかたちで、まず 2015 年度に 2％以上引き下げることから開始し、3 年を目途に 20％台とし、将来的には OECD 諸国平均、また、

---

[29]　自由民主党・公明党「平成 27 年度税制改正大綱」（2014 年 12 月 30 日）

競合するアジア近隣諸国並みの25％へと引き下げることを求めた[30]。

　2014年12月30日にとりまとめられた与党平成27年度税制改正大綱では、デフレ脱却・経済再生をより確実なものにしていくため、「企業収益の拡大が速やかに賃金上昇や雇用拡大につながり、消費の拡大や投資の増加を通じてさらなる企業収益に結び付くという、経済の好循環を着実に実現していくことが重要である。」として、法人税改革が冒頭に掲げられた。

（2）平成27（2015）年度税制改正
──法人税率の引下げと先行減税

　実際の検討過程では、まず財源としての課税ベース拡大の方策を課税当局と経団連との間で可能な限り実務的に詰め切り、その上で税率をどこまで下げて「先行減税」を確保するかが政治的に決定された。

　経団連では、まずは2015年度で実効税率2％以上の引下げを求めていたが、結果として、34.62％（標準税率）から2015年度に2.51％引き下げ32.11％に、さらに2016年度に3.29％引き下げ31.33％とすることとされ、両年度でそれぞれ2,100億円の先行減税とされた。この先行減税とは、課税ベースの拡大のうち欠損金の制限が2017年度に50％まで拡大されることで税収中立となるまでの間の先行との意味である。

　また、与党大綱では、2017年度以降においても、「引き続き、法人実効税率を20％台まで引き下げることを目指して、改革を継続する。」とされていたが、その財源策として、①大法人向けの法人事業税の外形標準課税のさらなる拡大、②生産性向上設備投資促進税制（2016年度末期限）、所得拡大促進税制（2017年度末期限）及び研究開発税制（増加型・高水準型は2016年度末期限）の縮減・廃止、③減価償却方法の定額法への一本化、などが明記された。

　成長戦略の中に法人実効税率引下げが明確に位置付けられたのは、平成26（2014）年度改正において復興特別法人税が前倒し廃止されたことから始まる

30　経団連「平成27年度税制改正に関する提言」（2014年9月10日）

【平成27（2015）年度税制改正における実効税率引下げと先行減税の関係】

		2015年度	2016年度	2017年度
実効税率（現行34.62％）		32.1％	31.33％	さらに引下げ？
法人税率の引下げ		25.5％ ⇒ 23.9％（△6,700億円程度）		
課税ベースの拡大	欠損金繰越控除の制限	80％ ⇒ 65％（1,900億円程度）		65％ ⇒ 50％（2,100億円程度）
	受取配当益金不算入の制限	（900億円程度）		
	租税特別措置	（1,800億円程度）		
法人事業税	外形標準課税の拡大	2/8 ⇒ 3/8（3,300億円程度）	3/8 ⇒ 4/8（3,300億円程度）	―
	所得割税率の引下げ	7.2％ ⇒ 6.0％（△3,300億円程度）	6.0％ ⇒ 4.8％（△3,300億円程度）	―
増減税		△2,100億円程度	△2,100億円程度	ゼロ

が、その際に賃金引上げがその条件とされた。法人税減税が、企業の内部留保の増大ではなく設備投資や研究開発投資に向かうことはそれ以前から期待されていたが、それにとどまらず賃金引上げにより経済の好循環を促すとの考えは、平成26年度改正からであり、平成27年度税制改正ではこの傾向がより明確に示された。

　与党大綱では、法人税改革を通じて「企業が収益力を高めれば、継続的な賃上げが可能な体質となり、より積極的な賃上げへの取組みが可能となる。」とした上で、極めて異例であったが、「経済界においては、今般の改革がもたらす経営環境の変化も踏まえ、収益力や生産性の向上に向けて一層の企業努力を行い、得られた利益を従業員や株主に適切に還元するとともに、取引先企業への支払単価を改善することを通じて、経済の好循環の実現に向けて積極的に貢献していくことを求めたい」との言及がなされている。

　これを受けて、2014年12月16日開催の政労使会議において、経団連は次期賃金改定での賃金引上げを了解するとともに、2015年1月公表の経営労働委員会報告書の中では、ベースアップも選択肢とした賃金引上げを会員企業に対して呼び掛けていくことになった。

（3）平成28（2016）年度税制改正
──税率引下げの深堀り

　与党平成27年度改正大綱では、法人実効税率を28年度に31.33％まで引き下げることを決めた上で、「28年度改正においても、課税ベースの拡大等により財源を確保して、28年度における税率引き下げ幅のさらなる上乗せを図る。さらに、その後の年度の税制改正においても、法人実効税率を20％台まで引き下げることを目指して、改革を継続する。」とされていた。これを受けて、当初は平成28年度改正では大きな改正はなく、平成29年度以降において減価償却制度や研究開発税制等の見直しにより、実効税率20％台を目指すものと考えられていた。

　また、2015年6月の「日本再興戦略改定2015」において法人税改革の早期実現が明示されたこともあって、減価償却制度の見直し（建物附属設備、構築物の定額法化、等）及び生産性向上設備投資促進税制の縮減を主な財源として国税の法人税率を23.5％まで引き下げ、法人実効税率30.88％とすることを目標に調整が進められ10月末には、財務省と経団連との間で、具体案がほぼ合意されていた。

　ところが、2014年11月26日に官邸で開催された「未来投資に向けた官民対話」において、経団連から民間設備投資拡大（2018年度にリーマン・ショック前を上回る80兆円程度）及び今年を上回る賃金引上げへ向けた環境整備として、法人税実効税率を来年度に20％台とすることを求めたことに対して、安倍総理から「28年度の引き下げ幅を確実に上乗せし、税率を早期に20％台に引き下げる道筋をつける」との答えがなされたことから、一気に弾みがつき、平成28年度税制改正での法人実効税率20％台を目指すこととなった。

　しかし、税率をさらに引き下げるための財源は、政策税制の整理では賄うことができず、結果として、法人事業税の外形標準課税をさらに拡大することと、欠損金の制限の強化を組み合わせて法人税率を23.9％から、平成28年度に23.4％に引き下げ、さらに平成30年度には、生産性向上設備投資促進税制を適用期限通り廃止することにより、さらに0.2％引き下げ23.2％とすることと

【法人実効税率の引下げ】

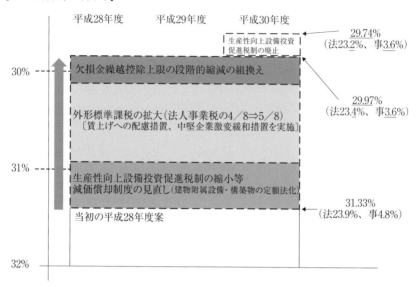

なった。

　一方で、与党大綱[31]では「企業部門に対していわゆる先行減税を含む『財源なき減税』を重ねることは、現下の厳しい財政事情や企業部門の内部留保（手元資金）の状況等に鑑みて、国民の理解を得られない。このため税率引下げにあたっては、制度改正を通じた課税ベースの拡大等により財源をしっかりと確保すること」とされ、あくまでも税収中立が貫かれた。当然のことながら全体としては税収中立であっても、外形標準課税の拡大により赤字企業は当然に増税となり、また収益の低い企業でも負担増になる場合が多い。

　さらに、与党大綱では「経済界には、法人実効税率『20％台』の実現を受けて、改革の趣旨を踏まえ、経済の『好循環』定着に向けて一層貢献するよう強く求める」とされ、投資拡大、賃上げ、取引先企業への支払単価の改善などに積極的に取り組むことが求められた。加えて、「経済界の取組状況等を見極

---

[31] 自由民主党・公明党「平成28年度税制改正大綱」(2015年12月16日)

めつつ企業の意識や行動を変革していくための方策等についても検討を行う」とされ、いわゆる「内部留保金課税」の導入さえもが示唆されていた。

2　外形標準課税の拡大

　法人事業税の外形標準課税の拡大は、「一部の黒字企業に税負担が偏っている状況を是正して、広く負担を分かち合う構造へと改革する（与党大綱）」ものとされてはいたが、法人実効税率を引き下げるには、国税だけでは限界があり、法人事業税率の引下げが必要とされたことによるものである。

　経団連としても、法人実効税率20％台への引下げのためには外形標準課税の拡大は不可避と考え、①段階的に行うこと、②賃金引上げ部分を課税対象から除くこと、③適用対象を中小法人に拡大しないこと、の3点を条件として総務省自治税務局と折衝を進めた。

（1）平成27（2015）年度改正

　平成27（2015）年度税制改正では、実効税率引下げのために、法人事業税において所得割：外形標準課税の比率を従来の6：2から、27年度には5：3、28年度には4：4と順次拡大することで、所得割の税率を7.2％から27年度は6.0％、28年度には4.8％と引き下げていくこととされていた。

賃金引上げ部分への対応

　実際に議論となったのは、経団連の3条件のうち、賃金引上げ部分を課税対象から除くことであり、結果的としては、外形標準課税における所得拡大促進税制の導入として対応された。

　具体的には、2015年4月1日から2018年3月31日までの間に開始する事業年度に国内雇用者に対して給与等を支給する法人について、その法人の雇用者給与等支給増加額（雇用者給与等支給額から基準雇用者給与等支給額＝平成24

年度の給与等支給額を控除した金額）の基準雇用者給与等支給額に対する割合が3％以上（2016年度に開始する事業年度については4％以上、2017年度に開始する事業年度については5％以上）であるときは、その雇用者給与等支給増加額を付加価値割の課税標準から控除できることとされた。ただし、国税の所得拡大税制と同様に、雇用者給与等支給額が前事業年度の雇用者給与等支給額以上であること、及び平均給与等支給額が前事業年度の平均給与等支給額を上回ることが要件とされている。

資本割の見直し

また、資本割部分については、従来の制度では自社株取得等により負担がゼロとなる企業が続出していたため、資本割の課税標準である法人税法上の資本金等の額が、会社法上の資本金と資本準備金を合計した額を下回る場合には、資本金と資本準備金を合計した額が資本割の課税標準となることとされた。なお、併せて、法人住民税均等割の税率区分の基準である資本金等の額についても、無償増減資等の金額を加減算する措置を講ずるとともに、当該資本金等の額が資本金と資本準備金の合計額を下回る場合には、資本金と資本準備金の合計額を均等割の税率区分の基準とすることとされた。

負担軽減措置

また、与党税調における検討の過程で資本金数億円レベルの中堅企業に対する負担緩和が強く主張されたため、負担変動軽減措置が2年間限りの措置として導入された。具体的には、2015年度中に開始する事業年度に係る付加価値額が40億円未満の法人について、当該事業年度に係る事業税額が2014年度の付加価値割、資本割及び所得割の税率を当該事業年度のそれぞれの課税標準に乗じて計算した額を超える場合には、付加価値額が30億円以下の法人についてはその超える額の1／2を、付加価値額が30億円超40億円未満の法人についてはその超える額に付加価値額に応じて1／2から0の間の割合を乗じた額を事業税額から控除することとされた。

（2）平成28（2016）年度改正

　平成27年度税制改正段階で予定されていた、法人事業税の所得割：外形標準課税の比率を4：4に拡大することでは、実効税率20％台を達成するためには全く足りず、外形標準課税をさらに拡大し、所得割：外形標準課税の比率を3：5とし、所得割の税率を3.6％まで引き下げることが必要となった。

　外形標準課税の適用対象となる資本金額1億円超の基準は変わりない。また、中堅企業への影響に十分配慮するために、付加価値額40億円未満の企業に対しては、2018年度末までの3年間にわたり、以下のような激変緩和措置が講じられることとなった。

①付加価値額が30億円以下の企業

　　適用年度の課税標準に、平成27年度の税率と適用年度の税率を乗じ、後者の方が負担が重くなる場合には、負担増加額から2016年度：75％、2017年度：50％、2018年度：25％を控除。

②付加価値が30億円超40億円未満の企業について控除率をなだらかに逓減

　　控除率＝　2016年度：75％×（40億円－付加価値額）／10

　　　　　　2017年度：50％×（40億円－付加価値額）／10

　　　　　　2018年度：25％×（40億円－付加価値額）／10

<負担変動に対する配慮措置>

○　外形標準課税の拡大により負担増となる法人（欠損法人、事業規模に比して所得が小さい法人）のうち、事業規模が一定以下の法人について、3年間（平成28年度～30年度）に限りこれを軽減する経過措置を講ずる。

	平成28年度	平成29年度	平成30年度
付加価値割額 30億円以下	負担増となる額の 75％	負担増となる額の 50％	負担増となる額の 25％
付加価値割額 30億円超40億円未満	負担増となる額の 0％～75％	負担増となる額の 0％～50％	負担増となる額の 0％～25％

【措置のイメージ（平成28年度）】

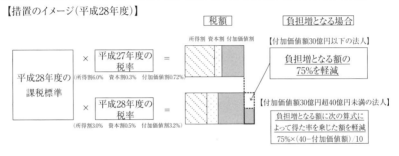

【法人事業税（外形標準課税）改正内容】

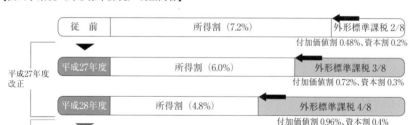

（注）所得割の税率には、地方法人特別税の税率を含む。

3　課税ベースの拡大

（1）平成 27（2015）年度改正

　法人税減税の財源については、2014 年 6 月に閣議決定された「日本再興戦略 2014」の中では、課税ベースの拡大とアベノミクスの成果としての自然増収がともに示されていたが、実際には、2020 年度の基礎的財政収支黒字化目標との整合性を確保するため、「制度改正を通じた課税ベース等により、恒久財源をしっかり確保する（与党大綱）」との方針が貫かれていた。

　2014 年 8 月末には、法人事業税外形標準課税の拡大と併せて欠損金繰越控除の制限、受取配当益金不算入の制限、研究開発税制の縮減を 2015 年度・2016 年度に行い、さらに減価償却制度の見直し（建物附属設備・構築物の償却方法を定額法に一本化）を 2017 年度に行うとの方針が、財政当局より自民党税調幹部に対して示され、9 月初めより経団連と財務省主税局との折衝が続けられ、11 月中にはほぼ合意をみた。

（2）平成 28（2016）年度改正

　外形標準課税の拡大による法人事業税率の引下げに加えて、国税で当初予定

されていた減価償却制度の見直し、生産性向上設備投資促進税制の縮減を財源とする法人税率の23.5％への引下げを行ったとしても、なお実効税率は30％台にとどまる。

そこで、法人税率を23.4％まで引き下げるため、窮余の策として欠損金の繰越控除の制限を平成27年度改正で決められていた平成28年度65％からさらに引き下げることとなり、調整の末、以下のように平成28年度60％、29年度55％、30年度50％とし、繰越期間は30年度より10年とすることとなった。

【欠損金繰越控除上限の段階的縮減の組換え】

	従前	平成27年度改正	平成28年度改正後
控除限度 (大法人)	所得の80％	平成27年度 平成28年度　→所得の65％ 平成29年度以後→所得の50％	〔平成27年度　　→所得の65％〕 平成28年度　→所得の60％ 平成29年度　→所得の55％ 平成30年度以後→所得の50％ ※それぞれ、4月1日以後に開始する事業年度において適用されます。
繰越期間	9年	平成29年度以後の欠損金→10年	平成30年度以後の欠損金→10年 ※平成30年4月1日以後に開始する事業年度において生じた欠損金について適用されます。

【平成28年（2016）度税制改正による法人実効税率の引下げと課税ベースの拡大の概要】
法人税　　　　　　　　　　　　　　　　　　　　　　　　　　　（単位：億円）

	28対28改正前	29対28改正前	30対28改正前
法人税率引下げ	▲ 2,390	▲ 2,390	▲ 3,340
課税ベースの拡大			
生産性向上設備投資促進税制の見直し (縮減〜廃止)	＋ 720	＋ 2,410	＋ 2,410
その他の租税特別措置の見直し㉘	＋ 240	＋ 240	＋ 240
減価償却の見直し㉘	＋ 650	＋ 650	＋ 650
欠損金繰越控除	＋ 760	▲ 920	−
小計	＋ 2,370	＋ 2,380	＋ 3,300

合計	▲ 20	▲ 10	▲ 40

(注1) 平成28年度税制改正による現時点の増減収見込額(平年度ベース)を機械的に記載したもの。計数は今後変動があり得る。
(注2) 「欠損金繰越控除の更なる見直し」による28年度の増収・29年度の減収は、これらの年度限りのもの。

法人事業税(地方税)

	28対28改正前	29対28改正前	30対28改正前
所得割税率引下げ㉘4.8% (28改正前)→3.6%	▲ 3,940	▲ 3,940	▲ 3,940
課税ベースの拡大外形標準課税の拡大(4/8(28改正前)→5/8)	+ 3,900	+ 3,900	+ 3,900
合計	▲ 40	▲ 40	▲ 40

法人実効税率の引下げ

	27	28・29	30
法人税率	23.9 %	23.4 %	23.2 %
法人事業税所得割(標準税率)	6.0 %	3.6 %	3.6 %
法人実効税率	32.11 %	29.97 %	29.74 %

4　その他の改正

(1) 平成27(2015)年度税制改正

地方創生のための税制

　成長戦略のもう1つの重要な要素とされたのが地方振興である。しかし、地方創生関係の税制措置については、各省庁からの税制改正要望の締切りである2014年8月末までに間に合わず、平成27年度改正ではどこまで取り上げられるのか見通しもつかなかったが、与党大綱とりまとめ直前の12月27日に取りまとめられた「まち・ひと・しごと創生長期ビジョン(長期ビジョン)」に従っ

て、最終局面で数々の地方創生関係税制が追加された。

　このうち最も重要であるのは、「企業が、その本社機能等を東京圏から地方に移転したり、地方においてその本社機能等を拡充する取組みを支援するため（与党大綱）」、すなわち企業の地方移転を促進するための優遇税制としての地方拠点強化税制（本社等の建物に係る投資減税、雇用促進税制の特例）の創設である。

　地域再生法による地方拠点強化実施計画の承認が要件となるが、例えば東京23区から地方への移転であれば、本社等の建物の取得に対して25％の特別償却か7％税額控除の選択適用、地方拠点での雇用者数増加1人当たり80万円（最大3年間で140万円）の税額控除を受けることができる。

国際課税

　第12章で詳説するように、BEPSプロジェクトを受けて、国内法整備の第一弾となる改正として、外国子会社配当益金不算入制度の見直しが行われた。

　さらに、国境を越えた人の動きに係る租税回避を防止する観点から、出国時における株式等に係る未実現のキャピタルゲインに対する譲渡所得課税の特例（出国税）が創設された。

〈出国税の概要〉
　ア　在住期間要件：
　　　出国直前10年内において5年以上居住者であった者
　イ　対象資産：
　　　有価証券、匿名組合契約の出資持分、未決済デリバティブ取引等
　ウ　資産規模要件：
　　　対象資産の出国時の評価額の合計額が1億円以上
　エ　未実現のキャピタルロスについても出国時に実現したものとみなして課税所得を計算
　オ　出国時に他の所得と併せて申告納税を行うか、納税管理人を届出手、出国翌年の確定申告時に他の所得と併せて申告納税を行う。

カ　一時的な出国であり出国期間中に資産売却を行うことなく帰国を予定している者等については、出国時に担保を提供することで納税を猶予する。出国期間中に資産売却を行うことなく5年以内に帰国した場合には、帰国時に出国時特例分は免除

（2）平成 28（2016）年度税制改正

役員報酬

2015年6月の「日本再興戦略改定 2015」において、いわゆる「攻めの経営」に向けた戦略の一環として役員報酬の見直しが明示されていたことを受けて、以下の2点が改正されることとなった。

ア　役員から受ける将来の役務の提供の対価として交付する一定の譲渡制限付株式による給与についての事前確定の届出を不要とするとともに、利益連動給与の対象指標の範囲について、純粋な利益指標（営業利益、経常利益等）に加え、ROE、ROA 等の一定の利益関連指標が含まれることを明確化

イ　法人が、個人から受ける将来の役務の提供の対価として一定の譲渡制限付株式（いわゆるリストリクテッド・ストック）を交付した場合には、その役務の提供に係る費用の額は、原則として、その譲渡制限付株式の譲渡制限が解除された日の属する事業年度の損金の額に算入する（2016年4月1日以後に交付の決議がされる譲渡制限付株式について適用）。

中小企業に対する償却資産税の軽減

ローカル・アベノミクスの更なる浸透による地域経済の活性化に向けて、地域の中小企業による設備投資の促進を図るため、固定資産税の時限的な特例措置を創設することとされた。

具体的には、中小企業者等（資本金の額又は出資金の額が1億円以下の法人、資本・出資を有しない法人の場合常時使用する従業員が1,000人以下の法人、常時使用する従業員の数が1,000人以下の個人）が、中小企業の生産性向上に関する法

律法の施行の日から2018年度末までの間において、同法に規定する認定生産性向上計画に記載された生産性向上設備のうち以下の機械及び装置の取得をした場合には、その固定資産税について、課税標準を最初の3年間価格の2分の1とする措置が講じられる。

　ア　販売開始から10年以内のもの
　イ　旧モデル比で生産性（単位時間当たりの生産量、精度、エネルギー効率等）が年平均1％以上向上するもの
　ウ　1台又は1基の取得価額が160万円以上のもの

償却資産課税の減免は、経済界の長年の要望であったが、今回はあくまでも中小企業の特例とされた上に、与党大綱では「なお、固定資産税が市町村財政を支える安定した基幹税であることに鑑み、償却資産に対する固定資産税の制度は堅持する」とされている。

地方創生応援税制（企業版ふるさと納税制度）の創設

地方公共団体が行う地方創生を推進する上で効果の高い一定の事業（改正地域再生法の認定地域再生計画に記載された地方創生推進寄附活用事業）に対して、青色申告書を提出する法人が、改正地域再生法施行の日から2019年度末までの間に、その事業に関連する寄附金を支出した場合には、現行の寄附金の損金算入措置に加え、法人事業税・法人住民税及び法人税の税額控除を導入し、寄附金額の約6割の負担を軽減することとされた。

【地方創生応援税制（税額控除）の概要】

		改正地域再生法施行の日〜2017年3月末	2017年4月〜2020年3月末
法人事業税額		寄附金額×10％ （上限：法人事業税額の20％）	寄附金額×10％ （上限：法人事業税額の15％）
法人住民税額	道府県	寄附金額×5％ （上限：道府県民税額の20％）	寄附金額×2.9％ （上限：道府県民税額の20％）
	市町村	寄附金額×15％ （上限：市町村民税額の20％）	寄附金額×17.1％ （上限：市町村民税額の20％）
法人税額		以下のいずれか低い金額 ・寄附金額×20％－法人住民税額から控除される金額 ・寄附金額×10％ （上限：法人事業税額の5％）	

その他

　平成28（2016）年度税制改正では、このほかの企業関係税制として、第8章で述べた地方法人課税の偏在是正、並びに第13章で述べるBEPS行動13（移転価格の文書化）を踏まえた国内税制の整備として移転価格税制に係る文書化がなされている。

5　平成29（2017）年度税制改正

　平成29（2017）年度税制改正では、法人税関係の改正は、第3章で述べた研究開発税制の見直しのほかにも、所得拡大促進税制の見直しや中小企業向け設備投資促進税制の拡充等など、再び政策税制中心の改正に戻った。

（１）所得拡大促進税制の見直し

　大法人について、平均給与等支給額要件の見直し（現行：前年度超→前年度比2％以上増）、平均給与等支給額が前年度比2％以上増加した場合の控除税額の拡充（現行：雇用者給与等支給額の24年度からの増加額の10％→雇用者給与等支給額の前年度からの増加額の2％（中小法人12％）を加算）などの見直しが行われた。

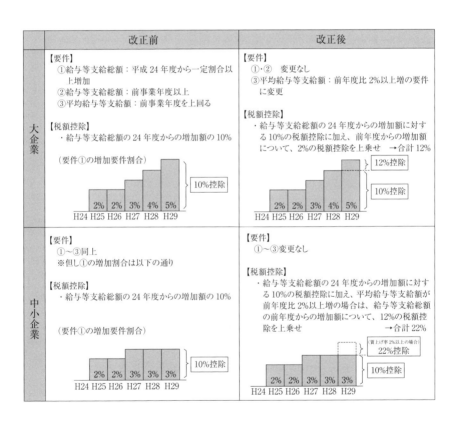

(2) その他

コーポレートガバナンス改革・事業再編の環境整備

ア　法人税の申告期限の特例の見直し

　　——会計監査人設置会社が事業年度終了後3か月を超えて株主総会期日を設定する場合に、最大4か月間の申告期限の延長を認める。

イ　役員給与等の損金算入要件の見直し

　　——利益連動給与について、株価に連動したものや、複数年度の利益に連動したものを損金算入の対象に追加する、等

中堅・中小企業の支援、等

ア　地域中核企業向け設備投資促進税制の創設

　　——地域未来投資促進法に基づく設備投資に対して特別償却又は税額控除ができる制度を創設

イ　中小企業投資促進税制の拡充

　　——中小企業投資促進税制の上乗せ措置（生産性向上設備等に係る即時償却等））について、中小企業経営強化税制として改組し、すべての器具備品・建物附属設備を対象に追加

ウ　地方拠点強化税制の拡充

　　——無期かつフルタイムの新規雇用に対する税額控除額の引上げ、等

国際課税

第13章で述べるBEPS行動13（移転価格の文書化）を踏まえた、外国子会社合算税制の見直しが行われた。

12

第12章

第12章　中小法人税制とLLP・LLC

1 中小法人税制

　経団連は大企業の組織であるから、税制改正の中でも中小法人特有の事項には特段の関心をもってこなかった。しかし、毎年度の税制改正では、中小法人課税が大きな課題となっており、また、近年、中小法人の定義そのものが議論されている。そこで、改めて、法人税法における中小法人について考察しておきたい。

（1）中小法人税制の実態

中小法人の定義

　法人税法上の中小法人とは、普通法人のうち資本金の額若しくは出資金の額が1億円以下であるもの（大法人の100％子会社等を除く）とされている。

　なお、租税特別措置の「中小企業者等」は、必ずしも「中小法人」そのものではなく、適用対象を中小法人から拡大するもの、あるいは、さらに零細な法人のみを対象とするものがある。

　現在、法人税が課されている普通法人は264万1,848社であり、そのうち中小法人は261万8,399社と、その99.1％を占めているが[32]、法人税額では1％にしか当たらない。この中小法人数の数・比率は変動はあるものの、傾向としては長年にわたり少しずつではあるが減少している。これは、事業所統計で毎年の廃業数が開業数よりも多い趨勢にあることと符合する。

中小法人税制

　中小法人税制とされているものは、法人税の軽減税率、欠損金の繰越控除・還付の特例、交際費課税の特例、中小企業投資促進税制をはじめとする各種投資減税等の政策減税の特例、少額減価償却資産の特例などであるが、法人税法

---

[32] 国税庁「平成27年度分会社標本調査－税務統計からみた法人企業の実態」

以外にも、消費税や地方税の固定資産税等、中小法人に対する税制上の特例措置は多い。

　これらの優遇措置は、中小法人の経営上の脆弱さや、特に地域における雇用に果たしている役割を鑑みての措置とされているが、政府税制調査会では、かねてから、これらの措置に懐疑的な見方が示されていた。

　例えば、政府税制調査会が2014年6月に取りまとめた「法人税の改革について」では、軽減税率について、「同じ所得金額には、同じ税率を適用するべきであり、特に基本税率を引き下げることを踏まえれば、所得金額のうち800万円以下の金額に適用される法人税法による19％への軽減税率は厳しく見直す必要がある」とし、特にリーマンショック後の対応として設けられた時限的な軽減税率の引下げ（15％）はその役割を終えているとして廃止を求めていた。

　また、その他の特例措置についても、租税特別措置の見直しの方向性[33]に沿って見直しを行う必要があるとしている。さらに、法人税率引下げに合わせて、「法人成り」や、特定同族会社の留保金課税の中小法人への不適用についても検討すべきとしている。

　さらに、中小法人の範囲について、「企業規模を見る上での資本金の意義は低下してきており、資本金基準が妥当であるか見直すべきである。仮に資本金基準を継続する場合でも、中小法人に対する優遇措置の趣旨に鑑みれば、真に支援が必要な企業に対象を絞り込むべきであり、1億円という水準の引下げや、段階的基準の設置などを検討する必要がある。特に会計検査院からの『多額の所得を得ながら中小企業向け優遇税制を受けている企業が存在する』との指摘への対応は必要である。」としている。

　この、会計検査院からの指摘とは、2010年10月26日に、財務大臣及び経

---

[33] 以下の3つの基準
　①期限の定めのある政策税制は、原則、期限到来時に廃止する。
　②期限の定めのない政策税制は、期限を設定するとともに、対象の重点化などの見直しを行う。
　③利用実態が特定の企業に集中している政策税制や、適用者数が極端に少ない政策税制は、廃止を含めた抜本的な見直しを行う。

済産業大臣に対して示された「中小企業者に対する法人税率の特例について」及び「中小企業者に適用される租税特別措置について」の中で、多額の所得を得ている中小企業者が、これらの適用を受けているので、その適用範囲について検討を行うなどの措置を講ずるよう求められたことをいう。

(2)「中小法人」とは何か

　2010年の会計検査院の指摘を受けて、「中小法人」の定義問題は、毎年の税制改正の中での検討課題とはされてきたが、民主党政権下ではほとんど顧慮されず、自民党が政権に復帰した平成25年度以降も、成長戦略の中で、中小法人への優遇措置は却って拡大されていった。

　中小法人が、政府・与党の税制調査会で具体的なテーマに挙げられたのは、平成27年度改正以降であった。

　与党平成27年度税制改正大綱の「基本的考え方」の中では、「中小法人の実態は、大法人並みの多額の所得を得ている法人から個人事業主に近い法人まで区々であることから、そうした実態を丁寧に検証しつつ、資本金1億円以下を中小法人として一律に扱い、同一の制度を適用していることの妥当性について、検討を行う」とした上で、「中小法人のうち7割が赤字法人であり、一部の黒字法人に税負担が偏っている状況を踏まえつつ、中小法人課税の全般にわたり、各制度の趣旨や経緯も勘案しながら、引き続き、幅広い観点から検討を行う」と明記されている。また、検討課題の中では、小規模企業等に係る税制のあり方について、「個人と法人成り企業に対する課税のバランスを図るための外国の制度も参考に、所得税・法人税を通じて総合的に検討する」とされていた。

　翌平成28年度与党税制改正大綱では、基本的考え方の中で、同様の記述に加えて、「資本金以外の指標を組み合わせること等により、法人の規模や活動実態等を的確に表す基準に見直すことを検討する」とされた。このため、それまでは、永遠の検討課題ともされていた中小法人の定義の問題が、次年度以降において、現実のテーマになるものと予想された。

ちなみに、筆者も参加した日本税理士会連合会の税制審議会[34]では平成27年度の検討テーマを中小法人の定義として検討を進め、2016年3月17日に「中小法人の範囲と税制のあり方について」を取りまとめている。その中で、中小法人の定義として、所得金額又は売上高、純資産価額又は総資産価額、付加価値額、株主の数及び出資割合については、いずれも予見可能性等の観点から問題が多く、「さしあたり資本金の額と従業員数を組み合わせた指標により中小法人の範囲を定めることが適当」であり、このような指標によっても現行制度の問題点が解決されない場合には、「資本金と資本準備金を組み合わせた指標又は法人税法上の資本金等の額を基準とするなど、他の方法を検討する必要がある」としている。

（3）平成29（2017）年度税制改正
―― 「中小法人」の見直し

実際に中小法人について見直しがなされたのは平成29（2017）年度税制改正であった。しかし、中小法人の定義自体には手をつけることなく、法人税関係の中小企業向けの各租税特別措置について、平均所得金額（前3事業年度の所得金額の平均）が年15億円を超える事業年度の適用を停止する措置を講ずることとされ、2019年4月1日以後に開始する事業年度から適用される。

所得金額15億円超の根拠は、利益計上法人（黒字法人）である大法人の過去10年間の平均所得金額とされているが、中小法人で所得金額15億円を超える法人は中小法人全体の0.1％にも満たない[35]。また仮に所得金額を1億円超としても3.2％でしかない。

また、適用が除外されるのは租税特別措置だけであり、軽減税率、貸倒引当金の特例、同族会社の留保金課税の特例等、法人税法に規定されている措置は、これまで通り適用される。

---

[34] 金子宏東大名誉教授を委員長に、学者、マスコミ、税理士、経団連、日本商工会議所代表などが参加

[35] 平成29年1月27日開催政府税制調査会総会の財務省説明資料

中小法人の定義問題は、これで一応の決着をみたとはいえ、あまりにも微温的な内容でもあり、今後の動向には注目しておきたいところである。

(4) 法人成りの問題

中小法人の中でも、さらに資本金額が1,000万円以下の法人が、226万2,380社もあるが[36]、そのほとんどが、実態は個人事業に等しい「法人成り」であるとされる。

わが国では、法人とりわけ株式会社の設立が容易であるため、個人事業者が法人に転換し易いが、一方で、法人であれば業種や従業員数にかかわらず、労働保険（労災保険・雇用保険）や社会保険（健康保険・厚生年金保険）の強制適用事業となるなどの負担もある。それでも、法人成りが多いのは、やはり所得税と法人税の税率格差のためである。業態や従業員数にもよるが、年間所得が800万円程度を超えた段階で、個人事業よりも法人成りした方が有利だとされる。

今までの税制改正で法人成りを正面から取り上げたものはない。それを意図したものとしては、平成18 (2006) 年度税制改正で導入されたが、平成20 (2008) 年度税制改正で大幅改正され、結局、平成22 (2010) 年度税制改正で廃止された特殊支配同族会社の役員給与の損金不算入制度がある。

この制度は、同族オーナー会社（特殊支配同族会社に該当する法人）が、オーナー経営者（業務主宰役員）に対して支給する給与の額のうち、給与所得控除額に相当する部分の金額は損金の額に算入しないことで、法人税での経費化と所得税の給与所得控除の「二重非課税」を解消するものとされていた。導入当初は、特殊支配同族会社の基準所得金額800万円超を適用対象とされたが、財務省の説明では例外的な措置とされながら、適用される企業が続出したため、平成20年度税制改正で基準所得金額が1,600万円（一定の場合には3,000万円）超に引き上げられたあげく、平成22年度税制改正で廃止された。

---

[36] 国税庁「平成27年度分会社標本調査－税務統計からみた法人企業の実態」

法人成りの問題の本質は、法人税と個人所得税の税率格差にあるのではなく、実態は個人事業でしかない中小零細企業を、大企業と同じ法人税の範疇で課税しているところにある。あえていえば、実態が個人事業でしかないものは、法人税ではなく個人所得税を適用する「みなし個人課税」とするしかないのではないか。

　このような税制改正が受け入れ難いとなれば、アメリカ連邦法人税のサブパートS法人制度や、ドイツでの合名会社への課税のように、中小法人を事業体として課税するのではなく、組合課税のように、中小法人の所得を株主・出資者に持ち分に応じて配賦する構成員課税（パス・スルー課税）の選択も1つの方法となろう。

2　LLP・LLC

　会社法改正により実現した合同会社に構成員課税を適用して、日本型LLCにしようとの発想は中途で挫折したが、代わりに、日本型LLPとしての有限責任事業組合制度となった。

（1）税制からの出発

　わが国でLLP・LLCについて海外事情の紹介や先駆的な論考がみられるようになったのは、1990年代後半からであるが、既にその頃から経団連では、LLP・LLCの導入について具体的な提言を行い、実現に向けて政治や行政に働きかけてきた。そこでまず、当時、経団連が何を求めていたのかをみておきたい。

　経団連が最初にLLP・LLCについて注目したのは、1980年代末の米国の動きからである。米国において発達を始めていた新たな事業体であるLLP・LLCをめぐり、当初は税務上の扱いが混乱していたが、内国歳入庁（IRS）は、1988年、「キントナー規則[37]」によりパートナーシップ税制（構成員課税）

が適用されるか否かを明らかにした。その後、IRS は、1997 年 1 月 1 日より施行されたチェック・ザ・ボックス規則により、当然に法人（コーポレーション）として課税される事業体以外は、Form 8823 Entity Classification Election を提出することで、事業体課税か構成員課税かを選択でき、またその変更もできるとの方針を示し、構成員課税の適用を納税者の選択に委ねるに至った。

　当初の経団連の関心は、法人でありながら構成員課税とされる事業体の存在であり、各州の州法による LLC や、NCCUSL（統一州法委員全国会議）による 1994 年統一 LLC 法 (Uniform Limited Liability Company Act) の検討を通じて、その極めて柔軟な仕組みや構成員課税によるメリットに着目し、さらに同様の事業体とその税務について諸外国の情報を収集し、これをわが国に移植する可能性について検討を進めた。

　一方、当時、通商産業省・中小企業庁では中小企業やベンチャー企業への出資を行うことを目的とする有限責任投資事業組合契約制度の準備が進められていたが、これを将来的には日本型 LLP に発展させていくとの構想が既にあり、経団連としても新しい会社類型としての LLC とともに LLP の実現を並行的に進めていくこととなった。

（2）経済界のニーズ

　経団連が日本型 LLP・LLC の導入を求めていたのには、当然に具体的なニーズの裏付けがあった。

　1999 年 5 月に、経団連が、産業競争力会議に向けて「有限責任事業組合」の創設を求めた際の理由は、「複数の企業が共同してリスクの高い新規事業に進出するため、あるいは事業の再構築を進めるための手段」であった。また、2004 年 8 月に経団連主要会員企業を対象に、日本型 LLP の活用が想定される事業分野を尋ねたアンケート調査では、共同研究開発 20 %、合弁事業 28 %、

---

[37] 事業主体がパス・スルー課税を受けるためには、法人類似特性として、①組織の継続性、②経営の中央集権化、③出資者の有限責任、④持分の自由譲渡性という 4 つの基準のうち、少なくとも 2 つの基準に該当しないことを必要とする。

設備集約7％など、既存企業同士の共同事業を進める際の仕組みとするものが56％である。また、専門人材を活用した共同事業29％、産学連携12％、創業2％など、新たな事業を進めるためのスキームとしてのニーズも明らかとされた。

共同事業

　既存の大企業にとってのLLPの活用は、ジョイント・ベンチャーや共同研究開発など複数の企業による共同事業の仕組みとしてであり、その最大のメリットは、構成員課税の適用である。

　従来、複数の企業が共同して事業を行うときの仕組みとして、建設工事などのジョイント・ベンチャーでは民法組合が、継続的な合弁事業では株式会社が多用されてきた。しかし、株式会社では硬直的な機関設計が義務付けられる上、出資比率に応じて議決権や利益分配が決まり、例えば、技術力はあるが資本力に欠ける中堅企業と、大企業が共同事業を行う仕組みとしてはなじまない。LLPであれば、機関設計が自由であることに加え、出資比率によらない損益の配賦が可能なため、技術提供と資本提供による貢献度合いをそれぞれ評価した自由な損益配分が可能である。民法組合では、構成員課税が適用されるが、出資者が無限責任を負うため不測の事態に対応しきれないなどの懸念があるのに加え、もともと契約関係に過ぎず、公示・登録制度が不備であり事業主体性が明確ではないなどの問題がある。

　また、複数の中小企業が共同で事業を行うための仕組みとして事業協同組合があるが、組合でありながら法人格を持つために法人としての課税がなされる。また、総会・理事会などの機関が必置のほか、議決権が出資比率にかかわらず全員平等であることが求められるなどの難点がある。

　さらに、複数の個人が共同して事業を行うための簡易な仕組みとして中小企業等協同組合法に基づく「企業組合」制度があるが、事業協同組合と異なり、その組織・事業形態等会社と類似する面があるなどの理由から、法人税法上は「普通法人」として扱われる。また、議決権が出資比率にかかわらず全員平等

であること、出資比率に基づく配当（出資配当）は、期末譲与金の2割までとされることなどの制約がある。

【共同事業の仕組みとしての事業体制度の比較】

	株式会社	合同会社	有限責任事業組合	民法組合	匿名組合	企業組合
出資者の責任	有限責任	有限責任	有限責任	無限責任	有限責任(＊1)	有限責任
機関設計	強行規定	契約による	契約による	契約による	契約による	契約による(＊2)
損益分配	出資比率による	契約による	契約による	契約による	契約による	契約による(＊3)
課税	法人課税	法人課税	構成員課税	構成員課税	構成員課税	法人課税
法人格	有り	有り	無し	無し	無し	有り

(＊1)営業者は無限責任
(＊2)特別認可法人であり、都道府県知事等の認可が必要
(＊3)出資配当の総額は年2割以内

既存事業の共同再編

経団連が1999年に最初にLLPを提言した契機は、既存事業の再編への活用であった。業界全体としては供給過剰でありながら、どの事業者も市場から退出することが困難であるなどの事情がある場合に、各企業が設備を現物出資して共同事業を行うLLPを設立した上で、過剰設備を廃棄して必要な設備だけを残して事業を継続させていくことができれば、事業再編は速やかに進む。

具体的には、当時、構造的に供給過剰の状態にあった電炉や石油精製業界について、設備集約の受け皿としてLLPを設立し、各メーカーが既存設備をLLPに現物出資した上で、必要な設備廃棄を行い残された設備を共同利用することで事業を継続するとの構想である。

この構想は2003年の産業活力再生特別措置法改正の中で、共同事業再編計画の一環として匿名組合契約を利用した共同設備廃棄として盛り込まれ、現物出資時の課税繰延べ措置などが取られたが、その後の一時的な経済状況の好転

の中で実際の利用例がないままに終わった。

　LLPをこのような共同設備廃棄に利用する最大の利点は、構成員課税の適用により設備廃棄による償却損を出資者（親会社）の所得と通算できることにある。またLLPであれば、出資する設備等の内容に応じて損益配賦割合を変えたり、新会社の経営陣の権利・義務を自由に設定できる利点もある。しかし、現行税制では、LLPへの現物出資段階で出資者に対して譲渡益課税がなされるために、適用可能性はかなり狭まっている。現実に活用するためには、LLPへの現物出資時での課税繰延べ措置が必要であり税制改正が望まれる。

ベンチャー起業

　もう1つのLLPの大きな活用分野は、専門的技能等を有する人的資産を活用した事業である。特にこの領域で重要になると思われるのは、個人の力によるベンチャー起業である。

　新規開業の実態をみていくならば、現実の新規参入の大部分は、企業とすら呼べないような個人事業や、一応は会社形態をとっていてもオーナー経営者以外の従業者がいないか、いても数人でしかない、実態としては個人事業と変わらないものである。このような個人事業あるいは会社形態であっても極めて零細な事業にとって、もともと公開型の大企業を想定した株式会社はもとより、有限会社あるいは人的会社とされる合名会社、合資会社であっても、硬直的な機関設計や、出資比率にリンクした利益分配など、およそ従来の「会社」制度は決して使い勝手の良いものではない。

　例えば、大学での発明や研究をもとに、企業が資金や設備等を提供して事業化を図る大学発ベンチャーでは、個人である大学教授は出資比率にかかわらず利益分配を求めることができ、また、有限責任により事業化の過程で生じる不予のリスクを回避できる。企業側は、構成員課税により事業展開途上では必然的に生じる損失を他の所得と相殺することが大きなメリットとなる。

　また、個人が集団で起業を行うための簡易な仕組みとしては、前述の企業組合制度があるが、有限責任ではあるが、議決権が出資比率にかかわらず全員平

等であること、法人としての課税がなされることなどの点からあまり活用されていない。

(3) 日本型 LLP の具体的提言

　法人格を持ちながら構成員課税が適用される新たな事業体の創設を、通常の年次税制改正の課題として提起するには無理があり、経団連ではどのような機会を捉えてLLPのわが国への導入を求めていくのかに腐心していた。

　その最初の機会は、1999年3月、当時の小渕首相の主宰により、産業の競争力強化を目指し官民を挙げて経済の供給面の問題への取組みを図るため、自由な意見交換を行う場として産業競争力会議が開設されたことにより開かれた。1999年4月28日の産業競争力会議第2回会合において、総理より「民間の立場から問題となる法制・税制は何で、それをどのように直すべきか、具体的に提案して欲しい」との指示が出されたのを踏まえ、経団連では「わが国産業の競争力強化に向けた第一次提言」をとりまとめ、5月20日の第3回会合に提出した。

　この提言の中で、「企業組織形態の多様化を進めるための法制・税制の整備」の一環として、「複数の企業が共同してリスクの高い新規事業に進出するため、あるいは事業の再構築を進めるための手段」として、以下のような内容の「有限責任事業組合」の導入を求めた。

〈有限責任事業組合法（仮称）創設の提案〉
　①有限責任事業組合は法人とする。
　②有限責任事業組合は、商号中に「有限責任事業組合」であることを明示しなければならない。
　③有限責任事業組合の設立には、少なくとも2名以上、50名未満の構成員（出資者）が定款を作成し、その主たる事務所の所在地において登記することを要する。株式会社その他の法人は構成員となることができる。
　④構成員の責任は、その出資の額を限度とする。

⑤構成員が損益の分配に際して定めを置かない場合には、損益の分配は各構成員の出資の額に応じて行うものとする。
⑥構成員は定款の定め又は構成員総会の決議により金銭その他の資産の分配を受けることができる。ただし、貸借対照表上の純資産額を超えて分配することはできない。
⑦構成員総会は、本法及び定款に従い、有限責任事業組合のすべての事項に関し決議をすることができる。議決権は、各構成員の出資の額による。
⑧有限責任事業組合は、業務執行のために1人以上の理事（仮称）及び代表理事（仮称）を置くことができる。理事の選任は構成員総会において行う。
⑨構成員の地位は、定款に別段の定めがある場合、または、構成員総会において3分の2以上の同意を得た場合を除き、譲渡できないものとする。
⑩構成員の脱退は、定款に別段の定めがないときは、構成員総会において3分の2以上の同意を得て行う。
⑪有限責任事業組合は、各事業年度毎の計算書類を官報又は定款に定める一般日刊紙において公告する。
⑫その他、有限責任事業組合の組織・業務等について必要な事項を定める。

〈有限責任事業組合法（仮称）創設に係る税制措置の提案〉
　①有限責任事業組合については、所得課税を行うことなく、全ての損益を各出資者の持ち分に応じて当該年度の出資者の所得と通算することとする。
　②有限責任事業組合の創設に際して、現物出資を行う場合に課税の繰延べを認める。また、資産の移転に係る登録免許税・不動産取得税・消費税の課税の特例に係る措置を講ずる。

　この1999年経団連提言による有限責任事業組合は、アメリカ各州法におけるLLC・LLPと類似の、すべての出資者の有限責任と構成員課税（事業体の段階では所得課税を行わず、その損益を出資者の損益と通算）を備えた事業形態であり、具体案として示した法制・税制の要綱案は、実際に実現した有限責任事業組合制度と極めて近いものにまで成熟していた。

（4）有限責任事業組合（日本型LLP）の創設へ

　経団連では、この後、機会あるごとにLLP・LLCの導入を求めてきたが、現実の政策課題となるにはなお時間を要し、政府において、この問題が本格的に取り上げられたのは、2002年3月29日の「規制改革推進3カ年計画（再改定）」の中で、「合理的かつ健全な私法上の事業組織形態の在り方について、私法上の問題点の整理と検討を開始するとともに、併せて税法上の取り扱いも検討する」と明記されたことからである。

　これを受けて、まず、「私法上の問題点」について、法制審議会における会社法制現代化の審議の中でLLCとなるべき新たな法人の検討が開始され、これは新会社法における新たな会社類型である「合同会社」に結実していった。

　また、「税法上の取り扱い」についても、財務省において検討が開始され、2002年6月に公表された政府税制調査会答申「あるべき税制の構築に向けた基本方針」では、「経済活動のグローバル化や金融の自由化等に伴い、様々な投資形態が出現するとともに、企業の事業形態や事業規模も多様化している。」として「適正な課税を確保しつつ円滑な企業活動に資する観点から（中略）、パートナーシップ等の多様な事業体に対する課税について見直すこと」が法人税の課題の1つとして明記された。さらに、その補論では、「現行の法人税は、基本的に私法上の『法人』を課税対象としているが、（中略）『法人』と同様にグローバルな活動を行っている多様な事業体に対し適正な課税を確保する観点から、法人税の課税対象や課税方式を検討していく必要がある。」とされていた。

　経済産業省も、2002年12月、企業活力研究所を事務局として有限責任組織（LLC等）に関する研究会（座長：平野嘉秋　日本大学教授）を発足させ、LLC導入に向けた検討を開始し、2003年11月17日には、この研究会での議論を踏まえ「人的資産を活用する新しい組織形態に関する提案－日本版LLC制度の創設に向けて－」を公表している。また、2003年の産業活力再生特別措置法改正による、商法上の匿名組合契約を活用した共同事業再編スキームは、実態としてLLCの先取りであったと言える。

しかし、日本型LLCとなるべきはずであった新たな会社類型の創設は、2004年7月、法制審議会会社法部会から「会社法制の現代化に関する要綱案（第一次案）」が示されたことで大きく前進したが、税務当局は、「法人」でありながら組合的な課税の仕組みをとることに大きな障害があるとして、「合同会社」に対する構成員課税の適用を否定し、日本型LLCの実現は一旦、挫折した。

　同時に、税務当局からは、LLCの代わりに、すべての組合員が有限責任であるLLPを創設するのであれば、これは法人格を持たない「組合契約」であるから、課税上も「組合」としての扱い、すなわち、構成員課税の適用ができるとの見解が示された。

　そこで、経済産業省において、改めて2004年9月から「有限責任事業組合制度に関する研究会」が開始され、12月17日には有限責任事業組合制度の具体案が提示され、翌2005年4月27日に法案が成立、8月1日より施行された。

（5）LLPの限界

　しかし、日本型LLP（有限責任事業組合）は、あくまでも組合「契約」であり、法人格を持たない存在である。組合は当然には、権利義務の主体となれず、独立した財産を持ち、独立して経済取引の主体となるためには、何らかの登記・登録制度が必要になる。有限責任事業組合契約法は、組合契約他の登記について商業登記法の準用を定めており、また不動産登記、特許権などの工業所有権登録についてもいわゆる「肩書つき登記」等で対応するとされており、実務上は大きな支障はない。しかしながら、民法組合の訴訟能力については判例で認められている段階に止まっており、なお反対の学説もあること、特定の業法によっては事業を会社形態でしか営めないと定められている場合などがあることなど、法人格を持たないことのデメリットが完全に解消されることはない。

　LLPが「組合」であることのデメリットを解消することには限界があり、やはり法人格を有する「会社」としてのLLCの実現が求められていた。

(6) 合同会社への構成員課税の適用可能性

　一方で、会社法の合同会社は、社員全員の有限責任が確保され、会社の内部関係については組合的規律（原則として全員一致で定款の変更その他の会社の在り方が決定され、社員自らが会社の業務の執行に当たるという規律）が適用される特徴を有する新たな会社類型である（会社法第576条第4項）。また会社法では、合同会社と合名会社・合資会社は「持分会社」として内部関係の規律等については一体化して整理されている（会社法第575条第1項）。この合同会社は、本来、日本型LLCを目指したものであったが、構成員課税について税務当局の壁を突破できず、「会社」として法人税の適用を受けることになった。

LLC & LLP

【各事業体の課税関係】

	株式会社	合同会社 LLC: Limited Liability Company	有限責任事業組合 LLP: Limited Liability Partnership
法人格	あり	あり	なし
根拠法	会社法	会社法	投資事業有限責任組合契約に関する法律
出資者の名称	株主	社員	組合員
出資者が負う責任	有限責任	有限責任	有限責任
経営形態	所有と経営の分離	所有と経営の一体化 （迅速・自由な意思決定）	所有と経営の一体化 （迅速・自由な意思決定）
課税関係	法人課税 ＋出資者段階での配当課税	法人課税 ＋出資者段階での配当課税	構成員課税 （利益・損失は組合員が認識）
組織再編成税制の適用	あり	あり	なし （組織再編成税制は法人対象）
数	2,459,378 （FY25 国税庁会社標本調査）	28,370 （FY25 国税庁会社標本調査）	延べ登記数は4,000超 （出所：経産省）

現行法人税法は、その納税義務の有無を「法人」であるか否か、つまり、私法上、法人格を有するか否かによって基本的に決定してきた。
　しかしながら、こうした課税方式は、必ずしも世界共通のものではなく、わが国においても、一定の場合には、会社＝法人であっても構成員課税を認めることは、十分にあり得ることと考える。
　2002年6月に公表された政府税制調査会「あるべき税制の構築に向けた基本方針」の中では、「経済活動のグローバル化や金融の自由化等に伴い、様々な投資形態が出現するとともに、企業の事業形態や事業規模も多様化している。」として「適正な課税を確保しつつ円滑な企業活動に資する観点から（中略）、パートナーシップ等の多様な事業体に対する課税について見直すこと」が法人税の課題の1つとして明記されていた。
　日本型LLCを実現するための税制については、そもそも、構成員課税と法人課税の線引きに実質基準を導入するかどうかとの検討が必要になるが、その際には、合同会社のみならず、会社法上同じく持分会社とされている合名会社・合資会社、さらには法形式上は株式会社や有限会社であっても、実態は個人事業に等しい中小同族会社に対する課税のあり方も、同じ議論の土俵に乗せることが必要になってこよう。
　道のりは険しいが、わが国の税制を国際的な標準に近づけるためにも、事業体課税と構成員課税に対する新しい「理論」を構築する必要がある。

第13章 国際課税

国際課税制度は、国際的な二重課税の排除などを通じて企業が海外での事業活動を進めていくために必要な環境を整備するものであるとともに、国際的な課税の空白や国境を越えた租税回避行為を防止するための制度でもある。さらには、企業の海外展開に伴い海外に移転・流出していく所得に対して、国がどこまで課税を追い求めていくのかという側面もある。

わが国の国際課税制度は、1953年の外国税額控除の導入、1955年の日米租税条約にはじまる租税条約ネットワークの整備、1978年の外国子会社合算税制の導入、1986年の移転価格税制の導入、1992年の過小資本税制の導入など、OECDの定める国際的標準に従いながらも、国際展開を進める企業のニーズと、国家としての課税権の追及＝課税当局のニーズがせめぎ合いながら、独自の進化を遂げてきたが、近年、BEPSプロジェクトの下で大規模な転換が進められている。

そこで、本章は、BEPSプロジェクトの概要と、それを受けた国際課税制度の改正の動向を見ておきたい。

1　BEPSプロジェクトの概要

BEPS（Base Erosion and Profit Shifting：税源浸食と利益移転）プロジェクトは、米国系多国籍企業による過剰な節税行為が欧州で問題とされたのを契機に、多国籍企業による過剰な節税行為を防止するとともに、経済のグローバル化に対応した新たな国際課税制度を構築することを目的として、2012年6月にOECDの租税委員会において立ち上げられた。この検討には、OECD加盟国だけではなく、G20を代表して、ロシア、中国、インドのほか、アルゼンチン、ブラジル、インドネシア、サウジアラビア、南アフリカの8か国もOECD加盟国と対等の立場で参加し、先進国のみならず途上国をも含めての国際課税に関する新たな枠組の構築を目指すものとなった。

(1) BEPS 行動計画

　OECD 租税委員会は、2013 年 6 月には 15 項目からなる BEPS 行動計画を公表し、この BEPS 行動計画は、2013 年 7 月 19～20 日にモスクワで開催された G20 財務大臣・中央銀行総裁会議に提出され、G20 の全面的な支持を得た。

　2013 年 2 月の BEPS 報告書では、税源を浸食する方法により利益を移転させることを目的としたタックス・プランニングのために、政府が相当の法人税収を失っており、「国境を越える利益への課税に係る国内的及び国際的なルールが今や崩壊しており、そして、租税はただ愚直な者によって支払われるだけであるという認識を助長した」との指摘がなされており、まさに、国際課税ルールの根本的な見直しが必要であるとの認識が示されている。

〈BEPS　行動計画の概要〉

注：（　）は当初の予定

　行動計画 1―電子経済への対応

　　　電子商取引により、他国から遠隔で販売、サービス提供等の経済活動ができることに鑑みて、電子商取引に対する直接税・間接税の在り方を検討する報告書を作成（2014 年 9 月）

　行動計画 2―ハイブリッド・ミスマッチ・アレンジメントの無効化

　　　ハイブリッド・ミスマッチ・アレンジメントの効果を無効化又は否認するモデル租税条約及び国内法の規定を策定（2014 年 9 月）

　行動計画 3―効率的な外国子会社合算税制の設計

　　　外国子会社合算税制に関し、各国が最低限導入すべき国内法の基準に係る勧告を策定（2015 年 9 月）

　行動計画 4―利子等の損金算入を通じた税源浸食の制限

　　　支払利子等の損金算入を制限する措置の設計に関して、各国が最低限導入すべき国内法の基準に係る勧告を策定（2015 年 9 月）、親子会社間等の金融取引に関する移転価格ガイドラインを策定（2015 年 12 月）

　行動計画 5―有害税制への対抗

OECD の定義する「有害税制」について、
- 透明性や実質的活動等に焦点をおいた現在の枠組みを十分に活かして、加盟国の優遇税制を審査（2014 年 9 月）
- 現在の枠組みに基づき OECD 非加盟国も関与させる（2015 年 9 月）
- 現在の枠組みの改定・追加を検討（2015 年 12 月）

行動計画 6——租税条約の濫用防止

条約締約国でない第三国の個人・法人等が不当に租税条約の特典を享受する濫用を防止するためのモデル条約規定及び国内法に関する勧告を策定（2014 年 9 月）

行動計画 7——恒久的施設（PE）認定の人為的回避の防止

人為的に恒久的施設の認定を免れることを防止するために、租税条約の恒久的施設（PE）の定義を変更（2015 年 9 月）

行動計画 8——移転価格税制①無形資産

親子会社間等で、特許等の無形資産を移転することで生じる BEPS を防止する国内法に関する移転価格ガイドラインを策定（2014 年 9 月）、価格付けが困難な無形資産の移転に関する特別ルールを策定（2015 年 9 月）

行動計画 9——移転価格税制②リスクと資本

親子会社間等のリスクの移転又は資本の過剰な配分による BEPS を防止する国内法に関する移転価格ガイドラインを策定（2015 年 9 月）

行動計画 10——移転価格税制③その他の租税回避の可能性が高い取引

非関連者との間では非常に稀にしか発生しない取引や管理報酬の支払を関与させることで生じる BEPS を防止する国内法に関する移転価格ガイドラインを策定（2015 年 9 月）

行動計画 11——BEPS の規模や経済的効果の指標の集約・分析

BEPS の規模や経済的効果の指標を OECD に集約し分析する方法を策定（2015 年 9 月）

行動計画 12——タックス・プランニングの義務的開示

タックス・プランニングを政府に報告する国内法上の義務規定に係る勧告を策定（2015 年 9 月）

行動計画 13―移転価格関連の文書化

移転価格税制の文書化に関する規定を策定。多国籍企業に対し、国ごとの所得、経済活動、納税額の配分に関する情報を、共通様式に従って各国政府に報告させる（2014 年 9 月）

行動計画 14―紛争解決メカニズムの効率化

国際税務の紛争を国家間の相互協議や仲裁により効果的に解決する方法を策定（2015 年 9 月）

行動計画 15―多国間協定の開発

BEPS 対策措置を効率的に実現させるための多国間協定の開発に関する国際法の課題を分析（2014 年 9 月）、その後、多国間協定案を開発（2015 年 12 月）

OECD では、G20 諸国の参加も得て、これら行動計画の具体化に関する議論が進められたが、その過程では OECD 租税委員会の作業部会が各行動計画について基礎的な検討を行い公開討議草案を公表し、関心のある企業・団体・個人が意見を提出することができた。その後、パリの OECD 本部で開催される公聴会にも参加することができ、経団連では各行動計画に対するコメントを経団連単独で、あるいは OECD に対する経済界の公式な諮問機関である BIAC（Business and Industry Advisory Committee）を通じて提出し、公聴会にも参加を重ねてきた。

（2）BEPS 最終報告書

2015 年 10 月には BEPS 最終報告書とし、13 本のレポートが取りまとめられ、同月のアンタルヤサミットで G20 首脳の支持を得た。なお、行動計画とレポートの数があわないのは、行動 8～10 については、まとめて 1 本の報告書に統合されたためである。

BEPS 最終報告書は、その拘束性によって 4 つのカテゴリーに分類できる。

第1のミニマム・スタンダードは、すべてのOECD／G20加盟国が一貫した実施を約束するものであり、強い拘束力を持つ。行動5（有害税制への対抗）、行動6（租税条約の濫用防止）、行動13（移転価格関連の文書化）のうちCountry by Country Report（CbCR）、行動14（紛争解決メカニズムの効率化）が該当する。

第2は既存のスタンダードの改正である。OECDモデル租税条約やOECD移転価格ガイドラインの改訂を伴うものであり、BEPS最終報告書の説明文では「全てのBEPSプロジェクト参加国がその基礎となる租税条約や移転価格税制のスタンダードを承認しているわけではないことに留意する」とされている。すなわち、各国が独自に対応する可能性のある分野で、拘束力はミニマム・スタンダードに比べ劣ると考えられる。行動7（恒久的施設（PE）認定の人為的回避の防止）と行動8～10（移転価格と価値創造の一致）が該当する。

第3は国内法に関する共通アプローチであり、各国の慣行の統一を促進するものである。行動2（ハイブリッド・ミスマッチ・アレンジメントの無効化）と行動4（利子等の損金算入を通じた税源浸食の制限）が該当する。

第4がベスト・プラクティスである。これは、新しく国内法を導入するなど、問題に対応しようとする国を支援するものであり、行動3（効率的な外国子会社合算税制の設計）と行動12（タックス・プランニングの義務的開示）が該当する。

なお、行動11（BEPSの規模や経済的効果の指標の集約・分析）については純粋なレポートではなく、特段の勧告はなされていない。ここでは、BEPSによる法人税収の逸失額を全世界で約1,000～2,400億ドル、法人税収全体の約4～10％に達すると見積っている。

行動15（多国間協定の開発）は、BEPS最終報告書のうち租税条約の改訂に関する勧告についての実施手続を定めたものであり、また、行動1（電子経済への対応）については、消費税に関する勧告は行われたが、法人税に関する勧告がないため、特に分類されていない。

(3) BEPS 最終報告書で勧告された内容の実施

現在は、OECD が提案した「包摂的枠組」(Inclusive Framework) のもと、OECD ／ G20 以外の国の参加も得て[38]、BEPS 最終報告書のうち最も拘束力の強いミニマム・スタンダードに関する実施状況のモニタリング作業が開始されている段階である。また、BEPS 最終報告書の段階では結論が出なかった積み残しの課題に関する検討も行われている。2020 年には、勧告の実施状況全般について、大規模なレビューが行われることとされている。

2　BEPS と国内法の整備

国内に目を転じると、BEPS 最終報告書のうち国内法に関する項目について、逐次、税制改正が行われている。

平成 28（2016）年度税制改正では、「移転価格関連の文書化」（行動 13）の法制化が行われており、国別報告事項、事業概況報告事項が導入されるとともに、独立企業間価格を算定するための書類について一定の条件のもと同時文書化が義務付けられた。平成 29 年度税制改正では、行動 3（効率的な外国子会社合算税制の設計）を踏まえ、外国子会社合算税制の大幅な見直しが行われている。

平成 29（2017）年度与党税制改正大綱では、行動 4（利子等の損金算入を通じた税源浸食の制限）、行動 8～10（移転価格と価値創造の一致）、行動 12（タックス・プランニングの義務的開示）が今後の検討課題として掲げられており、平成 30（2018）年度税制改正以降も議論が続くものと思われる。

以下では国内における税制改正の順番に沿って、OECD 租税員会における議論の経緯と、国内法整備の内容を説明していく。

---

[38] 現在の包摂的枠組参加国・地域は 100 か国近くに達している。

（1）電子経済への対応（行動1）

議論の経緯

　現行の国際課税制度は恒久的施設（PE）＝物理的拠点の有無により事業所得に対する課税の有無を判断しているため、電子商取引等、デジタル化が進む多国籍企業のビジネスモデルに適応できていない。

　検討の過程では、電子経済に関連し、様々な法人課税のオプションが検討された。

　第1は、重要な経済的拠点（Significant Economic Presence）の概念に基づく新たな課税である。企業がある国に物理的拠点（PE）を保有していなくても、その国の経済と意図的かつ持続的なつながりを示す要素（ローカルドメイン名や収集されたデータ量等）があり、一定の売上額を計上していれば、その国に重要な経済的拠点を保有しているとして、その経済的拠点に帰属する所得に対し課税をしようとするものである。

　第2は、電子商取引における源泉徴収であり、国内消費者が国外事業者からオンラインで購入した物品またはサービスに関して、その対価の支払いに際し源泉徴収を行うことで国外事業者に課税するものである。

　第3は、平衡税の導入であり、国内事業者には課税されているにもかかわらず、国外事業者には課税されないといった課税上の不公平を是正するために税を課すものである。

　これらに対し、経済界からは、電子経済を他の経済分野から隔離し、新たな国際課税原則を創出するのは時期尚早との意見が寄せられた結果、BEPS最終報告書では、電子経済がもはや経済そのものになってきている現状において、電子経済を他の経済と切り離して考えるのは難しいこと、また、電子経済やそのビジネスモデルに固有のBEPSリスクは存在せず、電子経済によってBEPSリスクが増幅される側面はあるものの、他のBEPS最終報告書の勧告内容を実施することでBEPSへの対応は十分可能であるとの結論が出され、国際課税原則の大幅な見直しは現時点で不要とされた。

　上記3つの課税オプションについても、他のBEPS最終報告書の勧告内容

が電子経済におけるBEPSの課題に対しても実質的な効果を持つと思われること、各オプションともその対象となる範囲や条件の設定が困難であること、現行の国際課税原則の大幅な変更が必要となることなどから、現時点で勧告は行われていない。ただし、各国が現行の租税条約を遵守するという条件付きで、BEPSに対する追加防止措置として各国国内法において導入することができるとされている。

BEPS最終報告書では、今後も電子経済が発展し続けることを踏まえ、他の行動計画で勧告された内容が電子経済に与える影響をモニタリングしながら、電子経済における課税上の課題に対する作業を継続していくことが重要であるとされており、2018年には中間報告が、2020年には最終報告書が作成される予定である。

一方、消費税等の付加価値税に関しては、2015年11月に公表された「OECD国境を越えた取引に係る消費税ガイドライン」の原則を適用することが勧告された。具体的には、課税地について、事業者間の取引（B to B取引）は「顧客が所在する国」、事業者と個人消費者間の取引（B to C取引）は「顧客が居住する国」の原則を適用するとともに、課税方式についてはB to B取引ではリバースチャージ方式、B to C取引では国外の事業者が事業者登録を行った上で徴収する方式の導入について検討することも勧告されている。

国内法の整備

日本でもこれに対応した改正が平成27（2015）年度税制改正において、BEPS最終報告書を先取りするかたちで、国外の事業者が国内の消費者・事業者に対し国境を越えて行う電子書籍・音楽・広告の配信等の電子商取引に消費税が課税されることとなり、2015年10月から施行されている。

（２）ハイブリッド・ミスマッチ・アレンジメントの無効化（行動２）
議論の経緯

　多国籍企業による節税策の代表例として紹介されることの多いダブル・アイリッシュ・ダッチ・サンドウィッチでは、ハイブリッド・ミスマッチ・アレンジメント、すなわち、金融商品や事業体に関する各国の税務上の取扱いの差異を利用したスキームが利用されてきた。

　金融商品に関するハイブリッド・ミスマッチ・アレンジメントの典型例は、資本と負債に関する取扱いの差異を利用したものである。例えば、一方の国では親会社から子会社に対する資金提供が資本投下と取り扱われるため、資本に対するリターンは配当として配当免税が適用される一方、他方の国では負債とされるため、対応する支払は利子とみなされ損金算入となり、どちらの国でも課税されない事態が生じる。

　また、事業体に関するハイブリッド・ミスマッチ・アレンジメントは、ある事業体を法人とみなすか、透明な（パス・スルーの）事業体とみなすかについての各国の税務上の取扱いの違いを利用して、一方の国において損金算入された額が他方の国においても損金算入される「二重控除」の原因とされている。

　BEPS最終報告書では、こうした問題に対処するため、自国における金融商品や事業体に関する税務上の取扱いを相手国における取扱いを踏まえて定める「リンキング・ルール」が勧告された。上記の金融商品の例では、親会社からみて、配当の支払国で、その配当が損金算入される場合には、親会社において配当免税を適用せず、益金に算入することとされた。また、事業体の例では、仮に国内親会社－海外子会社という関係の中で、子会社において発生した費用を親会社も同様に費用として認識するという二重控除が生じている場合には、まず、第１ルールとして、親会社所在地国が親会社による費用の損金算入を否認することになり、仮に親会社所在地国がそのようなルールを整備していない場合、第２ルールとして、子会社所在地国が、子会社の損金算入を否認することとされた。この事業体に関するルールは親子の資本関係が50％以上である場合に適用される。

議論の過程で論点となったのは、リンキング・ルールの対象範囲である。検討段階では、リンキング・ルールは10％以上の資本関係がある関連者に適用されるとされ、範囲が極めて広いものとなっていた。各国の法人税は基本的に申告納税制度であるため、特定の国がリンキング・ルールを導入しているか否か、あるいは特定の金融商品や事業体に関する他国の税務上の取扱いがどうなっているかは、企業が自ら調べなければならない。こうしたなかで、資本関係が10％以上の会社との取引について、常にハイブリッド性の有無を調べた上で申告するというのは大きな負担となる。

BEPS最終報告書では、金融商品や事業体の類型により25％以上又は50％以上の資本関係がある場合、リンキング・ルールが適用されるとされ、経済界の要望が反映された。ただし、規定された持分割合以下の場合であっても、ハイブリッド・ミスマッチを生じさせるような「仕組まれた取決め」であることが明らかである場合には、リンキング・ルールの適用があるとされている。

国内法の整備

行動2については、BEPSプロジェクトのなかでも検討が早く進み、2014年9月の段階で中間報告が公表されたことを受け、日本では平成27（2015）年度税制改正において、外国子会社配当益金不算入制度の改正として対応されている。具体的には、支払国において損金算入される配当については外国子会社配当益金不算入制度の対象から外し、益金に算入することとされた。豪州やブラジルの子会社からの配当のうち現地において損金算入されるものが対象となり、豪州については償還優先株式（Mandatory Redeemable Preference Share）からの配当が該当する。2016年4月1日から適用が開始されているが、2018年3月31日までは経過措置が適用され、施行日前から保有していた子会社株式に係る損金算入配当については、引き続き外国子会社配当益金不算入が適用される。

リンキング・ルールとして勧告された内容は多岐にわたるが、日本としてはこの改正により、当面は行動2に関連した大きな国内法の改正はないものと思

われる。しかし、行動2は、BEPS最終報告書で共通アプローチに分類され、各国の慣行の統一が期待されていることから、中期的には、諸外国における制度の整備状況も踏まえつつ、すべてのリンキング・ルールが揃っていないことによる日本特有のBEPSリスクを勘案しながら、順次、必要な改正を行っていくことが考えられる。

(3) 移転価格関連の文書化(行動13)
議論の経緯

　移転価格文書化の議論が行われた背景には、いわゆる「情報の非対称」の問題がある。従来、各国の課税当局は、企業の国外関連者との個々の取引に関する情報(BEPS最終報告書ではローカルファイルと呼ばれる文書)の提供を求めることで、移転価格税制の適正な執行を実現しようとしていた。しかし、一部の多国籍企業は、第三国を含め複数の国を介在させる複雑なスキームを利用しているため、課税当局としては、個々の国外関連取引に関する情報のみでは、移転価格が適正であるかどうかの判断が困難であり、多国籍企業グループの全体像(Big Picture)を把握するための資料が不可欠と考えるようになってきた。

　そこで提案されたのがCountry by Country Report (CbCR)とマスターファイルである。前者は、多国籍企業グループの活動概況を定量的に説明するものであり、親会社、子会社等が所在する国・地域ごとに、総収入金額、税引前利益、法人税額、資本金、利益剰余金、従業員数、有形資産等の情報を表示する。課税当局としては、CbCRによって、多国籍企業グループの利益がどの国に滞留しているかが分かることになる。

　マスターファイルは、多国籍企業グループの活動概況を定性的に記載するものであり、組織構造、事業概況、無形資産に関する情報、金融活動に関する情報、財務・税務に関する説明が必要とされる。これにより、課税当局としては、ある企業の行った国外関連取引をローカルファイルをもとに単なる点として検証するのではなく、グループ全体のビジネスの文脈のなかで理解し、検証できるようになる。

CbCR やマスターファイルは多国籍企業による過度な節税策に対する牽制効果を有し、また、課税当局による"big picture"の把握にも資するものである。しかし、当初の提案は、節税行為に関係のない企業にとっては厳しい内容であり、事務負担への配慮、機密情報の保護、利用目的の明確化を巡って議論が行われた。

　当初、提案された CbCR は、国別（country by country）としながら、その国に所在する子会社ごと（entity by entity）のデータが必要とされ、内容面でも、上記の情報に加え、役務提供の対価・ロイヤルティ・利息のそれぞれの収受額、人件費総額等が求められていた。また、マスターファイルにおいても、報酬額の多い従業員の肩書きと所在事業所等、最終的な内容よりも広範な記載事項が提案されていた。

　CbCR における役務提供の対価・ロイヤルティ・利息のそれぞれの収受額は、企業としてこれまで国ごとに集計しておらず、また、マスターファイルにおける高額報酬従業員の情報等は、有用性に疑問がある。経済界からは、文書の記載情報を合理的な範囲まで削減すべきことを主張し、ある程度、受け入れられる結果となった。

　また、CbCR 及びマスターファイルの各国課税当局への提出方法については、当初、各国に所在する多国籍企業グループの子会社を通じて、子会社所在地国の課税当局に提出する案（子会社方式）が有力とされていた。しかし、仮に子会社方式が採用されれば、子会社が他の企業グループとの合弁会社の場合、機密情報の記載された両文書が子会社を通じてライバル企業に漏洩するおそれがある。

　そこで、各国の経済界は、提出方法については、子会社方式ではなく、提出先を親会社所在地国の課税当局に限定し、関連する他の課税当局に対しては租税条約に基づく情報交換により共有する方法（条約方式）を採用すべきことを主張した。条約方式では租税条約のネットワークが十分ではない開発途上国にとっては情報がタイムリーに得られないとの反対があったが、経済界からは、だからこそ多国間、二国間を含め、条約ネットワークの拡充が必要と訴えた。

この結果、CbCR については最終的に条約方式が基本とされ、マスターファイルについては子会社方式となった。マスターファイルが子会社方式とされたのは、数値情報を記載する CbCR に比べ、情報の機密性が相対的に低いとの判断によるものと思われる。

なお、議論の過程では、NGO 等から CbCR の一般公開を求める声があったが、BEPS 最終報告書では、CbCR やマスターファイル等の移転価格文書はあくまでも課税当局向けの資料であり、一般公開がなされぬよう、課税当局はあらゆる合理的な手段を講ずるべきとされている。

また、CbCR は世界初の試みであり、経済界からは、提供された数値情報が各国の課税当局によってどのように利用されるのか、不適切な課税が行われないか、懸念が示されたことを踏まえ、BEPS 最終報告書では CbCR の利用目的が明確化された。すなわち、CbCR は、あくまでも多国籍企業グループに BEPS の疑いがあるか否かというハイレベルなリスク評価を行うための資料であり、記載された情報をもって安易に移転価格課税を行ったり、この国でこれだけの総収入金額、従業員数、有形資産があるのだからそれに応じた課税所得が配分されるべきだという「定式配分」を行ったりしてはならないとされた。

国内法の整備

BEPS 最終報告書を踏まえ、OECD 移転価格ガイドラインの第 5 章(文書化)が全面改訂されたのを受けて、日本でも平成 28(2016)年度税制改正において、新たな移転価格文書化制度が導入された。

国別報告事項(CbCR)と事業概況報告事項(マスターファイル)については、2016 年 4 月 1 日以降開始事業年度分から作成が義務付けられている。対象となる多国籍企業グループは、連結財務諸表を作成すべき企業集団で 2 以上の国で事業を行うものであるが、グループの直前会計年度の連結総収入金額が 1,000 億円未満であれば、両文書の作成は免除される。国別報告事項については BEPS 最終報告書で定められたテンプレートと同様のものを作成することになる。最終親会社の会計年度終了の翌日から 1 年以内に、e-Tax を通じて

オンラインで所轄の税務署長に提出しなければならない。必ず各国に共有されるという性質を踏まえ、使用言語は英語である。期限内に提出がない場合には30万円以下の罰金が科される。

事業概況報告事項についても、BEPS最終報告書で定められた内容に準拠するものとなった。提出期限や罰則は国別報告事項と同じであるが、使用言語は日本でもよい。ただし、国別報告事項とは異なり、当局間で共有されるものではなく、立地している各国課税当局へそれぞれの国の法制に基づいて提出することになるため、それぞれの国の制度に沿って内容の調整が必要となる可能性がある。

BEPS最終報告書では、ローカルファイルについてもテンプレートが定められたが、これは日本の移転価格税制における独立企業間価格を算定するために必要な書類に相当し、企業は事実上は作成しているが、平成28年度税制改正以前は、法律上は作成義務がなかった。今後は、OECDの勧告に従い、確定申告書の提出期限までに作成することが義務付けられる（同時文書化）。そして、その後の税務調査でそれら書類が求められた場合において、一定期限までに提示または提出がない場合には、推定課税が行われるおそれがある。ただし、すべての国外関連取引について同時文書化が求められるわけではなく、重要性基準が設けられている。

【移転価格税制に係る文書化制度の概要】

	ローカルファイル等	CbCR	マスターファイル
目的・文書化すべき内容	・個々の関連者間取引に関する詳細な情報を提供 ・特定の取引に関する財務情報、比較可能分析、最適な移転価格算定手法の選定及び適用に関する情報を記載	・ハイレベルな移転価格リスク評価に有用な情報を提供 ・多国籍企業グループが事業を行う国ごとの収入金額、税引前当期利益の額、納付税額等に関する情報を記載	・税務当局が重要な移転価格リスクを特定できるよう、グループ全体の「青写真」を提供 ・多国籍企業グループの組織構造、事業の概要、財務状況等に関する情報を記載

作成義務・作成期限	申告期限までの作成義務	−（提供義務・提供期限でカバー）	−（提供義務・提供期限でカバー）
当局への提出の態様・提出期限	当局の要請に基づき提出	【最終親会社等の場合】 ・最終親会社等の決算後1年以内に提供 【最終親会社等が外国法人の場合】 ・原則として提供義務なし（情報交換により入手） ・（限定的な場面で）子会社等に提供義務を課す	最終親会社等の決算後1年以内に提供
提出義務者	調査対象法人	・内国法人である最終親会社等 ・（限定的な場面で）外国法人である最終親会社等の在日子会社（又は在日PEを有する外国法人）	グループの内国法人（又は在日PEを有する外国法人）
適用除外	一の国外関連者との前期の取引金額（受払合計）が50億円未満であり、かつ、当該一の国外関連者との前期の無形資産取引金額（受払合計）が3億円未満である場合	連結グループ収入1,000億円未満	連結グループ収入1,000億円未満
文書の保存義務・保存年限・保存場所	原則として7年間／国内保存	—	—
文書化の実効性の担	当局の要請後一定の日までに文書提出がない場合の推定課税・同業者調査	30万円以下の罰金	30万円以下の罰金

保策			
使用言語	特段指定なし	英語	日本語又は英語
提出方法	紙	電子データ（e-Tax）	電子データ（e-Tax）
適用時期	29.4.1 以後開始する事業年度分	28.4.1 以後開始する最終親会社等の会計年度分	28.4.1 以後開始する最終親会社等の会計年度分

今後の課題

現在、様々な国で移転価格文書化に関する法制化が進められているが、その過程で、いくつか実務上の問題が浮上している。

CbCRの提出方法は条約方式が基本であり、最終親会社によって自国の課税当局に提出されたCbCRは、租税条約を通じて自動的情報交換により関係する課税当局に提供される。しかし、BEPS最終報告書では、条約方式が満足に機能しない場合には、第2の方式として子会社方式が適用されるとも記載されている。勧告の通り、2016年1月1日以降開始事業年度分についてCbCRの提出を義務化している国のなかには、日本が2016年4月1日以降開始事業年度分からとしていることでは遅く、条約方式が満足に機能していないと考える国があるかもしれず、そのような判断がなされれば、日本の12月決算法人については、国内では義務化されていない2016年1月1日開始事業年度分のCbCRについて、子会社方式により、現地子会社経由での提供を求められるおそれがある。

こうした状況を踏まえ、OECDは2016年6月にCbCRの実施ガイダンスを公表し、CbCRの施行前であっても、多国籍企業グループの究極の親会社が自発的に自国の課税当局にCbCRを提出すれば、租税条約による交換の対象となり、子会社方式を回避することができることとされている。日本の12月決算法人もこの方式が利用可能である。

この他、CbCRについては、BEPS最終報告書における合意事項が守られるのか、すなわち、テンプレートで定められている以上の追加情報が請求されな

いか、情報漏洩がされないか、不適切に利用されないか、など、多くの懸念事項がある。CbCRはミニマム・スタンダードに該当するため、包摂的枠組においてピア・レビューの対象となっており、審査が始まっているが、これに加えて、今後、CbCRの適切な利用等に関する課税当局共通のガイダンス整備が待たれる。また、EUでは、BEPS最終報告書の勧告内容の実施とは別トラックとの整理のもと、国別報告事項と類似の報告書の一般公開を検討しており、予断を許さない。

なお、マスターファイルとローカルファイルについては、ミニマム・スタンダードには該当せず、各国の国内法制でそれぞれ規定されることになるため、国によって必要な記載情報がBEPS最終報告書の内容と異なる可能性があり、作成・提出期限についてもバラつきが生じる恐れがある。大きく逸脱した内容の税制改正がなされる場合には、国際社会として対応が必要と考えられる。

また、移転価格文書化については、2020年に再度見直すこととされているが、新興国等では記載情報の拡充を含め、移転価格文書化を強化したいという意向があり、引き続き、国際的な議論の動向に注視する必要がある。

（４）効率的な外国子会社合算税制の設計（行動３）

議論の経緯

多国籍企業による節税策のうち、とりわけ問題視されていたのがキャッシュ・ボックス・スキーム、すなわち、特段の経済活動は行わないものの資金は豊富である子会社（キャッシュ・ボックス）を軽課税国に設置し、そこに利益を集中させる手法であり、このスキームへの対応が今回のBEPSプロジェクトが始まったきっかけの１つとされている。

この問題への対応策は様々な切り口から議論され、行動13では、前述の通りCbCRによってキャッシュ・ボックスにおける利益の滞留状況を可視化することとされ、行動8〜10の移転価格税制では、後に見るように、親会社とキャッシュ・ボックスとの取引において利益の移転を起こりにくくさせる方向で議論が行われた。これに対し、行動３の狙いは、キャッシュ・ボックスの所

得を一定の場合、親会社の所得に合算することにある。すでに先進諸国が様々な形態の CFC 税制を採用する一方、制度を導入していない国もある中で、BEPS 対策の観点から効率的な CFC 税制とはどのようなものか、検討が行われた。

　公開討議草案の段階では、CFC 税制をいくつかの構成要素に分類し、それぞれ論点が提示された。例えば、対象となる外国子会社の設定、適用除外基準、二重課税をどのように排除するかなどであったが、最も論争を呼んだのは外国子会社の所得のうちどのようなものを合算対象にするのかとの論点であった。

　理論面では、全世界所得課税方式を採用する場合は課税繰延べの防止という観点から合算所得を考えることになる一方、国外所得免除方式を採用する場合には租税回避の防止という側面がより際立ってくる。また、実務面では、所得を事業体ごとに合算するのか、取引ごとに合算するのかといった点で、各国の制度が異なっている。こうした中で、各国の経済界が特に懸念したのは、CFC 税制について単一の制度案が打ち出され、その機械的な適用を求められることであった。

　BEPS 最終報告書では、CFC 税制について以下の 6 つの構成要素を提示しつつ、各国による柔軟な制度設計を許容することとされた。勧告はベスト・プラクティスと位置付けられ、核心部である「合算対象所得の定義」についても、幅の広い選択肢が示された。

・CFC 税制の対象となる外国子会社—基本的に親会社等が直接・間接に法的・経済的持分を 50％超保有している外国子会社が CFC 税制の対象となる。
・適用除外基準—外国子会社等の租税負担割合が一定水準（トリガー税率）を上回る場合には、CFC 税制を適用しないことが勧告されている。BEPS 最終報告書では特段、トリガー税率の具体的な水準について言及はなされていないが、親会社所在地国の法人実効税率よりも有意に低い（meaningfully lower）水準とすることが勧告されている。

・合算対象所得の定義―CFC 税制の適用対象となる外国子会社の絞込みを行った上で、BEPS 最終報告書では、合算対象とすべき所得（CFC 所得）の特定方法について、以下の３つのオプションが勧告され、これらを単独又は複合的に用いて、CFC 所得を特定することとしている。

①カテゴリカル分析：

配当、利子、保険所得、ロイヤルティ等、一般的に所得移転の蓋然性が高いとされる所得を法的形式等に基づき分類し、そのうち一定のものを合算する方法

②実質分析：

実質的な経済活動が伴っている所得かどうかで合算の有無を判定

③超過利得分析：

外国子会社等の所得のうち、通常所得を超えるとされる部分を一定の算式によりいわば機械的に抽出し、超過利得として合算する。BEPS 最終報告書では、その上で、CFC 所得の合算の考え方として、エンティティ・アプローチ（外国子会社等の総所得に占める CFC 所得の相対的な多寡に応じてその外国子会社等の総所得を全部合算又は全部非合算とするもの）及びトランザクショナル・アプローチ（あくまでも特定された CFC 所得のみを合算するもの）を示し、これらを並列的に位置付けて、各国が国内の政策的枠組みと整合性のある方法を策定できるとしている。

・合算所得の計算ルール―企業及び課税当局の事務負担を軽減すべく、外国子会社等の所在地国の法令ではなく、親会社所在地国の法令に基づき合算所得を計算することが勧告された。

・親会社所得への合算方法―合算所得は、外国子会社等に対する親会社の持分割合に応じて合算されることとなる。

・二重課税の排除―合算課税がなされた場合、外国子会社等の所在地国と親会社の所在地国で同一所得に対する二重課税が発生するため、BEPS 最終報告書では、二重課税を排除・調整することが重要であると強調されてい

る。具体的には、外国子会社等が納付した法人税額を親会社が自ら払ったと見なして親会社の法人税額から控除できる外国税額控除制度が勧告されている。また、合算課税された外国子会社等からの配当に対する親会社での課税免除等も推奨されている。

国内法の整備

　日本のCFC税制である外国子会社合算税制は、BEPS最終報告書の内容と乖離するものではない。

　「合算対象所得」についても、軽課税国に所在する子会社に経済実体がない場合、会社単位で所得が全部合算されるという局面を捉えれば、実質分析を経てエンティティ・アプローチによりCFC所得を特定・合算しているといえる。また、その子会社に経済実体がある場合でも一定の資産性所得については合算課税されることに着目するならば、カテゴリカル分析を経てトランザクショナル・アプローチによりCFC所得を特定・合算しているといえる。事実、最終報告書でも、日本の制度はエンティティ・アプローチとトランザクショナル・アプローチのハイブリッド型であり、実質的にはトランザクショナル・アプローチの一種と整理されていた。

　他方、日本のCFC税制には、かねてより、いくつか過剰合算・過少合算の問題が指摘されていた。例えば、航空機リース事業は、事業実体があったとしても適用除外基準を満たすことができず、一律に合算の対象となっていた（過剰合算）。また、租税負担率が20％以上の外国子会社の場合は、事業実体がまったくない場合でも合算を免れる状態となっていた（過少合算）。

　そこで、平成29（2017）年度税制改正では、既存のCFC税制の基本構造を維持しつつ、これらの問題に対処することとされた。

　具体的には、外国関係会社の判定方法の見直し（実質支配基準の導入、間接保有割合の計算方法の見直し）、トリガー税率の廃止と制度適用免除基準の導入、ペーパーカンパニーやキャッシュ・ボックス等に係る全部合算制度の導入、適用除外基準から経済活動基準への切り替え及び要件の一部緩和（航空機リース

事業を一律に合算対象としない等)、資産性所得合算課税の範囲拡大及びデミニマス基準の拡充などが行われている。資産性所得合算課税のうち、新たに導入された「異常所得」は、BEPS 最終報告書における超過利得分析の一形態である。

【平成29（2017）年度税制改正による外国子会社合算税制】

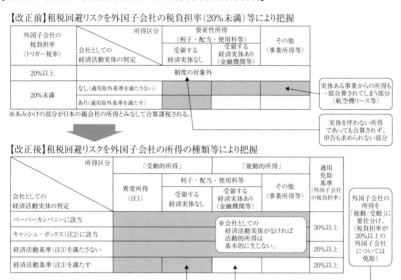

(注1) 異常所得：外国子会社の資産規模や人員等の経済実態に照らせば、その事業から通常生じ得ず、発生する根拠のないと考えられる所得。制度上は「経済活動基準」を経て「会社の実体がある」と判定された外国関係会社における、部分合算対象の一項目と位置付けられているが、結果的には、すべての外国関係会社に対して合算対象として適用される。
(注2) キャッシュ・ボックス：総資産に比べ、いわゆる受動的所得の占める割合が高い事業体。具体的には、総資産の額に対する一定の受動的所得の金額の合計額の割合が30％を超える外国関係会社（総資産の額に対する有価証券、貸付金、貸付けの用に供している固定資産及び無形資産等の合計額の割合が50％を超える外国関係会社に限る）。
(注3) 経済活動基準：外国関係会社が所得を得る実体を備えているか否かを確認するための4つの基準（下図参照）

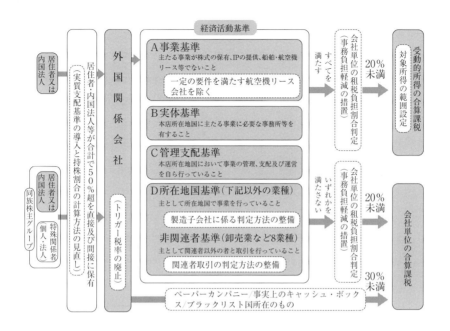

3　今後の国内法整備の展望

　以上が、既に国内法の整備で対応されてきたものであるが、近い将来、国内法制の整備が見込まれており、また影響が大きいものとなる、利子等の損金算入を通じた税源浸食の制限（行動4）、移転価格と価値創造の一致（行動8～10）、タックス・プランニングの義務的開示（行動12）の3点ついて、OECD租税委員会における議論の経緯と、国内法制化への課題をみておきたい。

（1）利子等の損金算入を通じた税源浸食の制限（行動4）
議論の経緯

　多国籍企業グループによる過大な利払いを制限するとの基本的な考えは、グループ全体の第三者への純支払利子を越えた損金算入は行うべきではないということである。公開討議草案の段階では、グループ全体の純支払利子を資産や

所得など一定の配分キーに基づきグループの構成会社に按分し、その金額をもって各構成会社における支払利子の損金算入限度額とするグループ比率ルールが強く推奨されていた。

しかし、グループ比率ルールは、まだ世界中に例がなく、納税者の事務負担が著しく増加するおそれがある。また、各国で経済環境や金利水準が異なり、企業の資金調達ニーズも多様である中で、グループ全体の純支払利子を一律に構成会社に按分することが適切なのか、という問題も指摘されていた。こうした懸念を踏まえ、BEPS 最終報告書では、グループ比率ルールではなく、固定比率ルールが制度の骨格として提案された。

固定比率ルールは、企業の純支払利子がその企業の EBITDA（利子・税金・減価償却費計上前の利益）に固定比率（10〜30％の範囲の中で各国が設定）を乗じた額を越える場合、その超える部分に相当する金額の支払利子を損金算入させないとするもので、平成 24 年度税制改正で導入された過大支払利子税制と類似した仕組みである。

その上で、グループ比率ルールは、固定比率ルールを補完するオプションとして位置付けられている。具体的には、固定比率ルールにおいて損金算入できないとされた部分についても、その企業の EBITDA にグループ比率（グループ全体の第三者に対する純支払利子÷グループ全体の EBITDA）を乗じた金額までは支払利子の損金算入を容認するものである。

BEPS 最終報告書では、この他、デミニマス基準、特別ルール、損金不算入額の繰越、銀行・保険業における利子控除制限、経過措置のあり方等に関し、考え方やオプションが提示されている。この勧告は拘束力の強くない共通アプローチとして位置付けられている。

国内法整備の課題

平成 29 年度与党税制改正大綱では、「過大支払利子税制についても、BEPS プロジェクトの勧告を踏まえた見直しを検討する」とされており、近い将来に関係する過大支払利子税制の見直しが行われるものと思われる。

①制限対象となる利子の範囲

　現行の過大支払利子税制では、実質的に国外の関連者への純支払利子のみが制限対象となるが、固定比率ルールでは、すべての純支払利子が対象とされている。これは、過大支払利子税制では除かれている、国外の非関連者に対する支払利子や純粋な国内取引における利子（日本の銀行との取引における利子）も含むことを意味している。

　その理由として、BEPS最終報告書では、軽課税国に所在する子会社が第三者から借入れを行うことに替えて、高課税国に所在する親会社が第三者から借入れを行い、その後、子会社に資本注入することで、支払利子につき高い損金算入効果を得て、グループ全体の税負担を軽減させることが問題視されている。

②固定比率の水準

　過大支払利子税制では調整所得金額の50％まで支払利子の損金算入を許容しているが、固定比率ルールでは、EBITDAの10〜30％の間で各国が設定した比率までしか支払利子の損金算入が認められない。

　また、過大支払利子税制における調整所得金額は、欠損金控除前の課税所得に国外関連者への純支払利子、受取配当（国内・国外）益金不算入額、減価償却費を加算した金額であるが、EBITDAでは、非関連者間取引及び国内取引の純支払利子を算入する一方、調整所得金額には含まれている受取配当（国内・国外）益金不算入額を含まない。免税所得を創出するために借入れを行い、支払利子を認識するという行為を牽制するため、EBITDAの範囲は厳格に設定されており、固定比率ルールの考え方をそのまま過大支払利子税制に適用すると、現行制度よりも損金不算入額が増大することとなる。

　ただし、現行過大支払利子税制においても固定比率ルールにおいても、損金不算入額の翌年度以降への繰越しは認められており、一定程度、影響は平準化されるものと思われる。

(2) 移転価格と価値創造の一致 (行動 8~10)
議論の経緯

軽課税国に所在するキャッシュ・ボックスに無形資産の法的所有権や契約上のリスクを帰属させ、利益を集中させる手法に対し、どのように対抗するかが中心的な課題となった。

また、移転価格課税をめぐる争いは、高課税国と軽課税国の間のみならず、各国の移転価格課税に対する対応の違いから先進国間でも生じている。独立企業原則の適用にあたっては、企業が果たした機能について、使用する資産、引き受けるリスクを含めて分析・検討することが必要であるが、従来、リスク分析については詳細に議論されることがなく、その分析手法は明確ではない。これらの問題に対する移転価格税制の機能強化も重要な課題となった。

BEPS 最終報告書では、価値創造 (value creation) のあるところに利益をつけるべきであるとする「移転価格の結果と価値創造の一致」が大原則として打ち出された。行動 8 は、この原則を無形資産の関連する取引に当てはめることを検討し、行動 9 では、契約上のリスク配分や資本の豊富な子会社との関係を分析している。行動 10 では、価値創造に合致した最適な課税手法として期待される取引単位利益分割法の適用の可能性、及び低付加価値グループ内役務提供に関する検討を行っている。

①リスク分析

BEPS 最終報告書では、リスク分析に関するガイダンスが拡充され、この結果、OECD 移転価格ガイドライン第 1 章 (独立企業原則) D 項が大幅に改訂された。事業活動に係るリスクの引受けと利益の帰属には対応関係があるとされているが、リスクは資産と比べ特定が難しい概念である。こうしたリスクの特性を利用し、実際にはリスクを引き受けていないにもかかわらず、契約上リスクを負っているようにみせかけ、それに対応する利益をグループ内の特定の企業に配分しようとするケースが見られる。キャッシュ・ボックス・スキームが典型である。

BEPS 最終報告書では、ある企業が契約上リスクを引き受けている、ま

たは、資本を提供しているという理由だけで、不適切な利益がその企業に帰属することがないよう、ある企業にリスクが配分されているといえるためには、その企業がリスクを支配し、かつ、リスク引受けのための財務能力を有することが必要であることが明確化された。リスクが顕在化し、損失が生じるような場合において、それを金銭的に補てんできるだけの能力がなければ、リスクを引き受けることができないので、財務能力は重要となる。

キャッシュ・ボックスとの関係で重要となるのはリスクの支配である。リスクを支配しているというためには、概念的には、リスクを伴う事業機会を引き受けるか否かの決定を行う権限を有し、それを実際に行使することが必要であり、かつ、その引き受けたリスクに対応するか否か、対応する場合にはどのように対応するかを決定する権限を有し、それを実際に行使することが必要とされる。この要件が満たせない場合、キャッシュ・ボックスが得られるリターンは、無リスクに対応するリターン（リスク・フリー・リターン）となる。

このようなリスク分析は、経済的に重要なリスクの特定、契約上のリスク引受けの状況、リスクに関連した機能分析、契約上のリスクの引受けと実際の行動との整合性の検証、適切なリスク配分、リスク配分を踏まえた対価の修正の6つのステップを経ることとされている。このように、関連者間の契約を移転価格分析の開始点としつつも実際の行動で検証することをBEPS最終報告書では「実際の取引の正確な描写」と称している。

②否認

通常はこの作業が終われば、次は取引の価格付けの問題となるが、BEPS最終報告書では、独立企業間ではみられず、かつ、商業合理性がない国外関連取引については、移転価格税制上、例外的に取引自体が否認されることもあるとされている。ここで重要な点は、取引が比較可能な経済環境で非関連者間での取引と比較して商業上の合理性を有するかどうかであって、同じ取引が独立企業間でみられるかどうかではなく、独立企業間

ではみられない取引であっても、商業合理性があれば否認されることはない。

③無形資産

　知的財産権等の無形資産は、それぞれがユニークであり、また、企業グループ内で取引されることが多いことから、比較可能な独立企業間取引のないケースが多く、適正価格の算定が困難である。このため、無形資産を軽課税国に所在する経済実体のない関連会社に低い対価で移転し、そこで多額の利益をあげることで節税することが可能となる。そこで、BEPS最終報告書では、無形資産の定義付けを行うとともに、無形資産に関するリターンの帰属や価格の算定方法についてガイダンスを充実させることになり、移転価格ガイドライン第6章（無形資産に対する特別の配慮）が全面的に改訂され、これに伴い、ガイドライン第8章（費用分担取決）も改訂されている。

ⅰ）無形資産の定義

　　無形資産の定義について幅の広い概念を採用しつつ、無形資産に該当するものについて限定列挙するのではなく、無形資産とは「有形資産又は金融資産ではないもので、商業活動における使用目的で所有・管理でき、比較可能な独立当事者間取引で使用・移転するときに対価が支払われる資産」であると定義された上で、特許、ノウハウ・企業秘密、商標・商号・ブランド、契約上の権利等が該当するものの例示として示されている。

　　一方、低コスト国で事業活動を行う場合に生じるメリットであるロケーション・セービング等の市場固有の特徴、規模の利益や統合マネジメントのメリットがある場合のグループ・シナジーについては、所有・管理することができないことから無形資産には該当しないとされた。のれん・継続企業の価値については、無形資産に該当するかは明示されていない。また、これまでの移転価格分析では、商業上の無形資産とマーケティング上の無形資産、あるいはソフトの無形資産と

ハードの無形資産といった区分が行われることがあったが、これらの区分は一般的な概念の整理においては便宜であっても、移転価格分析のアプローチに影響を与えるものではないとされた。

ⅱ）リターンの帰属

　無形資産に関するリターンの帰属については、単に法的所有権を有するのみでは、必ずしも無形資産に由来する収益の配分を受けることができないことが明確化され、無形資産のDEMPE＝開発（Development）・改善（Enhancement）・維持（Maintenance）・保護（Protection）・使用（Exploitation）に伴い創造した価値に基づき、リターンを受けることとされた。創造した価値を検証する際、各企業が果たした機能を使用した資産、引き受けたリスクを含め、詳細に分析することが必要となる。

ⅲ）DCF

　知的財産権は、類似するものがないからこそ知的財産権といえるため、一般的に信頼できる比較対象取引を特定するのが困難である。そこで、そのような場合における関連者間での無形資産の譲渡価格の算定方法として、DCF（Discounted Cash Flow）法、すなわち、無形資産から生じる将来キャッシュ・フローを現在価値に割り引いたものをもって、その無形資産の譲渡価格とすることが認められる。

ⅳ）所得相応性基準

　最大の問題は、「所得相応性基準」と呼ばれるルールがOECD移転価格ガイドライン第6章に組み込まれることになったことである。

　譲渡時にこれまでにない新たな方法での利用が見込まれる無形資産のように、取引時点で事前の正確な評価が困難な無形資産については、事前の予測と事後の実績に著しい差異が生じると考えられ、このような状況下においては、事後の結果に基づいて事前予測の評価を行うことができるとされた。

　ただし、課税当局に強い更正権限を与える手法であるため、一定の

歯止めが組み込まれている。具体的には、企業が取引時において価格決定のために用いた事前の予測について、リスクをどのように考慮したのかという点も含め、詳細な文書化を行い、かつ、実際に生じた差異が取引時に当事者によって予測できず価格決定後に生じた特異な事象によるものであることを示す十分な証拠を有している場合には、所得相応性基準は発動されない。

また、事前予測と実績の差異が当初対価の20％を超えない場合、または無形資産の商業化後5年が経過し、その間における差異が予測額の20％を超えない場合等にも免除される。

所得相応性基準については、2017年5月にOECDから実施ガイダンスの公開討議草案が公表されており、本草案に基づきガイダンス整備に向けた議論が続けられている。公開討議草案では、評価困難な無形資産の譲渡取引に関する事後の結果を用いた更正の方法について、当初譲渡価格の引き直し、後年度における所得の増額更正、分割ロイヤルティの場合という3つの事例が示されている。また、二重課税が生じた場合でも、相互協議へのアクセスが保証されるべきとされている。

④ その他

多国籍企業の個別の国外関連取引に関する比較対象取引がなかなか見つからないという懸念が特に新興国の間で強まっている。取引単位利益分割法（PS法）は、比較対象取引に頼らなくてもすむことから、グローバルバリューチェーンにおける価値創造に合致した最適な課税手法として新興国等から期待されている。しかし、PS法は、適切な利益分割ファクターの選定など、課税当局にとっても企業にとっても適用が容易ではなく、議論の過程では公開討議草案が公表され、公聴会も開催されたが合意には至らず、BEPS最終報告書ではPS法に関する作業は積み残しの課題とされている。

また、BEPS最終報告書では、グループ内役務提供（IGS）のうち低付

加価値と認められる一定のものについては、コンプライアンス・コスト低減等の観点から、費用に対する5％のマークアップを基礎に対価を計算することを選択的に認める取扱いを定めている。これにより、移転価格ガイドライン第7章（グループ内役務提供に対する特別の配慮）が改訂されている。

PS法については、2016年7月には公開討議草案が公表され、「リスク・シェア」、「垂直統合と平行統合」、「ユニークで価値ある貢献」等の概念が示された。さらに、2017年夏にも改定公開討議草案が公表される予定である。

経済界の考え方

各国の経済界からは契約や無形資産の法的所有権を不当に軽視することのないよう指摘し、BEPS最終報告書で一定程度、反映されている。

また、所得相応性基準については、いかに独立企業原則の枠内であるとの説明がなされるにせよ、後知恵課税であるとの印象は拭えないことから、できるだけ発動要件を絞り込むよう要請した結果、公開討議草案段階では事前の予測と事後の乖離の幅について「相当の乖離」とされていたが、BEPS最終報告書では20％と具体的な免除要件が定められた。

PS法については、各国の経済界が課税当局による安易な適用に懸念を表明したため、継続検討とされている。

国内法整備の課題

平成29（2017）年度与党税制改正大綱において、「今後、移転価格税制についても、知的財産等の無形資産を、税負担を軽減する目的で海外へと移転する行為等に対応すべく、BEPSプロジェクトで勧告された所得相応性基準の導入を含め、必要な見直しを検討する」とされている。

国内での検討は、OECD移転価格ガイドラインやそのガイダンスの整備待ちの状況であるが、わが国の移転価格税制は、国際標準としてのOECD移転

価格ガイドライン、ガイダンスを受け入れる形で今までも改正が進められており、今後も、OECD 移転価格ガイドライン、ガイダンスに準拠した改正内容となるものと考えられる。ただし、実際に改正を行うとするならば、所得相応性基準の導入に留まらず、リスク分析、否認、無形資産に関する定義・リターンの帰属・測定方法、低付加価値 IGS、費用分担取決も含め、全面的な議論になるものと考えられる。

（3）タックス・プランニングの義務的開示（行動 12）
BEPS プロジェクトにおける議論

課税当局が税務調査等によって企業の租税回避スキームを発見したとしても、直ちに否認できるとは限らず、また、ループホールを塞ぐための立法措置を講ずるとしても施行まで一定期間が必要なため、課税当局の対応は後手に回らざるを得ない。そこで、課税当局がより迅速に対応を取れるよう、租税回避スキームの設計・販売・企画又は管理に関与するプロモーター等から租税回避スキームに関する一定の情報を事前に入手し、ひいてはスキームの販促・利用を抑止すべく、義務的開示制度が、既に米国、英国等で導入されている。

議論の過程では、どのような取引を報告対象とするか、誰が、いつ、何を報告するか、開示しない場合にどうなるのか、等について検討が行われたが、経済界からは、通常の企業に過度な事務負担が生じないよう、明確な定義に基づく簡素な制度設計を求めた。

BEPS 最終報告書では、各国の実情にあわせ、以下の構成要素を組み合わせる「モジュラー方式」が勧告されている。勧告の性質は、第 4 段階のベスト・プラクティスである。

① 報告対象の範囲

　どのような取引が報告対象となるかについては、ホールマーク（報告基準）を満たしているかどうかが判定要素とされた。報告基準には、租税回避スキームが一般的に持っている特徴に注目した基準（一般基準）と租税回避スキームのうち特定の取引や要素に注目した基準（個別基準）があ

り、いずれか1つを満たせば報告対象となる。

　一般基準の例としては、ある取引で納税者からプロモーターに支払われる報酬が、その取引で納税者が得られるであろう租税利益（節税額）と連動していること（成功報酬）や、取引に係る税の仕組みや得られるであろう租税利益に関し、プロモーターが納税者に対し守秘義務を課しているもの（守秘義務）などが挙げられている。個別基準の例としては、「年間1,000万ドル以上の損失を計上するスキーム」（米国）、「軽課税法域に所在する事業体が関与するスキーム」（ポルトガル）といった法人税に関するものから、所得税や贈与税に関するものある。

② 　報告義務者

　報告義務者については、プロモーター及び納税者の双方とする案、プロモーターに第一開示義務を課し、ある一定の状況において納税者に開示義務を転嫁する案が示されている。一定の状況とは、企業が租税回避スキームを自ら開発しているなど取引にプロモーターが存在しない場合、プロモーターが国外に存在する場合、プロモーターが顧客との通信の秘密を守る、いわゆる秘匿特権を主張する場合、である。

　スキームの報告時期は、報告義務が誰にあるかによって異なる。報告義務者をプロモーター及び納税者の双方とする案の場合、プロモーターはスキームが「利用可能」となってから一定期間内に、納税者はスキームを「実行」してから一定期間内に、それらを課税当局に報告する。プロモーターに第一開示義務を課す案の場合、プロモーターはスキームが「利用可能」となってから一定期間内に課税当局に報告することになるが、プロモーターが不在等の状況では納税者に開示義務が転嫁され、納税者はスキームを「実行」してから一定期間内に課税当局に報告することになる。

③ 　開示内容

　課税当局に報告すべき情報としては、プロモーターや利用者の情報、該当した報告基準、スキームの詳細、租税利益が関係する法令、租税利益の詳細、顧客リスト（プロモーターのみ）、予想される租税利益の金額等が示

されている。

　重要なことは、報告したからといって、当該スキームが税務上、適切なものと認められるわけではないことである。また、報告義務に違反した場合、金銭的な制裁として、早期報告を促す観点から日々定額の罰則や、租税回避スキームを抑止する観点から租税利益または受取報酬額に応じた罰則が提示されている。

④　税務当局間の情報交換

　BEPS報告書では、国際的な租税回避スキームへの制度の応用についての考慮ポイントとして、例えば、複数の国に跨る国際的なスキームの場合は、国内で完結するスキームと比べ、スキームの当事者に関する情報が入手しにくいため、税務当局間の情報交換が推奨されている。

国内法整備の課題

　平成29（2017）年度与党税制改正大綱では、「国税当局が租税回避スキームによる税務リスクを迅速に特定し、法制面・執行面で適切に対応できるよう、その開発・販売者あるいは利用者に税務当局へのスキーム情報の報告を義務付ける義務的開示制度について、BEPSプロジェクトの最終報告書、諸外国の制度や運用実態及び租税法律主義に基づくわが国の税法体系との関係等も踏まえ、わが国での制度導入の可否を検討する」とされている。

　わが国では、義務的開示制度は法制化されていないが、関連する制度として、個別の取引に係る税務上の取扱いについて、課税当局が納税者の事前照会に対し文書で回答する制度（事前照会に対する文書回答手続き）や、大企業を対象に、課税当局と経営責任者等の意見交換を通じ、税務に関するコーポレートガバナンスの充実が認められた場合には信頼関係に基づき税務調査の間隔を延長する制度（協力的コンプライアンス）が実施されている。仮に義務的開示制度の国内法制化を検討する場合には、これらの既存制度との関係をどう位置付け、どのような制度を導入していくのかが課題となる。

　なお、各国の義務的開示制度では、法人税だけでなく、所得税や贈与税等に

関するものも開示の対象として含まれている。さらに、英国やドイツ等、海外の一部の国では、一般的否認規定（GAAR）により、租税回避行為があった場合等にその効果を否認することが認められている。今後日本においても、義務的開示制度の国内法制化に関する議論に際し、一般的否認規定の導入が検討される可能性もあり得よう。

第14章 これからの法人税
―― 所得課税以外の法人税の可能性

以上、およそ30年にわたる法人税の変遷を振り返ってきたが、最終章として、これからの法人税のあり方について、考えていきたい。

1　さらなる税率の引下げはあるのか

（1）法人実効税率25％の壁

この30年間で法人税率は42.0％から23.2％（平成30年度以降）まで下がり、実効税率も29.74％と30％を割る水準になった。しかし、世界の趨勢をみれば、法人実効税率はOECD加盟国の平均でさえ25％以下であり、未だ5％ポイントほどの隔たりがある。

【OECD加盟国、EU加盟国、アジア主要国の法人実効税率】

	2000年	2014年	2015年	2016年
OECD加盟国	約33％	24.11％	24.86％	24.85％
EU加盟国	約35％	21.34％	22.25％	22.09％
アジア主要国	約28％	21.91％	22.59％	21.97％
日本	40.87％	34.62％	32.11％	29.97％

それでは、わが国の法人税率や法人実効税率をさらに引き下げていくことはできるのか。例えば、法人実効税率をOECD加盟国の平均水準に近づけ25％にするためには、今まで通り法人住民税を不変とするならば、法人税率を19.01％に引き下げるか、法人事業税の所得割の税率を0％にする（すなわち、法人事業税のすべてを外形標準化）した上で法人税率を21.31％にまで引き下げることが必要となる。

このとき、法人税のうちで完全に税収中立とすることを求められるならば、法人税率1％分が約4,200億円として、法人税率を23.2％から19.01％に引き下げるケースで約1兆7,600億円分の課税ベースの拡大が必要となる。

法人税関係租税特別措置を全廃したとしても、その3分の1にもならない。また、生産性向上設備投資促進税制の廃止は、既に平成30年度における法人税率の23.2％への引下げの税源として織り込まれている。研究開発税制の廃止は、研究開発拠点の海外逃避を招き、知的財産が形成された所に所得が帰属するという原則からして、日本全体の競争力を大きく悪化させることになる。

租税特別措置の整理・縮小だけでは到底間に合わず、さらに、以下のような法人税の基本的制度についての見直しを組合せを行うことが必要になろう。

・中小法人等の軽減税率の廃止
・減価償却制度―機械装置への定額償却の強制、等
・受取配当金基金不算入制度の縮小―全額益金不算入（負債利子控除あり）の対象を持ち分33.3％超から50％以上に縮小、等
・繰越欠損金制度の縮小
・残された引当金の全廃

法人事業税を全面外形標準化した上で法人税率を21.31％にまで引き下げるケースは、これに比べればいくらかは現実的かもしれないとしても、このようなことをしてまでも法人実効税率を引き下げる意味は感じられない。

すなわち、これ以上の法人実効税率を引き下げるには、法人課税の中で税収中立とすることでは困難であり、他税目の増税をもって財源とするほかはないものと考える。そこまでして、わが国の法人実効税率を引き下げることが必要となるときが来るとするならば、それはアメリカが本格的に法人税率の引下げを行うときでしかない。

（2）米国トランプ税制の行方

トランプ大統領は選挙公約や大統領就任後の発言の中で、法人税率の35％から15％への引下げや米国企業の海外留保利益への課税、「国境税」の導入に言及してきたが、2017年4月26日に、ムニューシン財務長官とコーン国家経済会議（NEC）委員長が公表した税制改革案の「骨子」は、「国境税」の導入に触れていないほかは、おおむねそれまでのトランプ大統領発言をなぞるもの

であった。

　骨子では、法人税率を15％に引き下げることが明記されているが、今後10年間で約2.2兆ドルとされるその代替税源について、ムニューシン財務長官は、税収中立であり、「経済成長と控除措置の縮小、税制の抜け穴をふさぐことで、必要な財源は確保できる」と述べたものの、具体策については触れていない。なお、パス・スルー事業体の構成員の所得に対する税率も、法人税率と同様の15％に引き下げるとしている。

　また、国際課税制度について、現行の海外子会社の利益も米国で課税対象とする全世界所得課税方式から、国内源泉所得のみを課税対象とする源泉地課税方式に移行するとしている。現行制度では、米国企業が海外で得た利益について、外国税額控除制度分を除いた税額については、親会社への配当や米国国内に利益を還流させた際に課税されるため、米国企業は約2兆6,000億ドルもの資金を海外に留保しているといわれている。骨子は、米国企業が留保している海外利益に対して1回限りの課税を行う方針を示しているが、適用される税率については示されておらず、ムニューシン財務長官は、税率については議会と調整を行っている、と述べている。

　「国境税」は、輸入が多い小売業界などから強い反対があったためか、骨子には含まれていない。しかし、法人税率引下げの代替財源が具体的に示されていないことから、今後10年間で1兆ドル超の税収増が見込まれるとされる国境税が、完全に消え去ったとするのは早計であろう。

　国境税は、共和党が2016年6月に公表した税制改革案（ブループリント）において示されたものであり、その本質はキャッシューフローに対する課税である。すなわち、資産取得や投資については実物資産、金融資産を問わず即時償却し、譲渡益や運用益には課税、支払利子は控除し、出資の受入れや配当は課税対象外とするものである。そこに、輸入した原材料・部品等は経費としての控除を認めず、輸出による収益は益金不算入とするならば、仕向け地主義のキャッシューフロー課税となり、付加価値税における輸入時課税、輸出時還付と同様な国境税調整が行われることになる。

連邦段階での付加価値税がないことが、米国企業を欧州諸国、日本、中国等に比べて不利な状況に置いていることは間違いなく、国境税は財源策以上の役割を果たすことが期待されるが、問題は法人税の基本的な仕組みを所得課税から離れたものにすることができるのかにある。

なお、わが国の法人事業税の外形標準課税も、支払利子・賃借料、給与・報酬額に課税することからは、広い意味でのキャッシュフロー課税であるが、設備投資を即時償却しないことが、本来のキャッシュフロー課税とは決定的に異なるものである。

2　法人所得課税の限界

キャッシュフローに対して課税する法人税は、1978年の英国のミード報告をはじめとして、過去、何回かにわたり提案されてきたものであるが、各国における所得課税としての法人税の行き詰まりから、近年、再び注目されている。

（1）ミード報告

ミード報告[39]とは、1978年に公表された、ケンブリッジ大学のミード教授（Mead, James Edward 1907-1995）を座長とする委員会によるイギリスの税制改革全体に関する報告書である。

ミード報告では、納税者の担税力を年間ベースの所得ではなく、生涯所得を反映する消費支出に求め、課税ベースを所得から支出に転換させることが提案された。具体的には、個人所得税では、所得から貯蓄を控除して消費を求め、その消費に直接税として課税する形の支出税であり、法人税の改革としては、企業の売上げから支出を控除したものを課税ベースとするキャッシュフロー

---

[39]　The Structure and reform of direct taxation：Report of a committee chaired by professor J. E. Meade.The Institute for Fiscal Studies.Allen and Unwin, 1978

ベースの法人税が提案された。

　ミード報告のキャッシュフローベースの法人税では、新株発行と負債（借入）、内部留保に対する課税の相違、具体的には配当課税、負債利子控除が解消されることにより、財源調達（ファイナンス）に対する税の中立性が確保される。また、投資費用は100％即時控除されるため、課税が投資に影響を与えない。

　キャッシュフローベースの法人税としては、実物取引のみを対象とするR（実物資産）ベースと、実物取引と金融取引（負債）を含むR＋F（金融資産）ベースがある。

　現行の法人税から、減価償却制度と支払利子の損金算入を廃止して、投資について支出段階の即時償却を認めることでRベースのキャッシュフローベース課税に転換できる。Rベース課税の場合、金融取引に課税が行われないことになる。一方、R＋Fベースであれば、金融取引を網羅した課税が可能になるが、その場合には、株式と負債が区別されなければならない。Rベース課税であれば、株式と負債の扱いは均等になる。加えて、R＋Fベースの場合、今期の借入に対しても課税が発生することになる。

　ミード報告が提起した支出税や、キャッシュフローベースの法人税はあくまでも理論の世界にとどまり、いずれも実現されることはなかった。

（2）マーリーズ・レビューとACE課税

　ミード報告から30年を経て、経済のグローバル化の進展等のその間の新たな経済状況の変化と、学術研究の進化の成果を織り込んだ抜本的な税制改革を新たに提言しているのが、英国のノーベル賞経済学者ジェームズ・マーリーズ氏が中心になって2010年11月にまとめた税制改革指針であるマーリーズ・レビュー[40]である。

　マーリーズ・レビューでは、政治的な実現可能性に配慮した現行制度の改善

---

[40] Dimensions of Tax Design The Mirrlees Review, 2010.Tax by Design The Mirrlees Review 2011.The Institute for Fiscal Studies.

ではなく、理論と実証に基づく分析と徹底的に経済学的な観点（公平・効率）から、最適課税理論に従った望ましい税制のデザインを目指し、課税ベースのあり方から個別税目（所得税、法人税、付加価値税、環境税、税務執行など）まで包括的な分析が行われている。また、法人税についての焦点は、課税ベースと、課税地原則、企業の経済活動（投資、立地等）に対する法人税の中立性である。

その中で、法人税の具体的改革提案として示されたのが、ACE（Allowance for Corporate Equity＝株式控除）課税である。

ACE課税の特徴は、既存の法人税制度と同様、支払利子の控除を認める一方で、株式（新規発行・内部留保）に関わる機会コストを合わせて控除すること（＝株式控除）により、財源調達における株式と負債に対する課税上の差別を解消するとともに、税務上と経済的な減価償却の乖離の影響を除くことにある。ACE課税の理論上の課税ベースは企業の超過利潤に等しいものとなり、投資からの正常利潤は非課税となる。

株式控除（ACE）の算出に用いられるのが、「株式基金」と帰属（みなし）収益率である。株式基金は次のように計算される。

```
次期の株式基金 − 今期の株式基金
    ＝新株発行＋今期の課税所得−課税額−配当支払い
    ＝新株発行＋今期収入−利払費−減価償却−課税額−（キャッシュフロー＋
      新株発行−課税額）
    ＝今期の収入−利払い−減価償却−キャッシュフロー
    ＝投資−（借入−元本返済）−減価償却
```

株式基金に所定の帰属収益率を乗じた額が株式控除にあたり、内部留保とネットの株式発行額が株式基金に積み立てられる一方、減価償却は同基金から差し引かれていく。内部留保は企業の課税所得に株式控除を加算し、法人税額及び配当の純支払いを差し引いた金額に等しい。内部留保とネットの株式発行額の合計が借入れ以外の資金調達による投資支出に当たる。

帰属収益としては、ACEが確実に還付されるものであれば、企業にとって

は確実なキャッシュフローであるから、国債等の（課税前）安全利子率が適用できる。収益率は時間を通じて変動していても構わない。名目ベースであれば、インフレに応じて自動的に引き上げられるため、控除額の決定にあたって、物価調整をする必要もない。

ACE課税は、借入額の影響を受けず、減価償却に対しても中立的である。また、R＋Fベースのキャッシュフロー（超過利潤）課税と理論的に等価であり、限界実効税率はゼロとなる。また、負債と株式の差別を解消することで、財源調達に中立であり、企業にとって資金調達としての新株発行、内部留保、借入れは限界的に無差別となる。キャッシュフロー課税と税等価の性格上、配当支払いのタイミングへの歪み（ロックイン効果）もない。加えて、帰属収益率を名目タームで与え、一定期間ごとにインフレを反映するよう見直す（収益率を市場の名目利子率とすれば、自ずとインフレに連動する）ならば、課税ベースの決定においてインフレ調整を行う必要もない。

キャッシュフロー課税とは異なり、投資経費を即時、全額控除する必要がないため、還付金の問題は生じない。景気による投資の変動が時間を通じて平準化されるため、税収も安定的になる。また、投資支出の控除と収益が発生するタイミングが近くなる結果、純粋なキャッシュフロー課税に比して、投資に対する税率変化の影響が緩和するだろう。また、現行の利払費控除や法定減価償却はそのままにできるから、新たに株式の機会コストの控除以外には、大きな課税ベースの変更を要さない。

ACEの実例としては、1994年から2000年までクロアチアで導入された利潤税がある。制度への理解が浸透しなかったことから、2001年に廃止されたが、法人税制度としては、概ね良好に機能していたとも評価されていた。

ベルギーでは、2006年からACE型法人税が導入されている。企業の株式基金を前年末時点の株式（資本＋内部留保）として、みなし利子控除を実施、控除の対象となる帰属利子率は10年物政府債の利子率の平均に拠るが6.5％を超えることはできず、前年の1％を超えて変更されることもない。

ACEによる税収減は、改革前税収の10.4％に相当すると推計されていた

が、それにもかかわらず、ACE課税の導入に踏み切った背景には、国内で展開されている資金管理事業体への課税（株式費用を控除したCoordination center Regime）が2003年のEU委員会の決定で違法な国家補助に当たるとみなされたことが挙げられる。株式控除を一般化することで、特定部門への補助との批判をかわす狙いがあるとされている。

（3）法人所得課税からの転換の条件

それでは、ACE課税をわが国に導入するとして、どのようなことが必要になるのだろうか。筆者は、マーリーズ・レビューを受けて企業活力研究所が行った研究に参加し、ACE課税等と現行法人税による企業負担の比較を、主要企業並びに業態ごとについて行ってみた。

具体的には、ACE課税とともに、同じく企業の資金調達における株式調達（直接金融）と負債調達（間接金融）の中立性を確保する仕組みとして、逆に負債に係るネットの支払利子を損金不算入とするCBIT（Comprehensive Business Income Tax）をあわせて用い、比較的、企業収益が安定していた平成18年度（2006年度）、平成19年度（2007年度）の実際の数値を当てはめた場合に現行人税との負担を試算してみた。

個別財務諸表による試算（ミクロ・ベース）

CBITではネット支払利子を課税ベースに加えることにより、一般に現行法人税より課税ベースが拡大するため、現行法人税と同程度の税収を得るためには表面税率を引き下げることができる。試算からは、法人税全体で税収中立とするのであれば、5〜7％ポイント程度の引下げが可能となる。また、ネット支払利子がマイナスである財務体質が強力な会社も少なからず存在しており、このような会社は税率引下げのメリットをフルに受けることになる。

一方、ACEでは課税ベースから株式控除を行うために、例外なく現行法人税より課税ベースが縮小する。このため、現行法人税と同程度の税収を得るためには表面税率を引き上げることが必要となり、試算からは税収中立とするの

であれば、3〜十数％ポイント程度の引上げが必要となる。ただし、株主資本の比率は業種・企業により大きく異なっており、帰属利子率も本来ならば絶えず変動もする。すなわち、業種や課税年度により株式控除額は大きく異なるはずであり、決して安定的な制度とはならない。

また、課税ベースがマイナスとなる「欠損法人」も当然に増加するため、法人税全体では、さらなる税率の引上げを要することが予期される。加えて、自己資本比率が低い、すなわち財務体質が脆弱な企業ほど大きな増税になりかねず、中小企業には税率などで現行税制以上の配慮が必要となる可能性が高い。

法人企業統計による試算（マクロ・ベース）

CBITによるならば、現行法人税率（「法人税、住民税及び事業税」÷税引前当期純利益）と同額の税収を得るために必要なCBIT税率の現行税率との差異は、全産業で▲6.41％ポイント（製造業▲2.94％ポイント、非製造業▲9.09％ポイント）である。また、支払利子の損金不算入により税務上の欠損企業が減少する部分を合わせて考えれば、さらなる引下げも可能となる。

ただし、業種の違い、企業規模の違いによって、資金調達における負債へ依存度は大きく異なることから、CBITによる一律の課税を行うならば、全体を税収中立としても、その影響は大きく異なる。例えば、建設業、不動産業、小売業、サービス業等では、実効税率を10％以上引き下げたとしても、なお増税となることが見込まれる。

また、企業業規模の違いによる影響はさらに大きいため、中小法人に対しては、現行制度以上の軽減税率を用意する必要があるものと思われる。

ACE課税では、現行制度と同額の税収を得るために必要なACE税率の現行税率との差異は、全産業でプラス19.29％ポイント（製造業プラス23.07％ポイント、非製造業プラス16.40％ポイント）であり、支払配当を損金算入するならば、税率を20％ポイント程度引き上げる必要がある。ただし、もともと支払配当各企業の配当性向はまちまちであり、CBIT以上に業種の違い、企業規模による違いも大きい。企業規模の違いによる影響も、CBIT以上に大きく、

中小法人に対しては、現行制度以上の軽減税率が必要となることは CBIT 以上である。

以上、限られた試算結果を前提とするものではあるが、現行法人税に代わり得る選択肢としては以下のように考えられる。

① ACE は、課税ベースの縮小・表面税率の引上げという組合せが、従来の法人税改革の考え方と反し、諸外国における法人税改正の方向とも逆行することから問題が多い。また、業種・企業による負担の増減が大きく、一律の制度として構築するには無理がある。

② CBIT は、他の方式との比較の上では最も現実的であり、また、課税ベース拡大と税率引下げをセットとしようとする法人税改革の考え方にも合致する。ただし実際に CBIT を導入する際には、資金調達において借入れへの依存が大きい中小企業に対する十分な配慮が必要であり、中小法人に対する軽減税率の設定を現行以上に大幅かつ多段階で行うことが必要になる。

終わりに

誰が法人税を決めていくのか

　わが国において、将来、キャッシュフローベースの法人税や、ACE課税への転換が図られることがあり得るのだろうか。

　今までのところ、そのような兆候はどこにもみられない。それは、税制改正に関わるすべてのプレイヤーが、そのような思考は持ち合わせていないことによる。

　与党税制調査会は毎年度の税制改正を決定することがすべてであり、政府税制調査会は、毎年度の改正よりは中期的な視点での検討を行ってはいるものの、現行税制を大きく離れての改正が論じられることはない。

　経団連は引き続き、毎年度の税制改正における重要なプレイヤーであり続けたいが、自らが新たな課税方式を提唱する動機も、それによるメリットも、少なくとも当分の間は見あたらない。

　要は、このような本当の意味での抜本改革は、現行税制に通暁しながらも、毎年度の税制改正からは離れたところで議論されるべきものであろう。ミード報告やマーリーズ・レビューの検討の母体となったThe Institute for Fiscal Studiesは、民間のシンクタンクであり、いずれのレポートも、純粋に学問的な見地からの作品である。

　わが国にそのような役割を果たす組織は存在するのであろうか。金融機関系の大手シンクタンクや、監査法人系の税理士法人、あるいは、日本税理士連合会には、研究者を組織して、内外の情報を収集しながら、本当の税制抜本改革を目指した検討を進める力量はありそうではあるが、そのような動きは未だない。本来はそのような機能を期待されてしかるべきは、日本租税研究協会であるが、現在、そのような検討組織は置かれていない。

　既存の組織に抜本的な税制改革のデザインが描けないのであれば、新たな組

織を創設してでも、これを果たそうと考えたのが、財務省出身で現在は中央大学法科大学院教授の森信茂樹氏が主宰する一般社団法人ジャパン・タックス・インスティチュート[41]である。

ジャパン・タックス・インスティチュートの創設時に示された「税制改革提言」では以下のように述べられている。

「今わが国に必要なことは、公平・効率・簡素な税制という『受身の税制』でなく、経済成長、社会の活性化につなげつつ、現下の最大の問題である若年層を中心とした格差社会や少子化への対策も視野に入れた、明確な目的を持つ、『前向きの税制』の構築である。当研究所は、わが国の税制改革の目標を、経済成長－経済活性化に据えつつ、公平・効率・簡素という租税原則に基づき、ヒト、モノ、カネを生かすような抜本的税制改革の具体的提言を行っていくことを目的として設立したものである。」

現在は、学者を中心に企業実務家等も参加するあるべき税制に関する委員会をはじめ、BEPSに対応しての国際課税、金融税制等の検討を進めている段階であるが、法人税改革は最重要テーマの1つである。

---

41 ホームページ http://www.japantax.jp/index.htm

著者略歴

阿部　泰久（あべ　やすひさ）

一般社団法人日本経済団体連合会参与

1955 年 6 月　生
1980 年 3 月　東京大学法学部卒業
1980 年 4 月　社団法人経済団体連合会（現一般社団法人日本経済団体連合会）税制、企業会計、経済法制、産業政策関係を担当、経済基盤本部長等を経て、2014 年 6 月常務理事、2016 年 6 月～参与
2016 年 6 月～新むつ小川原株式会社会長

法制審議会臨時委員、金融審議会専門委員、法曹養成制度改革推進顧問会議委員、社会保障審議会専門委員、消費者委員会専門委員、等歴任

（主要著書）
「企業組織再編税制の要点解説」大蔵財務協会　2001 年 1 月
「新しい企業組織再編税制」税務研究会　2001 年 4 月
「新しい合併・分割・現物出資の税務」新日本法規出版　2001 年 5 月
「Q＆A 平成 13 年商法改正」新日本法規出版　2001 年 11 月
「連結納税制度の要点解説」清文社　2002 年 3 月
「別冊商事法務 No254 連結納税制度の実務」商事法務　2002 年 8 月
「Q＆A 連結納税制度の実務解説」新日本法規出版　2002 年 10 月
「連結法人税の理論と実務」税務経理協会　2003 年 6 月
「完全ガイド・新日米租税条約のすべて」清文社　2005 年 1 月
「新信託業法のすべて」神田秀樹監修　金融財政事情研究会　2005 年 9 月
「会社法関係省令逐条実務詳解」編集代表　清文社　2006 年 8 月
「グループ法人税制実務ガイドブック」清文社　2010 年 6 月
「解説 Q＆A グループ法人税制の実務」共編　中央経済社　2010 年 6 月
「詳解国際税務」共著　清文社　2012 年 1 月
「共通番号法のポイント」共著　新日本法規出版　2013 年 7 月
「図表＆事例詳解消費税経過措置」監修　新日本法規出版　2013 年 7 月
「Q＆A 消費税転嫁と価格表示」新日本法規出版　2013 年 11 月
「立法経緯から読む会社法改正」新日本法規出版　2014 年 7 月
「改正会社法と会計・税務の対応」共著　新日本法規出版　2015 年 8 月
「民法（債権法）大改正要点解説」共著　清文社　2017 年 6 月

等

法人税制

1980年代から現在までの変遷

発行日	2017年10月30日
著　著	阿部　泰久
発行者	橋詰 守
発行所	株式会社 ロギカ書房

〒101-0052
東京都千代田区神田小川町2丁目8番地
進盛ビル303
Tel 03（5244）5143
Fax 03（5244）5144
http://logicashobo.co.jp/

印刷・製本　藤原印刷株式会社

©2017　yasuhisa abe
Printed in Japan
定価はカバーに表示してあります。
乱丁・落丁のものはお取り替え致します。
無断転載・複製を禁じます。
978-4-909090-06-5　C2034

ロギカ書房の好評既刊書

第4版
ファイナンシャル・モデリング

サイモン・ベニンガ 著
中央大学教授・大野 薫 監訳

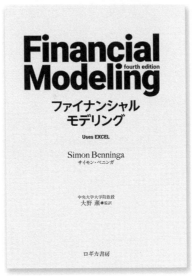

A5判・1152頁・上製
定価：11,000円＋税

サイモン・ベニンガの名著を完訳！！
Excelを使って
ファイナンス・モデルを解析しシュミレートする、
画期的な本！！

Ⅰ　コーポレート・ファイナンスとバリュエーション
Ⅱ　ポートフォリオ・モデル
Ⅲ　オプションの評価
Ⅳ　債券の評価
Ⅴ　モンテカルロ法
Ⅵ　Excelに関するテクニック
Ⅶ　ビジュアル・ベーシック・フォー・アプリケーション（VBA）